中国工程院院士

是国家设立的工程科学技术方面的最高学术称号，为终身荣誉。

中国工程院院士传记

水穷云起 周立伟自传

周立伟 著

中国科学技术出版社

·北京·

图书在版编目（CIP）数据

水穷云起：周立伟自传 / 周立伟著 . -- 北京：中
国科学技术出版社：人民出版社，2024.3
（中国工程院院士传记）
ISBN 978-7-5236-0354-3

Ⅰ.①水… Ⅱ.①周… Ⅲ.①周立伟－自传 Ⅳ.
① K826.11

中国国家版本馆 CIP 数据核字（2023）第 225207 号

责任编辑	何红哲	
装帧设计	中文天地	
责任校对	邓雪梅	
责任印制	徐　飞	

出　　版	中国科学技术出版社　人民出版社	
发　　行	中国科学技术出版社有限公司发行部	
地　　址	北京市海淀区中关村南大街 16 号	
邮　　编	100081	
发行电话	010-62173865	
传　　真	010-62173081	
网　　址	http://www.cspbooks.com.cn	

开　　本	710mm×1000mm　1/16	
字　　数	252 千字	
印　　张	18.5	
插　　页	6	
版　　次	2024 年 3 月第 1 版	
印　　次	2024 年 3 月第 1 次印刷	
印　　刷	北京荣泰印刷有限公司	
书　　号	ISBN 978-7-5236-0354-3 / K・371	
定　　价	208.00 元	

周立伟院士

中国邮政为周立伟发行的纪念邮票（2005 年）

周立伟出席由索菲尔校长主持的萨马拉国立航空航天大学名誉博士授予典礼（2006 年）

1997年，周立伟被萨马拉国立航空航天大学授予名誉博士称号。图为周立伟与索菲尔校长的合影

2003年春，金国藩院士、段淑贞教授与周立伟、吕素芹在昆明合影

周立伟与诺贝尔物理学奖获得者普罗霍洛夫院士交谈（1999年）

2005 年秋，周立伟夫妇与俄罗斯科学院普罗霍洛夫普通物理研究所谢列夫教授、莫纳斯忒尔斯基教授在北京天安门广场合影

周立伟与圣彼得堡国立电工大学贝科夫教授合影（1996 年）

2006 年秋，周立伟参观苏联卫国战争纪念馆时留影

周立伟（中）与苗瑞生访问萨马拉国立航空航天大学实验室（1992 年）

周立伟为读者签名

周立伟与倪国强、王涌天教授在香港成就博览会上（2007 年）

2001 年秋，周立伟在人民大会堂留影

周立伟与潘顺臣、艾克聪在西双版纳留影（2005 年）

北京工业学院 8531 班部分同学毕业 50 周年合影（2008 年）

中国工程院院士传记丛书

总　序

　　20 世纪是中华民族千载难逢的伟大时代。千百万先烈前贤用鲜血和生命争得了百年巨变、民族复兴，推翻了帝制，肇始了共和，击败了外侮，建立了新中国，独立于世界，赢得了尊严，不再受辱。改革开放，经济腾飞，科教兴国，生产力大发展，告别了饥寒，实现了小康。工业化雷鸣电掣，现代化指日可待。巨潮洪流，不容阻抑。

　　忆百年前之清末，从慈禧太后到满朝文武开始感到科学技术的重要，办"洋务"，派留学，改教育。但时机瞬逝，清廷被辛亥革命推翻。五四运动，民情激昂，吁求"德、赛"升堂，民主治国，科教兴邦。接踵而来的，是 18 年内战、14 年抗日和 4 年解放战争。怅科学救国的青年学子，负笈留学或寒窗苦读，多数未遇机会，辜负了碧血丹心。

　　1928 年 6 月 9 日，蔡元培主持建立了中国近代第一个国立综合性科研机构——中央研究院，设理化实业研究所、地质研究所、社会科学研究所和观象台四个研究机构，标志着国家建制科研机构的诞生。20 年后，1948 年 3 月 26 日遴选出 81 位院士（理工 53 位，人文 28 位），几乎都是 20 世纪初留学海外、卓有成就的科学家。

　　中国科技事业的大发展是在新中国成立以后。1949 年 11 月 1 日成立了中国科学院，郭沫若任院长。1950—1960 年有 2500 多名留学海外的科学家、工程师回到祖国，成为大规模发展中国科技事业的第一批领导骨干。国家按计划向苏联、东欧各国派遣 1.8 万名各类科技人员留学，全都按期回国，成为建立科研和现代工业的骨干力量。高等学校从新中国成立初期的 200 所增加到 600 多所，年招生增至 28 万人。到 21 世纪初，高等学校 2263 所，年招生 600 多万人，科技人力总资源量超过 5000 万人，具有大学本科以上学历的科技人才达 1600 万人，已接近最发达国家水平。

新中国成立 60 多年来，从一穷二白成长为科技大国。年产钢铁从 1949 年的 15 万吨增加到 2011 年的粗钢 6.8 亿吨、钢材 8.8 亿吨，几乎是 8 个最发达国家（G8）总年产量的 2 倍。20 世纪 50 年代钢铁超英赶美的梦想终于成真。水泥年产 20 亿吨，超过全世界其他国家总产量。中国已是粮、棉、肉、蛋、水产、化肥等第一生产大国，保障了 13 亿多人口的食品和穿衣安全。制造业、土木、水利、电力、交通、运输、电子通信、超级计算机等领域正迅速逼近世界前沿。"两弹一星"、高峡平湖、南水北调、高公高铁、航空航天等伟大工程的成功实施，无可争议地表明了中国科技事业的进步。

党的十一届三中全会以后，实行改革开放，全国工作转向以经济建设为中心。加速实现工业化是当务之急。大规模社会性基础建设，大科学工程、国防工程等是工业化社会的命脉，是数十年、上百年才能完成的任务。中国科学院张光斗、王大珩、师昌绪、张维、侯祥麟、罗沛霖等学部委员（院士）认为，为了顺利完成中华民族这项历史性任务，必须提高工程科学的地位，加速培养更多的工程科技人才。中国科学院原设的技术科学部已不能满足工程科学发展的时代需要。他们于 1992 年致书党中央、国务院，建议建立"中国工程科学技术院"，选举那些在工程科学中做出重大的、创造性成就和贡献、热爱祖国、学风正派的科学家和工程师为院士，授予终身荣誉，赋予科研和建设任务，请他们指导学科发展、培养人才，对国家重大工程科学问题提出咨询建议。中央接受了他们的建议，于 1993 年决定建立中国工程院，聘请 30 名中国科学院院士和遴选66 名院士共 96 名为中国工程院首批院士。于 1994 年 6 月 3 日，召开了中国工程院成立大会，选举朱光亚院士为首任院长。中国工程院成立后，全体院士紧密团结全国工程科技界共同奋斗，在各条战线上都发挥了重要作用、做出了新的贡献。

中国的现代科技事业比欧美落后了 200 年。虽然在 20 世纪有了巨大进步，但与发达国家相比，还有较大差距。祖国的工业化、现代化建设，任重道远，还需要有数代人的持续奋斗才能完成。况且，世界在进步，科学无止境，社会无终态。欲把中国建设成科技强国，屹立于世界，必须持续培养造就数代以千万计的优秀科学家和工程师，服膺接力，担当使命，开拓创新，更立新功。

中国工程院决定组织出版"中国工程院院士传记"丛书，以记录他们对祖国和社会的丰功伟绩，传承他们治学为人的高尚品德、开拓创新的科学精神。他们是科技战线的功臣，民族振兴的脊梁。我们相信，这套传记的出版，能为史书增添新章，成为史乘中宝贵的科学财富，俾后人传承前贤筚路蓝缕的创业勇气、魄力和为国家、人民舍身奋斗的奉献精神。这就是中国前进的路。

宋健

2012 年 6 月

总
序

自　序

  我把自传的标题取为"水穷云起"，是取自宋代诗人王维的诗句"行到水穷处，坐看云起时"，以此来形容我平凡而起伏的人生。虽然在旁人看来，我的人生似乎风平浪静、一帆风顺，而我觉得自己的一生跌宕起伏，难以捉摸，许多事本不可能却变为可能。就像王维的诗一样，溪流行到了尽头，仿佛临到绝地，疑似山穷水尽，忽然云霭从水源处升起，云水一色，豁然开朗，一幅美妙奇异的图景显现在眼前。尤其是人到耄耋之年，坐看天边云起，这种淡然诗意的心境，是经历了人间多少沧桑往事，激流险滩，山穷水尽，柳暗花明，才能了然于心、细细回味的。我的一生经历了少年天真懵懂、青年意气风发、壮年裘马轻狂、暮年志在千里，直到耄耋晚年，才像王维的诗一样，体会到了人生的些许感悟。

  细细回顾自己的过去，许多偶然与机遇，冥冥之中，似乎被上帝之手牵引着，一步步地往前走。当年抗美援朝开始，我积极报名参军，却因突然鼻子大出血，未能完成上战场保家卫国的心愿；当我在工厂看到女工们手工绕线，效率低下、视力受损时，突发奇想，成功发明"扁平线圈绕线机"，提高效率7.5倍，变不可能为可能；我本

周立伟在办公室

可在工厂当技术员，待遇丰厚，生活无忧，但我偏要上学，寻求知识，进入科学跋涉者的行列；当我报考上海交通大学电机系时，却突然改变志愿，一心想研制新式武器报效国家，毅然进入兵工科技行列；当我大学毕业时，本想去工厂或研究所工作，却被留校改行，从事夜视技术的研究，一脚踏入毫不熟悉的成像电子光学科学领域；当我在北京语言学院俄语班同学的鼓励下，本想对一位美丽的女教师表示倾慕之情，却突然遇见自己未来的妻子，两人一见钟情，结为终身伴侣；20 世纪 60 年代初，当我被派往苏联学习，但专业不对口，苏方不让转校，我方不让回国，迫使自己在科学上闯出一条路子，终于有所突破，最后通过苏联物理数学副博士学位论文答辩；1978 年秋，英国兰克集团来函邀请我出席第六届光电成像器件国际会议，我在会上发表了《电磁聚焦同心球系统的电子光学》一文，一炮打响，使我国在国际光电成像器件学术界占有一席之地。我的宽束成像电子光学的研究被国际学术界认为"建立了自己的科学学派"。

我的科学研究生涯，更是曲折，真像西天取经一般，无数次行到水穷处，不知经历了多少磨难，才到达目的地。我深深感到，在科学研究上，需要像信徒一样的虔诚，经受无穷无尽的磨难而百折不回，才能有所成就。1962 年 11 月，我赴苏联留学，不愿接受研究超高频电子光学的邀请，坚持自己独立研究，终于在静电聚焦同心球系统的成像电子光学的理论上有突破，建立了属于自己的一套理论

工作中的周立伟

体系。1968年4月，当我因学校两派"武斗"躲避到上海时，忽发奇想，为何不能把留苏期间的研究课题扩展到电磁聚焦成像电子光学领域。"文化大革命"期间，虽然运动不断，干扰众多，但我一心只想科学事，不管窗外东西南北风，孜孜不倦地埋头研究，十年磨一剑，机会不负有心人，终于在同心球电磁复合聚焦成像电子光学理论上有新的突破，并得到国际学术界的承认。21世纪初，我应邀与俄罗斯科学院普罗霍洛夫普通物理研究所进行科学合作，在静动态成像电子光学与像差理论方面取得了新的创造和进展。我有时想，在那风云变幻的年代，自己还能在科学上另辟蹊径，有所发现和创造，何尝不是一种愉快和幸福呢？此中的跌宕起伏与艰辛欢乐，只有身临其境才能感受到。

当接到出版自传的邀请时，我想通过自己的传记，不仅要真实汇报自己的人生经历，更需要把自己为人处世的态度和为学求知的理念写出来，让人们了解自己，也让青年学者了解自己的平凡人生和科学之路是如何走过来的。当然，自传的真实性主要取决于传主本人持有严肃认真的程度。虽然每个人的认识受到时代背景和思想认识上的局限，但事实不容歪曲，历史不许作伪，这是最基本的要求。

回想自己的青年时代，读了奥斯特洛夫斯基的《钢铁是怎样炼成的》，为保尔·柯察金的誓言"人的一生，应当这样度过：当他回首往事时，不因虚度年华而悔恨，也不因碌碌无为而羞耻"所感动。立志要像他那样，把青春献给伟大的祖国。惭愧的是，岁月蹉跎，少年壮志渐渐消磨于无形，平凡的我，不敢回首当年的豪情了。

我曾对写自己的传记持否定的态度，觉得自己是一介平凡的书生，平淡无奇的经历，没有什么"丰功伟绩"可写。中国工程院有关领导多次敦促我，告诉我这项工作对总结自己的一生，对于后人是很有意义的。2020年年初，新冠肺炎疫情袭来，我每天足不出户，有了很多时间思考问题。于是，我提起笔来回忆自己的一生，尽可能真实汇报我一生中经历的人和事，喜怒爱憎、悲欢离合、科学探索、人生感悟，努力让大家在自传中看到一个真实的周立伟。

这本书也献给我亲爱的父母和 7 年前逝去的妻子，他们在天国远远望着我，似乎总在询问我，期待我给他们一个满意的答卷。

是为序。

周立伟

2024 年 1 月

目　录

目
录

第一章　家乡藏绿

　　家乡浙江诸暨，系古越会稽，乃报仇雪耻之乡，非藏垢纳污之地。民心彪悍，爱憎分明，容不得半点奴颜婢膝。古越人刚强不屈、卧薪尝胆、百折不挠、砥砺前行的性格，锤炼了今日诸暨人埋头苦干、不畏艰险、勇于拼搏、敢为人先的精神，这正是我需要学习和传承的。

一、家乡诸暨，十四都藏绿坞

　　我叫周立伟，1932 年 9 月 17 日出生，浙江省诸暨市五泄镇十四都藏绿村人。现为北京理工大学教授、首席专家、博士生导师、中国工程院院士、俄罗斯联邦工程科学院外籍院士与俄罗斯工程院外籍院士。我出生于上海一个普通制药工人家庭，是浙江诸暨十四都村藏绿坞创始人周廷琮的第 14 代孙，也是北宋大贤周敦颐第 37 代孙。

　　诸暨藏绿周氏，由北宋周敦颐二十四世孙周廷琮（号景胡，世称清三公）于明正德十五年（1520 年）自余姚浒山迁入。据会稽外史王思任（1572—1646）撰写之传赞中云："明正德年间，周廷琮偕友人游浙江诸暨五泄、苎萝，行至五泄十四都村，发现一处美丽的村落，乃是一个风光秀丽的山坞。后全家遂由余姚迁居于此，命名为'藏绿'。居数年，家人欲迁回原地，廷琮公乃口吟止之曰：'何处来春色？烟霞此地多；相携入海去，孰与听樵歌？'。"自清三公始，周姓族人世代繁衍于诸暨五泄镇十四都村藏绿坞。在这个"万绿藏一坞"的山村里，重耕读，尚礼仪，创下了属于周氏家族的辉煌和荣耀，至今已 500 余年矣。

岁月悠悠，世事沧桑。诸暨藏绿的周姓族人上承濂溪公"仕义中正"的理念，自奉"忠义孝悌"的族训，耕读传家，光风霁月，使这个古村落在随着时代脚步前进的同时，又有了丰硕厚重的文化积淀。

进入诸暨十四都，即见五泄第一峰，俗称避水岭。两山夹持，东面，有狮子滚绣球；西面，有大象眺远方。狮象把门，在护卫着五泄这个风光绮丽的景区的同时，又守护着一个万绿蕴藏的山坞——藏绿。

清代诗人周师濂曾在《登避水岭入藏绿坞诗》中描绘藏绿："出城四十里，平平无奇境。忽登第一峰，亦云避水岭。……万绿藏一坞，清翠扑衣冷。别有小天地，室庐与之静……"走进诸暨藏绿，你不得不赞叹诗人笔触之精妙。好一个万绿，水是绿的，天是蓝的，山是青的，青绿、蓝绿、翠绿、墨绿。青山绿水，使人心旷神怡。远眺藏绿，针叶之苍，阔叶之青，稻禾之黛，萱草之葱，莲伞之碧，在这片绿色面前，能形容绿色秀丽的词汇实在太少了。然到了此间，在这秀丽的绿水青山面前，开阔的胸襟，坦诚的心境，豁然开朗，若雨过天晴，风清月明。谁能不庆幸自己置身于喧闹的迷彩之外，沉浸于万绿的漂染之中。

家乡藏绿位于五泄山之一侧，北西南三面环山，东向一过避水岭，就是宽大坦荡的出口。村落绵延数里，山林泉石，峰回势接。我曾数次徘徊于藏绿的村落，为它美丽的景色而流连神往。藏绿的地势是周围高而中央凹，青山绿水藏一坞，故亦称藏绿坞。村落的民居虽经数百年的变迁，依然保留明清两代戗角飞檐的建筑及风俗。漫步藏绿，远望村落与山溪并行，贴着草木的气息，向远处蜿蜒。耕牛在悠闲吃草，鸟儿在飞翔歌唱，鱼儿在嬉水觅食，呈现出一片田园牧歌的景象。

　　进入诸暨藏绿，一旁石崖陡峭，形势险要；一旁枫树苍翠，景色宜人。当徘徊在被雨打湿的青石板上，一种新旧时代的交替感扑面而来。登顶远眺，茂密葱郁的枫树间，石阶小路蜿蜒而上。缓缓步入深秋初冬，满山的枫叶渐渐染红。远望高耸的山峰，烟雨朦胧，近见清澈的小溪，潺潺流水。小桥流水人家，一条石板路，沿着村落走向远方。

　　我爱藏绿这个诗意般的名字，佩服先人丰富的想象力。"藏金藏银不如藏绿"，说得多好啊！绿，不但是景色之绿，更是心田之绿，它代表着美好、淡泊和宁静。藏绿，就是把美好希望的梦想、淡泊坚毅的努力、宁静致远的志向深深地埋藏在心田，永远不放弃梦想，不放弃奋斗。这正是我毕生所追求的，也是先祖清三公对他的子孙们的期望。

诸暨五泄藏绿村

二、周氏宗祠，忠孝遗泽后世

走进诸暨十四都藏绿村，一座饱经沧桑的周氏宗祠呈现在面前。它延续了藏绿三百余年的文脉，古朴辉煌的前世被咏叹，让它的今生更加灿烂。在藏绿，周氏宗祠是一座严谨凝重、美丽恢宏的古建筑，记载了周氏一族的兴衰荣辱，极具历史文化价值。如今既是周氏宗族的象征，也是当地著名的文化景致。

据记载，自清康熙年间开始，周氏先人就开始了一项浩大的建筑工程——周氏宗祠的兴建。周氏宗祠，亦称萃亲堂，始建于1674年，完工于1775年，藏绿的周氏先人前赴后继，为这座宏大建筑物的落成耗时整整一个世纪。

周氏宗祠规模宏大，背靠青山，前绕小溪，气势恢宏，庄严肃穆。堂前有上下两大道地，以青石扣成。上道地左右立两根高墩的

诸暨藏绿周氏宗祠外貌

诸暨藏绿周氏宗祠内部

宗祠正厅

旗杆，八根平地旗杆（均系族人当年在朝为官的象征）并排矗立。在萃亲堂的台门口，有两块精雕的匾额，刻有"诗书世泽，忠孝诒谋"八个大字，它是藏绿先人为后代立下的族训，包含着祖先们的睿智和期望：诗书为本，德行传承；忠孝立志，精忠报国。宗祠扶贫助学、赈灾济困；左抱义学，教育族亲，忠孝仁爱；右抱义仓，储粮备荒、接济贫困，支持义学。整栋建筑古朴庄重，碑刻古雅。

萃亲堂正门内建有一个名为"万年台"的高高戏台，供演出聚会之用，装饰精细，美观大方。每逢年节和庆典，便请来戏班在祠堂里演戏。东西两边皆设"侧厢"，专供族内长者妇幼观赏演出。正厅中堂雕梁画栋，精美绝伦，立柱合抱，大梁横跨，高耸宽敞，气势非凡，它原是族内大事议决之所在。正厅上方悬挂题有"萃亲堂"三字之鎏金匾额，凝重端庄。祠堂正中高悬着传旨嘉奖、一门四捷、乐善好施、急公勤事、敬教劝学以及翰林、进士、贡士等匾额，最多时达96块。这一切（连同门前的旗杆）都是周氏先人取得的成就与功名的象征。

005

萃亲堂台门前的两块匾额

宗祠正厅左右过道两壁，有记载修缮祭祀之捐施石碑。后厅为一大两小3个寝室，檐高屋深，肃穆静幽。大寝室以前专供置放故去族人之灵牌，以祭祀缅怀先人。宗祠总占地面积约2500平方米，设计匠心独运，建造工艺精美，给人的印象既庄严肃穆，又气势恢宏。

清三公后的周氏先祖秉承濂溪公的教诲，建造了周氏宗祠。宗祠蕴含着的文化从下面几个方面教育藏绿周氏的子孙后代：

一是族训家规端正族人品行，要求子孙明德立身，家风端正，这是祖辈对子孙们最好的人生谋划。族训"诗书世泽，忠孝诒谋"教化族人仿效和继承历代先贤的高尚品德，刻苦勤奋，学有成就，"忠"于国家，"孝"于家族，做一个道德高尚、奋发有为的人。

二是崇教兴学培养人才。宗祠兴义学，办学堂，以提高族人文化素质，促使人才辈出，成为一个有知识、有能力、能为祖国和人民作贡献的人。

三是要求族人忠贞爱国，人品高尚，胸怀洒落，忠诚信义。尤其是要求为官者清廉刚正，做一个具有高尚的人品和职业道德、努力为人民服务的人。

在中华民族传统文化的熏陶下，藏绿周氏族人敬教勤学，耕读传家，重义好施，至诚至善，生生不息，薪火相传，使这个古村落逐渐发展兴盛，不但形成了周氏宗祠等气势恢宏、建构独特的古建筑群，而且培养造就了一大批杰出人才。

三、濂溪遗风，传承孝德文化

在巍巍青山坳的怀抱中，宗祠正对面开阔的广场上树立着周氏世祖、宋代儒学大师周敦颐的白玉塑像。

周敦颐，字茂叔，号濂溪，世称濂溪先生。生于1017年，卒于1073年。北宋著名思想家、哲学家、儒家理学思想开山鼻祖。后人曰"吾道南来，原是濂溪一脉；大江东去，无非湘水余波"，可见其理学思想流世泽长。尤其是《爱莲说》一文，表达了作者洁身自爱，既不媚俗，也不避世；既不随波逐流，也不矫情避世的高洁品性，为世人所赞美称颂。

周敦颐不但是一位著名的学者，在宋代文化史有很高的地位，而且是一位颇有政绩的官吏，他明察秋毫，秉公办案，甚至不惜开罪上司。他的吏治使"富家大姓、黠吏恶少，惴惴焉不独以得罪于令为忧，而又以污秽善政为耻"。黄庭坚称其"人品甚高，胸怀洒落，如光风霁月。廉于取名而锐于求志，薄于徼福而厚于得民，菲于奉身而燕及茕嫠，陋于希世而尚友千古"。

文可化人，文能兴族。"诗书世泽，忠孝诒谋"的族训激励着诸暨藏绿周氏后人。在世祖周敦颐的理学思想的教诲和熏陶下，一代又一代的周氏族人重教兴学，建书房、办私塾、开学堂等。民国时期，在小小的藏绿村内竟建起小学多达9所。藏绿子弟从年幼起，便知道读书乃迈入人生之路的第一步。族人们刻苦攻读，学有成就，使这个古老的村落以科甲蝉联、人才辈出而闻名遐迩。

在诸暨藏绿，孝友家声，乐善好施，急公好义，已成为亘古不变的传统和良好的风俗。历代藏绿人，以热爱祖国、服务人民为第一要旨。尤其是为官者，以忠诚信义、勤政爱民、清廉刚正为本。

周氏世祖、宋代儒学大师周敦颐的白玉塑像

无论是清代、民国时期，或是共和国建设年代，人才辈出，涌现了不少卓有成就的学者、教师、医生、将军、政府官员和企业家等。深入藏绿，你不禁会感叹"衣冠简朴古风存"，领会到代代藏绿人的善良与豪迈。

有人说，藏绿的丰泽，得益于上天。你看那小小藏绿，竟生有七岭八坞，岭岭相隔，坞坞相连，高低错落，气脉循环。风乍起，便回旋激荡，上下翻飞，吹遍整个藏绿，使村里的空气日日新鲜。也有人说，藏绿的纯净，得益于清泉。你看那一条活水渠，自西至东，贯穿全村。水自山岭来，甘甜纯洁无污染，矿物质含量丰富，呵护着村里所有的生命。藏绿与众多邻村，只是山相连路相通畈相合，水脉却自成一系。外来水被山峦自然阻截，村落四周山涧汇聚渗来的水则被全村上下十多口深井和村前一条溪坑吸纳，深井幽幽，溪流淙淙，这里的水清凉甘甜且常年丰盈。许是山涧渗水矿物质特别丰富的缘故，在这个小小的村坞里，到处可见耄耋老人。正是这天地之精华、山水之秀气，造就了藏绿的清秀和美丽，也造就了聪慧睿智、勤劳勇敢的藏绿人。

当今的诸暨藏绿，已成为宜农、宜商、宜学、宜游、宜居的理想之地。绿水青山，人杰地灵，地利人和，美不胜收。漫步藏绿，使人心旷神怡、乐而忘返。

前些年，村里开始成片种植莲荷。六月一过，进入藏绿村口，映入眼帘的是一望无际的莲荷池塘。荷花盛开，荷叶摇曳，清风徐来，清香四溢，不禁使人想起诗人杨万里"接天莲叶无穷碧，映日荷花别样红"诗句的真切。只见那莲叶舒展，片片相连；荷花欲放，朵朵含苞，加上那古宅的映衬，熏风的吹拂，俨然是一幅古今相融、动静相交的水墨画。远近的人们慕名纷至沓来，2018—2020年连续举办的三届荷花节更使藏绿声名鹊起。2021年，又在藏绿新建丛林漂流、山间喊泉、多彩滑道等众多旅游休闲项目，使这个古村落近来更是异常热闹。如今，每逢入夜，村里打造的灯光秀勾勒出荷花塘的边际、古台门的轮廓，以及青山绿水的状貌。每年夏秋，总有远远近近的人们慕名而来，赏荷花、品美食。

我站在荷花塘边，细细回味世祖周敦颐在《爱莲说》中赞誉莲花"出淤泥而不染，濯清涟而不妖"的高贵品格，顿觉格外亲切。濂溪公用"不染""不妖""不蔓不枝""不可亵玩"等，把莲的高贵清秀、美丽淡雅形容得淋漓尽致，并通过对莲的爱慕与礼赞，表达对高尚情操的崇奉，对庸劣世态的憎恶。一个超然脱俗、心胸坦荡、为人耿直、不攀附权贵、仪容端庄、尊严傲岸、凛然不可侵犯的君子形象深深地印刻在人们的心中，令人肃然起敬。

1937年8月13日，日本侵略者进攻上海，母亲王桂英怀抱着3岁的弟弟，领着5岁的我，艰难地逃回自己的家乡——诸暨藏绿。父亲的家紧邻周氏宗祠，我就是在祠堂里接受启蒙教育的。

如今我已入耄耋之年，对幼年时家乡藏绿的印象很模糊了，但还记得在祠堂玩耍，老师打我手心、教我识字念书的情景。父亲的家乡观念十分浓烈，他19岁离别诸暨到上海工作后，一直挂念着家乡，尽力支援兄嫂一家和亲朋好友，总是教导我莫忘故乡，根在诸暨藏绿。1999 年 11 月我当选为中国工程院院士后，我认为自己虽然生长在上海，但根在诸暨藏绿，我是诸暨藏绿的后人，因此辞谢成为上海籍院士的邀请。我也像父亲那样，要求自己的女儿和亲人，永远不忘自己的祖先，不忘根在诸暨藏绿。

2010 年后，我有机会在故乡藏绿多作逗留，深深为藏绿的秀丽风光所吸引。当追寻祖先的足迹，更多地了解藏绿周氏的历史后，我不禁为周氏祖先及家族感到光荣，为作为一个诸暨人感到骄傲，也为自己是藏绿周氏的后裔自豪。

我家的老宅，就在周氏宗祠东侧不远处。住宅外面建有高高的围墙，岁月的沉淀和雨水的冲刷使围墙表面长满了青苔。1979 年，因长久无人居住，父亲将藏绿乡下的祖宅卖了出去。2019 年，我又购回部分祖宅，建成了"周立伟藏书阁"，把自己一生积累的图书资料都珍藏于自己的家乡，供孩子和乡亲们阅览。前些年我向家乡藏绿捐献了关心关爱基金 50 万元，以支持教育与慈善事业。2023 年 11 月，我又向家乡藏绿捐献 250 万元，累计 300 万元，成立了周立伟教育基金，愿十四都五泄镇的孩子们健康成长、成才。

我热爱家乡诸暨。诚如鲁迅所言，会稽乃报仇雪耻之乡，非藏垢纳污之地。民心彪悍，爱憎分明，容不得半点奴颜婢膝。古越人刚强不屈、卧薪尝胆、百折不挠、砥砺前行的性格，锤炼了今日诸暨人埋头苦干、不畏艰险、勇于拼搏、敢为人先的精神，这正是我需要学习和传承的。

因此，我非常支持周氏族亲们为保护修复周氏宗祠及藏绿的古建筑群所做的努力，非常支持修造族谱、编纂村志的工程、宣扬藏绿山水风光所做的努力。我的愿望是每一位藏绿周氏族人不忘其"根"，不忘先祖周敦颐《爱莲说》寄予的教导，清清白白做事、堂堂正正做人，把乡愁牢牢记住，把家国装在胸中，为家乡的进步作出自己的贡献。

第二章　青葱童年

少年的我，家中贫穷，我没有志向，也没有梦想，但我已知道爱和恨。我一直以一句中国古话"少壮不努力，老大徒伤悲"鞭策自己。只有努力奋斗，才能摆脱贫穷，才有光明的前途。

一、青葱一少年，已知亡国恨

1932 年 9 月 17 日，我出生在上海一个制药工人的家庭。母亲王桂英生我的时候，因为她和父亲周吉民都没有文化，不知道给我取什么名字才好。正好那时我父亲工作单位同德堂的店主乐氏的女儿周剑雄在场，她的小名叫阿定，人称阿定阿伯。她与我母亲是十分要好的姐妹，是一个思想进步、热爱祖国的女性。她十分崇拜秋瑾，给自己取了一个男性名字，经常在家舞刀弄剑。抗日战争爆发后，她就参军上战场杀敌。我父亲对她说我在诸暨藏绿周氏宗祠的辈分属于"钜"字辈，同辈兄弟的名字中都有一个"立"字，如我大伯的两个儿子，一个叫立海，一个叫立信。阿定阿伯便说，就叫立伟好了，立志做一个伟大的人，将来当"大总统"。民国时代，总统变换频繁，人们觉得当大总统也不是什么稀罕事，往往开玩笑恭喜人家生男孩将来当大总统。等我稍微懂事时，阿定阿伯常给我讲秋瑾为推翻清政府、建立民国，杀身成仁、舍生取义的故事，使我对秋瑾景仰敬慕不已。

周立伟 4 岁时的照片（1936 年）

1931 年 9 月 18 日，日本侵略者一夜之间占领了沈阳，一场抗击日本侵略者的战争开始了。1937 年 8 月 13 日，日寇轰炸了上海，我父亲怕孩子们遭难，让母亲抱着 3 岁的弟弟，领着 5 岁的我逃难到老家诸暨藏绿。在老家的周氏宗祠里我开始了启蒙学习。隔了近一年，当上海战事平息后，父亲便把我们母子 3 人接回了上海。

我家住在上海市东郊杨树浦临青路同德堂药店二楼的后楼，所在的里弄叫培正里，里面有一所小学，叫培正小学。我在那里上学，小时候我喜欢读书，成绩名列前茅。我从住家二楼前楼的窗口可以看到马路的对面，日本兵守候着码头的进出口，对货物和行人进行检查。我每天可以见到这样的场面：日本兵用刺刀刺向货物，用枪柄殴打中国工人，中国人在岗亭旁被罚跪，有的还举着双手。这样的场景对我影响颇深，我从小就尝到身为亡国奴的滋味，永远忘不了日本侵略者的劣行和暴行。当时的小学老师并没有教我们拿起武器去打击侵略者，而是潜移默化教导我们是中国人，要做堂堂正正的中国人。老师们教我们唱《满江红》《苏武牧羊》等歌曲，朗读诗句"人生自古谁无死，留取丹心照汗青""王师北定中原日，家祭无忘告乃翁"，讲述文天祥誓死不降、史可法舍身抗清、郑成功收复台湾的故事，激发了我们的爱国热情，在我们幼小的心里埋下了抗日的种子。从小时候起，我就懂得爱与恨。父母虽然没有文化，但他们爱憎分明，一直教导我做人要有骨气。那时，日本侵略者在中国进行奴化教育，要中国小学生都学习日语。出于对日本侵略者的憎恨，我和大多数中国孩子日语一点也学不进去。直到现在，我一生不愿踏上日本的土地，是小时候立下的誓言。

我上小学四年级时，已经认识了不少字。同德堂的店主乐氏外婆十分喜欢我。每天放学回家，她都要我朗读《三国演义》的片段，给我讲"桃园三结义""关云长过五关斩六将"的故事。我那时特别崇拜关云长，梦想自己长大后也能成为英雄豪杰。

20世纪三四十年代的上海里弄十分热闹，那时没有什么娱乐节目，连收音机也很少。老百姓经常玩的就是搓麻将、推牌九等。我和弟弟周立法都是十分机灵的孩子，对这些一看就会，很快就精通了。因为家里穷，我们兄弟俩从来没有一件儿童玩具，连玻璃弹珠也没有。每天放学后，我草草地做完功课后，就钻到弄堂里隔壁人家的牌桌旁，指挥人家怎么打牌。母亲看到后，心想这孩子现在这么喜欢赌博，长大后一定是个赌鬼。怎么办呢？后来她想了一招，用祝家大阿哥不受外界困扰用功读书的事迹来教育我。

小时候家里虽然很穷，但我并没有吃过什么苦，苦难都是父母和姐姐周月青承担了。因为同德堂的店主乐氏外婆很喜欢看绍兴戏，她经常带着我母亲和我到虹口八埭头（地名）的一家茶楼看戏。那时绍兴戏还没有改称越剧，通常叫的笃班，是绍兴嵊县（今嵊州市）一带的地方戏。演员都是绍兴地区穷苦家庭学唱戏的女孩子，年龄很小。剧场通常在茶馆的二楼，那时的舞台上也没有布景，乐队师傅都在舞台上演奏。演的戏目有《碧玉簪》《十八相送》《楼台会》等，非常适合上海小市民的品位。我母亲也十分喜爱绍兴戏，她的记性好，剧情台词都能记住。她曾经说："立伟可惜是个男孩，若是女孩，我定送他去学唱戏了。"不过，父亲是绝对不会让我去学唱戏的。

到20世纪40年代，以袁雪芬、范瑞娟、尹桂芳为首的一群越剧演员对越剧进行了改良，其唱腔也形成了各种流派。越剧开始在上海红了起来。40年代末，在进步人士的帮助下，以袁雪芬、范瑞娟、傅全香、尹桂芳、竺水招、徐天红等为首的十姐妹在上海演出了新编越剧《山河恋》，无论唱腔、台词、布景以及剧情都有很大的进步和革新，引起了很大的轰动。我在母亲和乐氏外婆的熏陶下，也喜欢上了越剧。此外，我也喜欢听苏州评弹和说书，有时听得如痴如醉。

我小的时候身体很瘦弱，人长得又矮又小，好像发育不全似的，但我没有什么病，也吃得下饭。我8岁时在大街上奔跑，被自行车撞到，嘴唇裂了一个大口子，血流不止。后来血虽然止住了，但伤痕依然存在，至今还能看得出痕迹。当时父母非常心疼，觉得我多灾多难。大约在我12岁时，父母请了一位先生给我算命。算命先生说我的命不好，最多不会活过60岁。父母问他有没有解救的方法，他说必须把孩子过继给别人，借别人的福荫延长儿子的寿命。父母觉得儿子是自己的心肝宝贝，生怕被别人抢了去，坚决不同意把我过继给别人。

二、少小学《孟子》，知恻隐之心

1944年夏，我小学毕业了，因为学习成绩好，品行优良，杨树浦一所基督教教会学校免费录取了我。我很喜欢这所教会学校，基督教的教义是讲博爱，它和中国孔孟之道的"仁爱之心""恻隐之心"是一脉相通的，都是教导要爱人、爱大众。我很喜欢读《圣经》，那时能很流畅地背诵《圣经》的目录和部分段落。牧师看我非常崇敬耶稣，问我有什么信仰，我说没有，他便劝我入教。我那时年纪小，不懂得入教是关系人生之大事，便说要问过父母才能决定。父母都不信教，平时也不念经。当时对我是否加入基督教并不在意，只是邻居提醒他们，如果孩子加入基督教，就不会祭拜他们了，父母恍然大悟，坚决不让我加入基督教。现在想想，我那时若入了基督教，一生的命运就不会像今天这样了。

很可惜，我在教会学校只读了半年书。在那里，我不但读了《圣经》中的《使徒行传》，知道耶稣像菩萨一样，关爱世人，还学习了《四书》中的《孟子》一章，使我开始懂得做人的一些道理。记得上《孟子》课时，老师问我们，若一个人在井台边要跳下去，你们会怎样。当时，我和同学们都大声呼喊："不能跳，跳下去就没有命了。"老师说："这就对了。这叫'恻隐之心，人皆有之。'"老师说："孟子曰：'无恻隐之心，非人也；无羞恶之心，非人也；无辞让之心，非人也；无是非之心，非人也。'"这段话深深地印在我的脑海里。

1945年年初，父亲决定将家由杨树浦搬到上海市中心附近。开始时，我家住在西门路一家钟表店的阁楼上，在房屋的最高层，阁楼的空间很小，要住下我们一家五口，实在太挤了。照明靠一个很小的天窗透过阳光，光线灰暗，根本无法做功课。后来，我们搬到3层楼的前楼，才稍微宽敞了一些。

1945年8月15日，日本宣布无条件投降，一场长达14年的抗日战争结束了，我们中国胜利了。当我得知这个消息后，高兴得在大街上光着脚飞奔地跑回家中告诉母亲。这段日子是我一生中最快乐的时光。

在我的童年时期，家里虽然贫穷，但父母慈爱、善良和勤劳的品德，他们永不放弃、与命运搏斗的精神，为我们姐弟三人提供了改变命运的动力。此外，父母的家教很严，常教导我们要怀有感恩之心，为人要和善宽厚，尽力帮助老残弱小。长大后，每当我遇到困难时，就会想起父母的教导，感觉有股巨大的力量在支撑着我。

少年的我，一直以一句中国古话"少壮不努力，老大徒伤悲"鞭策自己。只有努力奋斗，才能摆脱贫穷，才有光明的前途。

再见了！我的青葱童年！

第三章　少年彷徨

民国时代的老师们，特别注重为人师表，教导学生坚守"孝悌忠信，礼义廉耻"的道德操守，以及为人要光明正大、爱国爱民等，给我树立了一个教师的标杆和榜样。

一、十字街头，彷徨一少年

抗日战争的胜利并没有给我们的家庭带来任何变化。日本人走了，国民党接收大员纷纷来到上海，贪污腐败，上演"五子登科"的闹剧，物价飞涨，民不聊生。作为处于社会底层的普通老百姓，我们家的日子依然和以前一样，贫困与无助。在中药店打工的父亲仅有一点微薄的薪水，养家都很困难，更难供我们姐弟三人上学了。我虽然年纪小，也不得不考虑未来的出路。实际上，我那时连温饱都解决不了，谈不上什么理想和抱负。我唯一想的是早一点做事，找一个工作，或者学一门手艺，以帮助自己的父母和家庭。

在我幼年时，我家后门的里弄有一位姓孟的老中医，医术很高超。因为是邻居，两家很熟悉。父亲希望我跟他学医，那位老先生很喜欢我，也愿意教我。中医最主要的基本功就是"望闻问切"，前三个都好学，但切脉确实很难学，我试了好几次，怎么也学不会，只好放弃了。那么，学西医吧，但我一直胆子很小，拿起手术刀手就发抖，我认为自己绝对不是学中医或西医的料，从此就断了学医的念头。当时，社会上有两个职业很吸引青少年，一是去银行当练习生，这是金饭碗；二是到铁道系统上班，这是铁饭碗。这两个职业都需要有人介绍和推荐。可是我们家穷，不认识那些在银行和铁路系统做事的人，也没有人介绍。

1945 年夏，我家搬到市中心西门路后，虽然我喜欢学习，但就读的两所学校——湘姚中学和恒茂中学的师资和办学条件都很差。更糟糕的是，恒茂中学一出校门就是上海著名的"大世界"游乐场，这些娱乐场所对学生们的诱惑力太大了，我的心思也变野了，学习大大退步了。

我那时虽然年纪小，但也觉得自己读书不用功，每天跟着同学们玩，这样不上进，太对不起父母了。在家里，父母不让我做任何家务事，他们认为读书的人才会有出息，我是家中的长子，是全家的希望，因此家里再穷也要保证我的学习。我的姐姐周月青读完小学就不上学了，在家里帮母亲干家务；我的弟弟周立法小学毕业后也不愿意继续读书，正好有一位叫费相才的朋友在一家西药房当经理，父亲就安排他到那里当学徒了。这样，家里就我一个人上学，负担稍轻一些。我也想早点工作，不想上学了，但不敢对父母说，怕他们生气。我对父母说，不想在恒茂中学读书了，想到好一点的中学学习。那时，上海有很多著名的中学，如省上中（即江苏省立上海中学）、南模（南洋模范中学）、格致中学等，都是当年上海著名的中学，培养了不少优秀的人才。省上中还设立叔蘋奖学金，提供给优秀的高中生。这两所学校都是很难考的，我知道自己学习成绩够不上，也不敢去应试。

二、高桥中学，快乐的时光

我现在实在回忆不起来当年如何到高桥中学上学的。一定是我母亲安排的，她虽然没有文化，但我的一举一动逃不了她的眼睛。她一定感觉到了我再这样混下去，一定会出事的，于是把我安排到

水穷云起 周立伟自传

读书环境比较好的高桥中学上学。在我们姐弟三人中，父母比较喜欢我，一方面是旧社会重男轻女，而且我是长子；另一方面我的学习不用大人操心，成绩总是名列前茅。家中虽然贫穷，但我并没有吃什么苦，母亲什么家务事都不让我干，连袜子、手帕都不让我洗。父母对我寄予希望，期望读书能给我带来一份好工作。

1946年秋，我到高桥中学读初三。高桥位于浦东川沙，我家在浦西，要乘船从黄浦江摆渡过去。开学那天，母亲把我送到高桥中学。下午，母亲要回浦西了，我送她到高桥码头，在母亲快要登上摆渡船的刹那，我突然抱着母亲的双腿大哭，不让她离开。这是我第一次离开自己的母亲，想起我将孤身一人，特别害怕。母亲也掉下了眼泪，她也舍不得我，担心我生活上适应不了。她劝慰我好好读书，星期六下午就可以回家了，然后含着眼泪上了船。后来，我很快就适应了高桥的学习生活。

高桥中学是上海滩著名大亨杜月笙于1946年创办的。学校位于市郊，远离城市的喧嚣，空气清新，环境优美。高桥中学的校园十分美丽，有大片的绿树草坪，还有精致的亭台楼阁，南面原是陆家私人花园，内有荷池、凉亭、八曲回廊等。荷池边设有书斋，西南角有古建筑存心堂、民众教育馆等设施。东面是一幢两层教学楼，是我们上课学习的地方。校园中央有湖心亭，是我们上音乐课的好地方。校园东北面古木森林中更有历史悠久的明代御碑等。

高桥中学不但环境优美，而且聘任了众多德高望重、学识渊博的名师前来执教。学校有一个很大的足球场，供同学们玩耍。我虽然个子矮小，但非常爱踢足球，只是踢球的功夫很差。我还是一个喜欢看球的球迷。我记得，那时高桥中学的足球队在高桥那一带的中小学中很有名，队长的名字我记得叫周福熙，比我高一班。他足球踢得非常好，人又长得帅，我是他的忠实观众。

在高桥中学，我爱上了两门课程：初三的平面几何和高一的三角学。我几乎把平面几何的所有习题都做完了。练习几何习题能锻炼逻辑思维能力，也许是这个爱好，为我的抽象思维打下较好的基础。

三、学为人师，难忘的潘鼐

在高桥中学令我最难忘的是训育主任潘鼐老师，他可以说是我求学时代的第一个启蒙者。1946年秋，潘鼐任我们初三班主任兼物理课老师。我非常崇拜他，觉得他很有学问，是一位"百科全书"式的学者。我经常一下课就跟着他，像一个小跟屁虫似的。他也很喜欢我，常约我到他的宿舍去玩。他的宿舍里有许多文艺书籍和英法文图书。他的知识十分渊博，那时我常幻想将来有朝一日，自己有他那样的学问就好了。

在高桥中学，我与潘鼐老师相处较多，耳濡目染，逐渐明白一个道理"知识就是力量。"是的，没有知识，何来智慧和能力，也缺乏前进的动力；人的聪明智慧，不是从天上掉下来的，而是努力勤奋的结果。"智慧就像水的样子，藏在地下时它是天性，而要开凿它，让它流出来，就得靠后天的学习了。"

我还记得当年潘鼐老师要我背诵《古文观止》中《诫兄子严敦书》一文，该文中介绍两人，其一为"龙伯高敦厚周慎，口无择言，谦约节俭，廉公有威。吾爱之重之，愿汝曹效之。""效伯高不得，犹为谨敕之士，所谓'刻鹄不成尚类鹜'者也。"另一为"杜季良豪侠好义，忧人之忧，乐人之乐，清浊无所失，父丧致客，数群毕至。吾爱之重之，不愿汝曹效也。""效季良不得，陷为天下轻薄子，所谓'画虎不成反类狗'者也。"

我那时年幼，对荆轲、豫让、程婴等古代义士豪侠敬慕不已，然不知马援为何重龙伯高，而轻杜季良，亦不理解马援之语重心长。及年长，经历了各种运动，才深切体会到潘老师向我推荐此文教诲之深意。我每读一遍，受一次教育，马援之谆谆教诲，对我一生之

1947年上海高桥中学初三班同学合影（中立者为班主任潘鼐老师，第一排右一为周立伟）

言行影响甚大。

在我离开高桥中学到国立上海高级机械职业学校（简称国立高机）念书时，潘鼐老师用毛笔字给我写了一句题词："知中庸之道，庶几可矣。"教导我为人处世不能偏激，要学习孔子的中庸之道，做事不偏不倚、不急不躁，将来方能成就一番大事业。中庸之道是我一生铭记在心、立身处世的一条重要原则，对我的一生有巨大影响。潘鼐老师在我的心中树立了作为教师的标杆和榜样，令我终生难忘。

当我离开高桥中学后，几十年来常想起这位少年时代的启蒙老师。21世纪初，我和高桥中学的几位老同学在上海聚会，大家谈起潘鼐老师当年对同学们的关爱和教导，都十分想念他，想去探望他，我们决心要找寻他的下落。

时隔不久，在上海交通大学当教授的郁永熙同学告诉我，他已经找到潘鼐老师了，于是，他带着我赶到潘鼐老师家。我和潘鼐老师已有50多年没有见面，他的容貌没有什么变化，依然那么风度潇洒、和蔼慈祥。我已完全没有少年时代的模样了，但说起来他还记得我这个当年的小不点，我们师生俩见面都十分激动。

潘鼐老师自 1950 年离开高桥中学后，便转向建筑施工领域。几十年来，潘鼐老师在建筑结构施工技术方面有很深的造诣，他是上海市建工设计研究院的教授级高级工程师，退休后坚持不懈地从事中国天文学史的研究，成为我国著名的天文学史家。我那次见他时，一部《中国恒星观测史》已写就，另一部《中国古天文仪器史》也快完成。这两本都是天文领域的学术巨著，需要穷尽中外天文资料，经过严密考证、去芜存菁、去伪存真才能完成。对于一个耄耋老人，这需要多么大的精力和毅力啊！而他的晚年，双眼的视力已经很差，需要借助放大镜才能阅读，令我十分钦佩。由于当时出版费尚未有着落，我回京后便筹资帮助他出版了这两本巨著。此后，我到上海出差，若有时间，便到他家探望他。2016 年 4 月 30 日，潘鼐老师逝世，享年 95 岁。他是我人生第一位启蒙老师，为我树立了学为人师的榜样。

1946 年到 1948 年，虽然是解放战争时期的紧张时刻，关系到民族的未来，但 16 岁年少的我，想的仅是就业或学习，何去何从，我一直在彷徨着。

第四章　动荡岁月

　　我十分怀念国立高机上学时让人留恋、难以忘怀的岁月。那时，同学之间团结友爱，互勉上进，结下了深厚的友情；老师们学为人师，循循善诱，亲切教诲，勉励学生上进。回想当年，我们真是青春年少，阳光灿烂，岁月不知愁啊！

一、考入国立高机，接受职业训练

　　1947年秋，当我在高桥中学读高一时，我在思考我的未来。我若继续学习，父母还要负担我的学杂费和食宿费，高中毕业后若上大学，学杂费对一个穷人的家庭来说是绝对负担不起的。若想工作，我读的是普通高中，很难找到一份好工作。我为自己未来的前途何去何从彷徨着。我和一些境遇相似的同学经常谈论未来的出路。那时我没有远大的志向，只想早些工作，学一门技术帮父亲养家糊口。当时，有一位同学告诉我，他从报纸上看到某一军情机构在招收发报员，劝我试试。面试的军人嫌我身体瘦弱、面黄肌瘦、人太矮小、体格太差，当不了兵，将我除名了。后来，我报考了两所学校：一所是唐山铁道管理学校，毕业后有铁饭碗；另一所是国立高机，它是上海著名的中等技术专业学校，可以学得一技之长。

周立伟毕业照
（摄于1951年7月）

这两所学校都将我录取了。父母希望我读国立高机，因为离我们南市旧仓街的住家不远。

国立高机是 20 世纪 40 年代上海唯一由国家经费支持培养中级专业技术人才的职业学校。在这所职业学校学习，学生免交学杂费、住宿费、伙食费等，这对我们这些贫穷的孩子很有吸引力。1948 年报考国立高机的人很多，竞争非常激烈，据说 40 人中录取1 个。我是在高桥中学念了高一去报考的，比初中刚毕业的学生学得多一点，成绩要好一点。我记得那时语文的考题是"论忧患兴国，逸豫亡身"，我胡乱地答了一通。后来我有幸被录取了，全家都很高兴，父亲用家中仅有的一块值钱的手表换了钱给我买了一身校服。

国立高机旧址位于上海复兴中路 1195 号，陕西南路西南转角处，正对着上海电影院。一进大门，便是一栋欧式红楼，它是我当年学习机械专业的教学大楼。学校的前身是始建于 1907 年的德文医学堂，后更名为中法高级工业职业学校。抗战胜利后，它与重庆鸡公塘的国立高级机器职业学校合并，成立国立上海高级机械职业学校。1946 年 9 月下旬，学校招收了第一届学生。

国立高机当时的校长是夏述虞，他原名夏舜卿，1919 年赴法国勤工俭学，1928 年回国，先后在天津直隶高等工业学院、上海汽车学校任教。1936 年 12 月，夏述虞参加了张学良和杨虎城发动的"西安事变"。抗日战争爆发以后，他创办了私立陕西省西安高级职业学校，在学校里推行半工

国立高机旧址

半读制度，令师生有了安置之所。学校的教学质量很高，名声很好，培养了一批有能力的实干人才。夏述虞校长还保护和帮助了一些进步学生、爱国人士前往延安，为抗战做了很多工作。

夏述虞在担任国立高机校长后，推行了在西安高级职业学校办学的成功经验，在学校实行军营式管理，制定了严格的规章制度，例如，对新入学的学生，首先要进行 10 天的军事训练，其次就是学校实行住读制，只有周六课后才允许家在上海的学生回家，周日晚上又要按时返校上晚自习。学生宿舍是一间大屋，里面整整齐齐摆放着一排排的小铁床，床上平整地罩着白色床单，每天早晚都有宿监来检查卫生。学生起床、就寝均须听从军号，要遵守严格的作息时间。一日三餐是在大饭堂用餐，八人一桌，学生列队进入，有序坐好，待值日生喊"起立、坐下、开动"，大家方可进食。进餐期间不允许随便交谈，也不许剩饭剩菜。不仅如此，每天早晨要求学生用冷水洗脸，然后升旗出操，晚上还要降旗点名，无论是寒冬还是酷暑、刮风还是雨雪，一日都未间断。

国立高机的校训是"礼义廉耻"，我一直铭记于心。为了贯彻这个校训，对新入学的学生，学校不是急着灌输专业知识，而是先上一些专题课，内容包括"为学之道""人生哲理""新技术、新知识"等，主要是向学生们讲授中国的传统文化，使学生们树立正确的人生观和价值观。开学第一课，老师们的讲演触动了学生们的心灵，也为他们后来选择人生方向奠定了基础。

学生们都觉得，夏校长为人特别好，思想进步，作风民主，为人正派。那时学校并没有细致的专业划分，仅设有机械科与动力科，所学课程五花八门，相当于简化的大学机械科的课程，偏重于实用技术和工程实践。通过 1946 年的一份课程表可以看出，学校是花了大力气来培养学生的：

第一学年：国文、英文、法文、公民、历史、物理、化学、工作法、机械制图、工厂实习、工程数学。

第二学年：国文、英文（法文）、公民、历史、工作法、热机学、大代数、机械学、应用力学、解析几何、机械制图、工厂实习、微积分、电工、工厂簿记。

第三学年：国文、机械学、热机学、工具机、微积分、电工学、工作法、自动车、内燃机、机械制图、材料强弱、航空机械、工厂实习、机械设计、金属学、工厂管理。

从这份课程表可以看出，课程设置上基础类课程很多，科目涉猎广泛，学校很重视向学生传输机械专业的基础知识。我就是在这些课程中掌握了机械构造的原理，学会了机械制图的本领。

国立高机的教育非常正规，教学质量和水平是上海全市中等职业学校中最高的。学校聘请了很多有名望的教师兼职授课。学校既重视为学生打下扎实的理科基础，又十分注意培养学生的动手能力和解决实际问题的能力。学校有藏书多达2万册的图书馆，有多个实验室和实习工厂。我上大学时学的是俄语，英语的底子是在国立高机读中专时打下的，后来可以借助辞典阅读英文科技期刊。我记得，英语老师每次上课时先给同学们讲当时的股票涨落情况，十分幽默。机械科主任何国森老师精通四国语言，他教我们机构学，他热情奔放，充满活力。后来他任上海大学自动化系教授。2001年，在上海理工大学纪念学校成立百年华诞时，我见到他依然像个老顽童似的，十分活泼，思维敏捷。他一直用英文做笔记，令我特别佩服。

国立高机具有良好的校风，采用半军事化的严格管理，学生们穿着统一的制服和大盖帽，做事有规有矩，踏实可靠。学校的教育使学生们在青少年时期便养成了简朴、节俭的生活作风，自觉、自律的习惯，能吃苦耐劳，不追求物质享受，不慕名利等，这些都是国立高机给予我和同学们的宝贵的精神财富。

周立伟在国立高机时的学习成绩单（1948—1951 年）

在国立高机学习期间，我的学习成绩属于中上等。理论学习的课程学得好些，金工实习课稍差一些。钳工的劳作是要亲手制作一把铁榔头，我的钳工手艺明显不如其他同学。那时，我和沈兴良、俞容若等是志趣相投的好友，我们常常一起促膝谈心。学校地处复兴中路，隔一条马路便是欧式建筑的霞飞路（今称淮海中路），是散步休闲的好地方。我那时特别喜欢看足球，刚好学校的右边是著名的逸园，曾是上海的跑狗场，也是当时上海最大的足球场。那时因囊中羞涩，我通常只能在球赛快结束时和小朋友们冲进场内看几分钟。我也十分喜欢观看电影和话剧，学校的正对面是上海电影院，霞飞路上有很多影剧院，如美琪电影院、巴黎电影院、兰心大戏院等。在上海解放初期，我看过《出水芙蓉》《魂断蓝桥》等美国电影。那时我也喜欢阅读文艺书籍，曾幻想过当作家，但我发现自己的文笔实在太差，形象思维能力更谈不上了，觉得自己实在不是当作家的材料，很快就放弃了。

上海解放前夕，国立高机的中共地下党员和党的外围组织的进步同学（我并不认识他们）觉得我为人老实、思想单纯，愿意帮助我进步，常在我的床头偷偷地放一些油印的地下进步报刊，宣传革命，以启发我的政治觉悟。那时，我也跟着同学们参加校内的一些学生活动，但懵懵懂懂，不知革命为何物。

1948年，淮海战役国民党大败，人民解放军要渡江南进。蒋介石想保住南方，特别是上海这座国际大城市。为了稳定上海的局面，特别是金融市场，他派蒋经国到上海，把法币改为金圆券，说金圆券与黄金同价，家里的黄金硬通货都要到银行兑换成金圆券。不久，上海的市场根本控制不了，物价飞涨，金圆券快速贬值，老百姓的钱经此折腾便血本无归了，国民党的信誉从此彻底扫地，人民再也不信任他们了。

我记得每逢童涵春堂药店发工资的时刻，母亲就早早地等候在药店的门口。当父亲领到薪水后，立刻交给母亲。母亲便快速地将这笔钱换成银圆（即袁大头）或关金券等，以防止贬值。

二、欢庆上海解放，迎来新的时代

上海是1949年5月27日解放的。就在解放的前几天，国民党还在卡车上用大喇叭呼喊着郊区大捷、保卫大上海等。上海的老百姓倒没有什么惊慌，依然故我。一到晚上，因灯火管制，家家窗户紧闭，用黑布围着电灯泡，很多家庭依然在搓麻将、打牌九等，苦中作乐。父亲怕一旦国民党和解放军打起来城市被封锁吃不上饭，便买了好几石大米放在床底下，以备战时之需。他还害怕战争打起来后家人失散，就给了我和弟弟每人2枚袁大头塞在裤兜里，以便逃难时急需。人民解放军进入上海市区时，没有遇到任何抵抗，什么战斗也没有发生。晚上部队没有进入民宅休息，就露宿在上海街头，一点也没有扰民，上海老百姓都很感动。我是在第二天早晨从广播中听到上海解放的消息的。

上海解放后，由于我亲身经历了日本人侵占上海时期和国民党统治时期的黑暗年代，对新旧社会翻天覆地的变化有强烈的感受。工人农民翻身做了主人，赌场、妓院、舞厅和投机倒把的证券交易所都被取缔了，物价也稳定了。那时我痛责自己的政治觉悟太低了，只想自己个人前途、家庭摆脱贫困等，从没有想到要奉献自己，为人民的解放、祖国的强盛贡献一点力量。我暗暗发誓，中学毕业时，无论组织上要我做什么，哪怕分配到山沟沟里，一辈子搞秘密工作，无声无息，我也愿意。我，一个 17 岁的少年，暗暗地下定决心要为自己的祖国贡献力量。

上海解放后，我的思想觉悟和认识有了很大的提高。1949 年 11 月，我光荣地成为学校的第一批中国新民主主义青年团团员，并成为国立高机学生会的一名干部。1950 年，国家号召参加军干校南下和抗美援朝，我积极报了名。我觉得自己应该站出来保卫祖国，即使牺牲了，也是值得的。父母虽然很爱我，但他们很理解我，并不阻拦。

我从小体质一直很差，人很瘦，虽然没有什么大毛病，但我的鼻子经常流血。1950 年，有一天，我的鼻子突然大出血，用棉花球根本止不住，大量的血从口中冒出，只好送仁济医院就医。仁济医院的医生也没有办法，最后他们只能用一大捆绷带塞进我的鼻子，塞得我整个脸部膨胀呈扁平状，血才止住。恰好第二天，我们班上的团支书陈名绚同学来我家。因为我报名参军了，学校领导让他对我进行家访，哪里想到我会是这副模样。当然，参军没有我的份了。陈名绚在 1950 年带头参军，在空军历任师政委等职，功勋卓著。

关于我的鼻子大出血的毛病，当时我父亲请了一位老中医给我看病。老中医说我的体内火气太大、肝火太旺等，他给我开了一副中药方子，并给了一瓶名为"黑山枝"的药，当鼻子出血时，用棉花团蘸"黑山枝"塞入鼻孔。他的方子果然很灵，我服药几天，鼻子大出血的毛病果然止住了。上大学时，我一直把这张药方带在身边，后来不知道放在哪里了。几十年来，虽然我的鼻子出血是常态，但再也没有出现像1950年那次大出血的症状了。

1951年7月，我从国立高机中专毕业，被分配到公私合营上海华通电机厂工作。我的新的人生开始了。

现在回忆起中学时代的学生生活，我觉得我由少年成长为青年，国立高机给予我思想上和学识上的教育，为我的一生打下了坚实的基础。在为学上，国立高机严格的校风、严谨的学风和很高的教学质量，培养了我扎实的理论基础和动手能力，使我养成了勤奋踏实的工作作风。在为人上，国立高机的爱国主义教育、理想和信念的教育，使我有了一个较为正确的人生观和价值观。特别是我的思想，虽然那时还很幼稚，但到毕业时，我的心中有了一个比较明确的目标：我要为祖国作出自己微薄的贡献；要像参军的同学们一样，当祖国需要时勇敢地站出来。自国立高机毕业后，正是这样的信念，无论在什么环境下，我都能坚持下去，克服困难，而没有畏惧之心。

我十分怀念在国立高机如歌的学生岁月。1948年我进入国立高机学习的年代，祖国大地风雨飘摇，然而同学们团结友爱，互勉上进，立下报效祖国的誓愿；老师们循循善诱，身体力行，对待我们如同自己的子弟。每当我回忆当年与同学相处的时光，感觉真是青春年少，阳光灿烂，岁月不知愁啊！后来，我上大学、出国留学，经历了政治形势的变幻、人际关系的诡秘，再也没有国立高机那一段快活日子了。

三、耄耋垂暮之年，共叙同窗友情

我的母校国立高机，在上海解放后继续培养中专生，改革开放后被并入位于上海军工路516号的上海理工大学。21世纪初，我有幸被上海理工大学聘为杰出校友、名誉教授，在纪念上海理工大学百年校庆大会上致贺词。

2002 年 10 月 17 日，我在上海主持亚洲光子学国际会议之际，偶得空闲，与当年同窗聚会于昔日读书的位于上海复兴中路 1195 号的母校——国立上海高级机械职业学校的红楼。人间沧桑，红楼依旧雄伟屹立，然我等离别国立高机已 50 余年矣。回首往事，不胜感慨，献诗三首，聊表自己对母校和同学们的怀念之情。

忆国立上海高机诸友（三首）

（一）忆红楼聚会

匆匆离别五十年，红楼聚会忆旧谊。

少年难忘弱国恨，同胞疾苦岂无闻？

谈今论古求真理，誓将丹心献汗青。

相逢白发谈往事，碧海蓝天挚友情。

（二）怀念沈兴良、俞容若

青春少年热似火，晚年相见鬓如霜。

当年相依立大志，誓将青春献神州。

相逢细数前尘事，无怨无悔报中华。

莫逆友情比海深，一片丹心映红楼。

（三）赠陈名绚

忆昔青春少年时，君年十八意奋发。

思想进步热情高，见识深远志向大。

关爱同学犹兄弟，道义争担事争先。

投笔从戎何顾家，壮志凌云报中华。

国立高机 1951 届部分在京同学合影（2001 年）

国立高机五届校友合影（上海国际会议中心，2006 年 10 月 26 日）

第五章　初尝发明

　　我在上海华通电机厂工作的两年间，所接触的人，无论职位高低、学问大小，都是谦和友好、助人为乐的，社会风气也是十分和谐、团结友爱的，都希望自己好，也愿意别人好。我深深感到，工作是那么快乐，世界是那么美好！

一、华通电机厂，工作多美好

　　1951年7月，我19岁，国立高机中专毕业，与严文安、丁冠杰两位同学一起分配到位于上海乍浦路的公私合营上海华通电机厂。当时上海华通电机厂有技术员80余人，其中有一级工程师顾谷同、蒋公惠等老先生，实力相当强，算得上上海的一个大厂。

　　我在国立高机的学习成绩不错，在进工厂前，自我感觉良好。我是机械科的学生，一些机械学的课程如机构学、机械设计、机械制图等都学过，在班上成绩名列前茅，内心是很自负的。到工厂后，我先被安排到各个车间进行实习，了解工厂生产的各个环节；后被分配到技术科，主要是当下手，帮工程师和技术员描图、制图、审图等。经过3个月的实习，我发现世界很大，厂里能人很多，而自己学到的知识只是一些皮毛，在许多方面是浅薄无知的。例如，当时工具车间的设备并不先进，但钳工师傅的手艺很高，很多复杂精密的冲模零件是靠手工扣出来的。当时的产品零件是有图纸的，但制作该零件的工装与钻模、冲模、夹具等并没有图纸，全靠工人师傅自己琢磨，看着零件图做出一套套模具来。我到木模车间实习时，工人师傅制作翻砂木模时手中只有一张零件图，所要制作的阴阳木模的图纸（包括浇灌口和出气口）都在他们的脑子里，而我看了半天零件图，就是想象不出要浇铸的阴阳模具的立体构造来。

周立伟在华通电机厂时的照片（1952年）

实习结束后，我被分配到技术科工作。记得到技术科上班的第一天，从美国西屋公司实习回来的吴履梯先生是技术科的负责人，他让我画一张图。我觉得这很容易，一会儿就画好了。吴先生一看我的图，就发现了错误，但并没有责备我，只是微微一笑说："你画的图，正视图是英美画法，侧视图是苏联画法。"我当时脸一下子就红了，自己怎么会犯这样的低级错误呢！通过实践的教育，我认识到自己的知识太浅薄，能力太差了，只有加倍努力学习和工作，才能跟上时代的要求。因此，领导派给我的任务，无论什么重活、累活都干，星期天也乐意到厂里加班。我感到工作不仅使我增长了知识和能力，也给我带来了快乐，使生活更加充实。当时，为了学习设计钻模和夹具，我在旧书摊买了一本有关夹具和卡具的英文书（*Jigs and Fixtures*）来啃。我还记得被分派去搞发电机和电动机的测绘，也就是把电机（发电机和电动机）的实物零件一一测绘下来，标上尺寸，制成图册。这种工作又苦又累，有时要趴在地上测量，特别是电机的外壳，几何形状复杂，很难测绘和制图。但是，经过这样的锻炼，我的测绘和制图能力有很大的提高。

我在技术科、工具车间都待过。在技术科，主要是帮工程师绘图、描图，审查图纸等。为了能看懂苏联产品的技术图纸，工厂还组织工人和技术人员在下班后学习俄语。我也报了名。俄语字母中有一个卷舌音 P，其音极难发准，我连走路时都在练习这个字母的发音，很快便熟练掌握了。由于我学习俄语的积极性很高，结业时考了 100 分，厂里奖励了我一个毛主席坐像。在工具车间，主要是管理，帮师傅们领料、准备制作冲夹模具的毛坯，给工件淬火时当下手等。在这里我学到不少东西，感觉工作是一件非常快乐的事。

我清楚记得，在华通电机厂门口有几处露天的早餐铺。其中，我最喜欢的是麻酱牛肉面和大油渣咸豆浆。宽滑爽口的面条、香喷喷的牛肉加上一大勺醇厚的麻酱，使人馋涎欲滴。那肥大的猪油渣和刚煎好的一段段油条混在一起，泡在浓浓的豆浆里，经鲜美的酱油汤一浇，豆花顿时沸腾起来，使人大饱口福，回味无穷。我离开华通电机厂后，无论上海老城隍庙的早餐，或是广州的早茶、武汉的热干面，虽然也不错，但总也找不到当年在华通电机厂门口吃早餐时大快朵颐的感觉了。

进厂后，我和张维良、陈启刚、丁银云以及顾美珍、何麟丽等技术员经常在一起，十分要好。他们都是大学毕业生，知识和能力比我强多了。他们视我为小弟弟，都唤我"小孩"［上海话的发音是"小湾（wan）"，因我长得矮小，像个孩子］，我把他们看作哥哥和姐姐。和他们相处，工作学习，聊天游玩，非常快乐。他们为人真诚友好，知识面广，业务能力强。当时我常想，什么时候我有他们的知识和能力就好了。给我印象特别深刻的是，张维良对创造发明特别投入，思想十分活跃。他研制了一种粘信封、贴邮票的半自动机器，信封或邮票一放到机器上，便一边向前滚动，一边粘上浆糊，不用手抹糨糊了。师哥和师姐们对业务的钻研精神感染了我，我也很想搞点技术革新试试。

二、简单的类比，发明绕线机

1952 年年初，我从技术科调到电表车间当技术员，协助车间主任王传燮师傅管理整个车间。车间有上百名工人，其中大部分是青年女工，年龄和我差不多。整个车间就我和王传燮师傅两个人管理，工作很杂，每天从早忙到晚，但我的业务能力提高很快。王传燮师傅是技术高手，经验丰富，威望很高，我不会或不懂的地方就问他。那时，车间的事情我都管，其中最麻烦的事就是给工件定额：工人每干一件活，就要给这个工件定时、定量，超过定额有奖金。但定额不是固定的，每 3 个月一变。我觉得，那时的工人劳动积极性很高，超产奖励很起作用。可是，一项新的工件要定额，或老的工件（如线圈绕线）3 个月后要重新定额，工人们就要和我争了，希望我尽可能不提高定额，好让他们超额完成任务，拿更多奖金。特别是有一些女青工，很亲热地叫我"小周先生"，拍我马屁。还有一些女孩在我面前撒娇，我也争不过她们，只好求助于车间主任王传燮师傅，他经验丰富，三言两语就把她们打发了，我非常佩服。

现在回忆起来，解放初的上海，技术员和工人之间的关系十分和谐，管理层非常愿意调动职工们的积极性，鼓励上上下下搞技术革新、提合理化建议等。工厂有一套奖励办法和制度，并有一个委员会专门审议。因此，厂里技术革新和合理化建议的活动也是热火朝天。

我所管理的电表车间有一个绕线组，专门制作各种电表上的线圈，其中绝大部分是旋转对称的圆柱线圈，可用绕线机绕。那时的绕圆柱线圈并没有全自动化，还是要靠人工摇动绕线机的手轮绕线，好在劳动强度不大，效率也比较高。可是，一些用在 110 伏电压表的电阻片上扁平的单层线圈没法用绕线机绕，全靠手工，效率很低，15 分钟才能绕一只。绕线组每天要 5 个人绕，才能供得上装配组的需要。更困难的是，因为要求漆包线排列紧密均匀，女工们必须时

水穷云起 周立伟自传

时刻刻观察所排列的漆包线的密集度，一刻也不能放松，劳动强度很大，视力也受到损害。当时我想，能否制作一个绕扁平线圈的绕线车，不仅是提高效率，更主要的是使工人们的眼睛免受伤害。

车间主任王传燮师傅告诉我，在现有的绕线车上进行扁平线圈绕线的尝试都失败了，因为无法使很细的漆包线一根一根紧密地排列在一起。我在思考这个问题时，突然想到，为什么不用螺杆进动的原理呢？转动螺杆使连接在螺杆上的物体前进或后退的运动是机构学中最简单的原理，完全可以利用螺杆螺旋的进动来排线。至于漆包线排列均匀紧密的问题只要选择适当的螺距和螺杆转动的速度就可以解决了。

我的这个创意得到了技术科吴履梯先生、陈康德工程师和王传燮师傅的支持，他们鼓励我进行试验。于是，我便尝试画扁平线圈绕线车的总装图。首先要解决装夹扁平线圈电阻片夹具的问题，我想，夹具内一定要装弹簧片，使扁平线圈电阻片既转动平稳，又装得牢固，卸得容易。总的来说，装卸扁平线圈电阻片夹具以及绕线车底座的设计和制作并不十分困难。难的是选择什么样的螺杆能使靠在上面的漆包线进动，排列紧密。设计完毕后，因为这不是厂里计划内的任务，我便到各个车间找材料，请工人师傅帮忙给我额外加工。工人师傅听说我要搞扁平线圈绕线车，都伸出援助之手，帮我找材料、加工等。我先请师傅给我车了一根钢

装一只绕线车 工作快七倍半

华通电机厂——〇伏电压表的电阻片，是扁平的单层线圈，一直用手工绕，十五分钟才能绕一只。绕线组每天要五个人绕，才能供应上装配小组需要。绕线组长乐生章老师傅和技术员周立伟研究，并请电表工程师协助，经过三次研究试验，终于创造了一只新的绕线车，二分钟就可绕一只，比原来快七倍半。（陈虞椿、王兴昌）

1952 年 6 月 18 日上海《劳动报》报道周立伟发明扁平线圈绕线车的事迹

螺杆，后来发现钢的螺杆对漆包线有磨损，于是我选择一些较硬的木料请师傅车了几根不同螺距的螺杆来做试验。等到零件制作加工完成后，我便把绕线车的架子在底座上搭好，两端装上装卸夹具，并把螺杆与手轮以及搭配的齿轮等连上。我请绕线组组长乐生章师傅和我一起做试验。想不到第一次做试验就基本成功了，说明我设计的绕线车，其原理和构想是可行的，我和乐生章师傅非常高兴。后来，我根据大家提出的意见对扁平线圈绕线车进行了改进，又做了两次试验，都非常顺利。这样，我研制的扁平线圈绕线车很快就定型了，并推广到生产线上。试验表明，用新的绕线车绕一个扁平线圈只需 2 分钟，这就是说，生产效率提高了 7.5 倍。原先要 5 个人绕线，现在只要 1 个人就足够了，而且质量比手工要好。更令人高兴的是，螺杆排线整齐美观，工人的眼睛不再受到损害了，而手工排线，还有时松时密排列不均匀的问题。1952 年 6 月 18 日的上海《劳动报》报道了我发明扁平线圈绕线车提高了工效 7.5 倍的事迹。那时我不到 20 岁。

扁平线圈绕线车研究成功后，大家都觉得采用螺杆排线的创意很巧妙，构思很聪明，所研制的扁平线圈绕线车简单实用。后来我读科学方法方面的书才知道，我在这里实际采用了一种称为"简单类比"的方法。当螺母套在螺杆上，若转动螺杆，螺母便会左右移动，这是机构学中最简单的原理。当然，漆包线搁在螺母或者螺杆的齿上，转动螺杆，漆包线也可左右前进了。实际上，我在工厂每天见到的车床，利用螺杆的进动，车刀切削零件，这是在做减法；同样，扁平线圈绕线车也是利用螺杆的进动，将漆包线绕到线圈支架上，这是在做加法。

扁平线圈绕线车诞生的例子说明，创新钟情有心的人，谁热烈追求，谁就有可能成功。而那时，年轻的我，并没有高深的学问和知识，只有中专学历。由此可见，创新，不论年龄大小，学问高低。实际上，我们每个人都可以在自己的工作岗位上发挥聪明才智，只要坚持不懈地探索，把想做的事情坚持做下去，就有可能有所发明、有所创造。当然，知识丰富、学问高深的人，思考的问题更深入，创新的成果会更大些。因此，想要创新的人，还是要多学习、多实践，使自己的学问更高些，思想更活跃些，能力更强些，办法更多些。

我的这一技术发明得到了师哥、师姐们的称赞，也大大拉近了我与工人之间的距离，提高了我的声誉，并得到了厂领导和技术科的表扬。在评定技术职称时我连跳了 3 级，由二级助理技术员直接升到四级技术员。我的工资涨到 74.5 元，再加上每个月有 20 元的奖金，20 世纪 50 年代初，我每个月收入有近百元之多，算得上高收入了。

克鲁泡特金说："一个人只要一生中体验过一次科学创造的欢乐，就会终生难忘。"发明扁平线圈绕线车是我在科技发明上的首次尝试，现在回想起来虽然很幼稚，但这段往事埋下了我对科学研究探索的种子，也激励着我向更高目标前进。

我在上海华通电机厂工作时，姐姐已出嫁了，弟弟也已工作了，我们家已不愁吃穿了。父母不要我的工资，我就买了一辆从英国进口的狮牌自行车，还有手表等。母亲告诉我，从我骑自行车上班后，父亲每天下班后都在家门口等候，盼着儿子平安归来。因为自行车是名牌，父亲每天晚上都要把它扛到 3 楼家中保存，以防丢失；但我家的楼道十分狭窄和黑暗，搬上搬下很是辛苦。我觉得自己为了快乐、出风头，使父亲担惊受怕、辛苦劳累，我太不孝了，便很快把这辆自行车转让了。

我记得，那时我买了好多图书，主要是小说。父亲便叫木匠给我打了一个书柜。我以前从来没有吃过西餐，便到南京路上著名的国际饭店（上海最高级的饭店，有 24 层楼高，是当时上海最高的楼）开洋荤，花了一元钱吃了一顿西洋大餐。我还做了几套华达呢的中山装。有一天，我穿着笔挺崭新的中山装去上班，自我感觉良好。到了厂里，大家都朝我看，样子很奇怪。可是，厂里那些技术员、工程师甚至一级工程师顾谷同、蒋公惠等老先生都穿得十分朴素，有些人的衣服还打上了补丁，我顿时羞愧不已。第二天我坚决不穿华达呢中山装了。2009年，我见到50多年没有见面的8531班茅志成同学，他告诉我，当"共产风"刮到学校时，我带到学校里的几套华达呢中山装都拿出来被同学们"共产"了，说我很大方。

当时，我的顶头上司，从美国西屋公司实习归来的吴履梯先生问我拿了这么多工资，怎么用。我说，现在父亲挣钱够家里用了，不需要我交钱，都是我自己用。吴老师说："你小小年纪，拿这么多钱乱花，不好。你应该交给你母亲，需要多少钱，再问她要。"听了他的话，我发工资后就都交给母亲保管了。我深深感到，吴履梯先生作为长者一直对我是非常关心和指导的。

三、求知若饥渴，儿时梦成真

我那时在厂里虽然工作很顺利，大家也都满意，经常称赞我，但我感到自己的知识太贫乏了。工厂生产的电动机、发电机的设计，一些计量电表，如电度表、电压表、电流表的原理我也不知道。特别是电机，工程师告诉我矽钢片的形状和尺寸、所嵌线圈的匝数，便能产生多少马力。我不知道发电机和电动机的原理是如何设计的，我的工作任务就是把它们的机械结构图画出来。我记得，那时的上海华通电机厂在电机设计上技术员分为两派：英美派和德国派，各有各的一套设计方法，而我一无所知。我深深感到，我的知识太贫乏了，我总不能老是给技术员和工程师当下手呀！那时有一位姓张的技术员，翻译了一本英文技术书，要我帮忙把书中的插图全描出来。我用大量业余时间帮他描图，但书出版后他也没有送我一本。这令我很气愤，我下定决心有机会要学习深造，使自己有更多的知识、更强的能力，能独立设计电机和电表。

1953年，党为了培养自己的技术干部队伍，号召有文化的工农青年上大学，当时称为工农调干生。机会正好来了！我是具有高中文化程度的中专生，当然是符合报考条件的。我就向厂长陈文全提出申请。陈厂长是四川人，是当时华东工业部汪道涵部长的手下。他为人直爽、作风民主、生活简朴、平易近人。当我向他提出我要上大学时，他坚决不同意，他说："你在工厂里干得好好的，挣这么多钱，过几年，你更进步了，我给你弄个技术科长当当。"其实我心里明白，工厂的技术科长不是那么好当的。后来，我请一些老师为我说情，其中有宋良生技术员和吴履梯先生，陈厂长最后还是同意我上大学了。

1953年6—8月，我进入复旦大学干部补习班学习，这是上海为准备上大学的工农干部补习数理化知识开办的。复旦大学的领导十分重视，派了一些有经验的老师进行辅导。我在那里认识了吕大吉和杜国华，他们后来成为我一生的莫逆之交。1953年秋，我顺利通过了大学的入学考试，被北京工业学院（现北京理工大学）录取了。我的新的人生开始了。

现在回想起来，我在上海华通电机厂工作的两年间，所接触的人，无论职位高低、学问大小，都是谦和友好、助人为乐的。社会风气也是十分和谐，团结友爱，互相帮助，都希望自己好，也愿意别人好。我深深感到，工作是快乐的，世界是美好的！它对我一生的人生观、价值观和世界观带来很大的影响。今天，若要我评价我的一生，什么时间段最快乐，我毫不犹豫地说，1950—1953年是我人生中最快乐、最幸福的时期，可惜这段时间太短暂了。

第六章　大学磨砺

　　1957 年的"反右"运动，颠覆了我以前对世界、对社会的认识，世界远不是我想象的那么美好。我亲眼看到，在利益的驱使下，一些人丑恶的一面暴露了。

一、大学时代，学习多快乐

　　1953 年 9 月 29 日，我被北京工业学院仪器系录取了。10 月，我从上海来到北京，进入位于北京西郊车道沟的北京工业学院，开始了我的大学生活。

　　1953 年秋这一届高考，我在填报志愿时，本来是想到上海交通大学攻读电机专业，因为我在上海华通电机厂工作时就协助工程师测绘过电动机，画出了全部图纸，而且生产出来了。可是，招生的同志动员我报考北京工业学院，不知道他从什么渠道了解到我在国立高机读书时曾要求参军未成，便对我说，参军是拿起武器，保卫祖国；上北京工业学院学习是制造武器，同样是保卫祖国，也可以实现我的人生理想。我想对啊，就立即把北京工业学院和哈尔滨军事工程学院填为第一志愿和第二志愿，希望录取后能学习制造坦克、大炮等武器，实现保家卫国的心愿。但我进北京工业学院后，校系领导并没有征求学生们的意见，把我和一群学生分配到仪器系学习军用光学仪器。我当时有点想不通，后来在端正专业思想时才明白，要打击敌人，首先得看清敌人、识别敌人、瞄准敌人，才能击败敌

周立伟上大学时的照片

人，发挥攻击武器的作用，军用光学仪器也很重要，值得自己好好学习，我热爱专业的思想问题解决了。

8531 是北京工业学院 1953 年秋入校学习军用光学仪器专业（称为 8 专业）第 1 班的简称，据说是集合了当时报考北京工业学院成绩较为优秀的学生。入学后，有一学期的期末考试，班上有 1/3 的同学门门功课都考了 5 分，8531 便被称赞为全校学习最优秀的班级，但我们并没有骄傲。

当我进入 8531 班时，同学们个个青春年少，风华正茂，都心怀报国的理想。学校的军工性质并没有使同学们退却，反而使我们觉得有直接报效祖国的机会，保卫祖国是我们神圣的责任，上这样的大学无上光荣。父母舍不得我离开上海，但他们都是深明大义的人，最终同意我去北京上学。

我进校的时候，北京工业学院的校址有两处：一处是主要部分，在车道沟，即现在的兵器科学研究院的所在地；另一处在城里东黄城根，原址是中法大学，当时化工系的同学就在那里学习。车道沟校区建有红楼，建造得很漂亮，我们就在这个红楼里上课学习，晚上住在小平房里。1956 年，校址在白石桥路 7 号（现中关村南大街 5 号）的北京工业学院建成，我们就搬到那里上学了。

20 世纪 50 年代的青年思想很纯洁，8531 班同学之间的关系很友爱，就像兄弟姐妹一样，共同的理想把我们集合在一起。对新中国、中国共产党和毛主席的热爱，对新生政权的拥护和对共和国未来美好前途的向往，成为我们学习上进的动力。因为我是调干生，津贴比一般同学多一倍，又没有家庭负担，我的生活很好，我很快乐，喜欢学习，无忧无虑，觉得人生很美好。

我刚进大学时，自我感觉挺好，觉得学习并不困难，但很快就发现班上强手如林，许多同学理解问题比我快，思考比我深入，而且有一套很好的学习方法，我得更加努力才能赶上他们。我和同学们一样，学习十分用功，星期天也极少休息。

20世纪50年代初是一个朝气蓬勃的时代，就像早上刚刚升起的太阳，校园内充满着生机和朝气。师长们循循善诱、为人师表，使我们这些努力汲取知识的青年受到了良好的熏陶。因为学校的前身是延安自然科学院，在革命的烽火中锻炼成长，教师和同学们的思想觉悟都很高，都愿意把自己的一生献给伟大的祖国。8531班的学习风气是很正的，同学们努力学习，团结友爱，互勉互助，共同进步。班上有4名同学——老杜、老战、张瑞云和李运元在上大学之前就是共产党员。同学们追求进步，要求加入中国共产党，愿意为共产主义事业献身。1956年以前，先有3位同学入党，后来他们成为8531党支部的领导。1956年年初，王邦益、包琳玉、王金堂、庄一鹤和我5人先后被批准为中共预备党员。

对我们这一代的大学生说来，苏联小说《钢铁是怎样炼成的》的主人翁保尔·柯察金是我们前进的人生路标。他像一面高高飘扬的旗帜和指引人生道路的标杆，鼓舞和鞭策我们。像保尔一样，把自己的青春献给伟大的祖国是20世纪50年代初我们这一辈人的座右铭。

以现代目光来看，20世纪50年代初的大学生活是非常单调、枯燥和乏味的，我们每天的生活就是"三点（教室—食堂—寝室）一线"，仅在周六晚西操场有一场露天电影，放的大都是陈旧的老电影，很少有同学愿意去看，大都仍在教室里努力学习。虽然那个年代没有电视、电话、手机等娱乐或通信设备，但大家都觉得日子过得很充实、很快乐。那时，每个班都有一个固定的教室，同学们每天从早到晚都聚在一起上课和复习。班上的文娱体育活动开展得丰富多彩。8531班人才济济，王邦益同学的歌唱得好，他的一曲《黄河颂》颇有专业水平。孙辉洲同学的表演天才使我惊叹不已，他唱的《拉兹之歌》再加上他诙谐滑稽的动作，把我笑得肚子都疼了。我特别喜欢《拉兹之歌》的旋律，走在去食堂的路上，我和同学们勾肩搭背欢乐地唱着，好像我们也是一群可怜的流浪汉。王燕梅同学喜欢唱歌跳舞，她是班上的文娱委员，几乎每周都组织我们学习新歌。我大概是班上最笨的一个，既不会唱歌，也不会跳舞，文艺体育娱乐一无所长。不过，班上教我唱的不少苏联歌曲和进步歌曲我至今没有忘记。几十年来，我那五音不全的嗓子哼哼的还是学生时代学会的歌曲。体育活动是李开源同学的拿手好戏，他是我们班上的体育委员，他那时100米跑出11.2秒，是二级专业运动员水平。我那时的体育课成绩极差，记得有一次跑100米，要达到13.6秒才及格，对于我来说实在是太困难了。班上最后就剩下我一个人过不了关，后来是同学们敲锣打鼓、晚起表早卡表，帮我混过了关。我们班经常在下午一起踢足球，我虽然喜欢足球，但踢得不好，跑来跑去，跟着大家起哄，大叫："球是圆的，球是软的。"当时，我因为喜欢足球，甚至不顾明后天要考试，也要到工人体育场看国家足球队与匈牙利国家足球队的比赛。

当时，班上的党员同学中，我最佩服张瑞云，而和我最要好的是杜国华。

张瑞云进校时就是共产党员，她是在上中学时入党的。她朝气蓬勃，工作积极，以身作则，无论说话、做事和帮助别人都是满腔热情、亲切诚恳。她为人自律、奋发上进的精神给了我深刻的印象。1956年我入党时，党组织找我谈话，我把张瑞云作为学习的榜样。我说要做像她那样的共产党员：思想进步，工作积极，正直善良，忠于祖国。她后来因为共青团工作的需要，就任全校团委副书记，1957年之前就离开8531班了。我当时不知道，其实她出身于一个非常富有的民族资产阶级家庭，她的曾高祖张履谦是苏州著名园林"补园"的主人。1949年以后，张家把"补园"全部捐献给国

北京工业学院 8531 班部分同学合影（摄于 1953 年入学时。第三排左三为周立伟）

家。现在，"补园"已成为苏州著名景观"拙政园"的西部花园，供民众参观。张瑞云在上学期间从来没有跟同学们说过她的家庭历史，生活也异常朴素。

1955 年，我们全班同学到苏联支援的哈尔滨量具刃具厂实习。量具刃具是制造工件所需的测量工具和切削刀具。我们的实习主要是学习和了解生产过程，对工厂的工艺制造有一个基本的了解。我那时学习十分刻苦，一个月的实习下来，便记了两本密密麻麻的笔记，对各种切削刀具、机床的结构及工作原理等都作了详细记录。

从 1953 年 10 月入学到 1956 年，我们班都是在努力学习、团结和谐的氛围中平平安安地度过的。虽然磕磕碰碰的事也有，但总体还是很团结的。我觉得自己生活在这个集体中是非常快乐的，大家都热爱这个集体。我先后当上了班里的学习委员和班长，我的思想状态是十分健康、奋发有为、积极要求进步的。

水穷云起 周立伟自传

北京工业学院 8531 班同学毕业 50 周年合影（摄于 2008 年。从左到右依次为：第一排：张天相、刘延珍、杜国华、王金堂、邱松发、周立伟、郑克康、李开源、赵闽、李运元；第二排：张友琪、孙辉洲、朱耀升、盛拱北、王燕梅、张瑞云、陆佩、徐秀贞；第三排：王传基、王邦益、杜友松、李世德、李自通、包琳玉、聂来发）

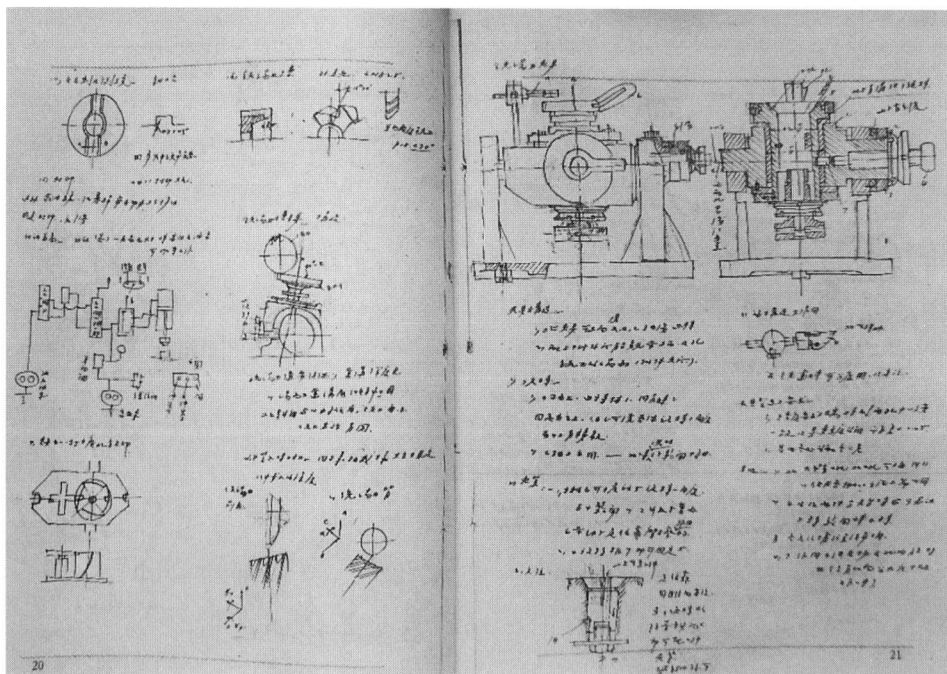

周立伟 1955 年赴哈尔滨量具刃具厂实习时作的笔记

1957年年初，我们班大部分同学由李德熊老师带队，我任副队长兼保密员，长途跋涉，从北京到云南昆明，翻山越岭，走了7天6夜，到达云南光学仪器厂实习。一个月的实习，我学到了不少东西，满满地记录了两本笔记。如今它和1955年我在哈尔滨量具刃具厂实习时的两本实习笔记本一起陈列在北京理工大学校史馆展览，作为新生入学的教育材料。

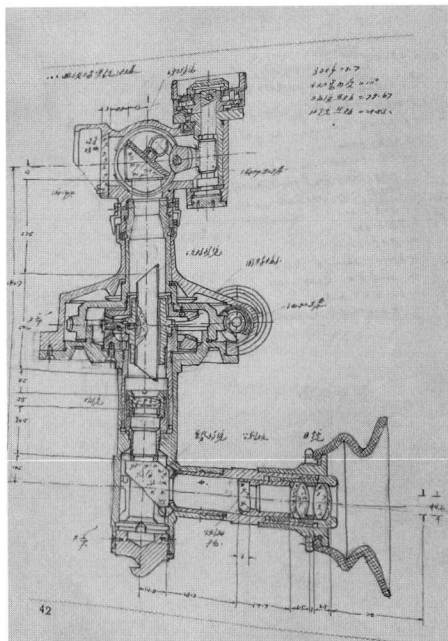

周立伟1957年赴云南光学仪器厂实习时手绘的周视瞄准镜结构

二、追求进步，入党成志愿

2021年3月，北京理工大学校档案馆找出了我1956年1月12日向8531班党支部递交的一份入党志愿书，并向学生们公布了我的入党志愿书全文。

从我的入党志愿书可以看出，那时大学生的思想都是十分纯洁和上进的，都愿意在党的领导下献身于伟大的社会主义事业。这里，我把我的入党志愿书最后几段（文中的词句没有作任何改动）抄录在下面，让大家了解当时一个追求进步、争取入党的青年同学的思想状态。

> 摆在我面前的是，应该如何呢？还是像以前那样很受感动，要想前进呢？还是下定决心一定要前进呢？
> 我们的党、我们的先辈，在战胜重重困难才将我们的祖国导向了美好自由幸福的今天。祖国在大踏步前进时就要求我们

青年能跟上这时代，能够把这事业担当起来，作为老一辈的接班人，要求我们做一个不愧于伟大祖国的忠实儿女。

作为一个青年团员的我，我愿意把自己的一生献给革命，做一个光荣的共产党员。与祖国的期望及党的要求比起来，我是做得很差的。因为做一个党员，他是一个具有最大的坚强精神，无限忠诚祖国，全心全意为共产主义奋斗。正如斯大林纪念列宁时说过："我们共产党员是具有特种性格的，我们是由特殊材料制成的。"因此，做一个党员，不仅是光荣的，而且也意味着要迎接困难，克服困难。

用上面所说的衡量自己，我是很不够的。但是我绝不会泄气，我一定要努力达到标准，争取成为一个共产党员。

我的决心就是：把自己的一生献给党，把斯大林的事业坚持到底。在我生命的旅程上，不管道路如何艰巨，不管前面有多少困难，永远跟党奋勇前进，决不投降，永不叛党，坚持到底。

在今后前进的道路上，我一定要勤勤恳恳，力戒任何虚浮与骄傲，脚踏实地地工作，加强思想锻炼，与自己的非无产阶级思想作斗争，随时随刻想到自己是一个党员，一切从党的原则出发，与损害党的利益作不调和的斗争，努力达到党员的八项条件，做一个好党员。

对自己的鉴定：

优点：

1. 对党忠诚。组织上所交予的任何工作肯努力去完成，虽然办法少，但积极负责做到底。

2. 学习努力，动力也比较足，态度比较端正。

3. 对周围事物能关心支持，比较有政治热情，待人诚恳。

缺点：

1. 有个人患得患失的情绪。在某些问题的处理常表现出要计较个人得失。入京工（北京工业学院，编者注）后此缺点改进得还不够。

2. 存在着纯技术观点。由于以前父亲及进入工厂后的影响，使自己对政治与技术的关系有片面的看法，反映在自己经常开展思想斗争、迫切地要求进步还很不够。

3. 原则性不强，开展批评与自我批评不够，对不良现象没有坚决地进行斗争。

4. 理论水平较低，而且在工作上开动脑筋不够。因此，看问题不全面，缺乏主见，使工作中思想性差。

1956 年 1 月 19 日，我由杜国华、李运元两位同学介绍入党。当时，刚郁芳同志代表校党委找我谈话，勉励我努力上进。刚郁芳同志是我十分敬重的老共产党员，她是从解放区来的，在我们同学中有很高的威信。她对我的谈话给了我很大的鼓励，我当时向她表示，要向张瑞云同学学习，像她那样，忠诚于党的事业，全心全意为人民服务。

就在我们努力向前，刻苦学习，向着光明前进时，谁都没有想到，一场大祸即将降临到 8531 班头上。

三、风云突变，同志成仇敌

1957 年 4 月，我们回校后不久，整风运动开始了。北京工业学院隶属兵器工业部领导，是一所军工性质的院校，入校的同学都经过严格的政审，学生大都忠诚老实、本分。尽管外面的世界很热闹，北京工业学院校园内部相对比较平静，学生们主要还是关心自己的学习，尤其是 8531 班，没有出什么爆炸性新闻和出头露面的风云人物，表现得十分平静。

1957 年 6 月，"反右"运动开始了，一向平静的 8531 班也热闹起来。我们班的 4 名学生胡乱上纲上线，把一些十分平和的意见和建议都上纲上线作为"反党反社会主义"来处理，8531班被整得惨不忍睹：全班44名同学，11位同学被打成"右派"，全都被赶出了课堂；其中7位同学被赶到校外的工厂劳动改造，另外4位同学被分配到校工厂监督劳动。此外，还有12位同学受到党团籍处分。其中就有1956年1月前后入党的4位同学和我。我们5个人在班上表现比较突出，思想追求进步、学习名列前茅，热爱中国共产党。尽管我们5个人在整风运动中没有任何言论，但由于当时8531班领导"反右"运动的四人采取打击一大片的政策，使我们在"反右"运动后都受到党内处分。由于我出身工人家庭，家庭成分是贫农，本人是工农调干生，仅受到延长预备期半年的处分，是5人中处分最轻的一个。这样，我们8531班竟成为全校"右派"最多（11位）、党团籍处分力度最大的班级（12位），其打击力度之大，恐怕在全国高校中也是首屈一指的。

我在2016年出版的《藏绿斋札记：感悟人文》中，写了题为《为了50年不能忘却的纪念——献给1957年8531班同学》一文，详细叙述了大学期间北京工业学院8531班"反右"运动的前后经过，在这里不再重复了。这里，我仅想谈谈班上两位同学不幸的遭遇。

我和老杜是在1953年上海复旦大学干部补习班上认识的。后来，我们俩人作为工农调干生一起考入北京工业学院，被分到8531班。老杜的性格有着四川人的豪爽和执着，由于他学习底子较差。进校后，他深感自己知识的不足，发愤学习。当班上召开整风会时，主持人秦某鼓动大家发言，但班上没有一个人响应，老杜当时一心一意埋头在完成自己的制图作业，画法几何和投影关系搞得他头昏脑涨，对这个会议根本不感兴趣。但是，秦某一再催促他："老杜，你讲几句吧！"一定要他带头发言。于是，老杜放下手中的铅笔，讲了两条意见，一是："老开会，老开会，开会能开出共产主义吗？"二是："一些老干部进城后把自己乡下的老伴抛弃了。"讲完后，他又埋头于自己的作业了。老杜的那次发言，我深深地记住了，一辈子都忘不了。他那天发言时一点儿也不激动，所谈的意见也很平和，没想到却被上纲上线为"配合社会上的'右派'向党猖狂进攻"，把莫须有的罪名强加在了老杜身上。

令人不能理解的是，因为老杜的发言，把同班同学老茅也牵连了进去。老茅是8531班同学中最老实的人之一，他凡事都独立思考。他在整风运动期间没有发表任何言论，却也被打成"右派"。其罪名仅是在批判老杜的会议上说了一句公道话："老杜背离了自己的地主阶级家庭，而成为地下共产党员，后被派到大学深造，几年来学习进步很大。"仅为这一句话，老茅被打成"右派"，赶出课堂。不仅如此，由于老茅一再对自己被划为"右派"不服而申辩，被认为顽固不化，处分一再升级，直到发配新疆参加劳动改造。

当我写1957年这段往事时，每每想起"反右"运动给8531班同学们带来的巨大伤害，心灵和肉体上的创伤，以及被荒废掉的宝贵时光，经常泪流满面，不能自已。

经历"反右"运动后，我不像以前那样看待世界了。虽然没有发展到对任何人都不信任的地步，但我是保持警惕的。不过还好，我并没有完全失去信心。我还是相信，这个世界，好人、对我好的人、帮助我的人，还是大多数；同样，我也要善待他人，爱人和帮助人。

1957年秋，8531班很多同学被迫中途离开了学校，剩下的人也伤痕累累。一个生气勃勃、努力上进、团结友爱、学习成绩曾居全校第一的集体消失了。同学们对学习也不像以前那么努力了，也不像过去那样看重成绩了。在11位同学离开我们班后，有好长时间，我精神集中不起来，晚上经常做噩梦。一想起受难同学的遭遇，心中隐隐作痛。我很想念老杜，很想去看看他，但又害怕被人说我与"右派"划不清界限、立场不坚定等。我的学习明显退步了，有几门课程的考试，包括学得很好的俄语也才考了4分。

1958年，我们进入大学第5个年头，大家都盼着早点毕业参加工作。最后一学期，同学们草草地做完毕业设计，没有进行毕业答辩，指导老师给了我一个5分，就这样我无声无息地结束了5年的学业，按照组织分配走向工作岗位。离校前，8531班同学们没有欢聚一堂，没有留言，没有互道保重，也没有拍毕业照，在凄凉无奈的气氛中各奔东西。

四、大学教育，回顾与反思

借此机会，我想回顾一下20世纪50年代北京工业学院的大学教育。北京工业学院即现在的北京理工大学的前身，最早是延安自然科学院，1940年成立于延安，徐特立是首任院长。在解放战争的烽火中，延安自然科学院随着部队经晋察冀，到达河北井陉后，更名为华北大学工学院。革命胜利后，它与位于北京东黄城根的原中法大学合并，成立了北京工业学院。当时，为了国民经济建设的需要，北京工业学院划归兵器工业部领导，主要为我国的兵器工业系统培养和输送人才。

20世纪50年代的教育基本上是按照"教育为无产阶级政治服务，教育与生产劳动相结合"的方针进行的。由于中苏联盟，我国当时实行全盘学习苏联的政策。俄语作为大学的第一外语，完全取代了英语。

关于苏俄教育与欧美教育孰优孰劣，不是我能随意评价的。不过前者是专业教育，重政治、重实践应用；后者是博雅教育，重人文、重基础理论。这两种教育方式都培养了不少人才，前者着重在工程技术领域，后者主要在科学领域。在新中国成立初期，百废待兴，需要大量人才尽快投入国民经济建设行列，当时高校的目标就是快速培养专门人才，专业设置越具体越好，并要和工厂实践紧密结合。在这样的指导思想下，当时的北京工业学院是按照常规的武

水穷云起 周立伟自传

器系统来设置专业。学校设置了 11 个兵工专业，我读的光学仪器就是仪器系下的一个专业，简称 8 专业。当时安排的 5 年制的课程有30 多门。

20 世纪 50 年代北京工业学院的教学十分重视实践和实验，以锻炼学生的动手能力，强调学以致用。在第 1~2 学年学习基础课时，大量的习题课对于锻炼学生的思维及思考问题的能力是很有帮助的。进入第 3~4 学年，课程设计和大型作业等贯穿每一学期的教学中，以锻炼学生综合应用知识的能力。在实习课方面：5 年内要安排学生 3~4 次下厂实习，有认识实习、使用实习、生产实习、毕业实习等，每次一个月。通过实习，使同学们全面了解工厂的生产和制造工艺过程，这对于工科学生未来的工作大有好处。

这里，我简单解释一下，当时每个学期或学年的期末有为期一个月的考试，以考核学生的学习状况。这是从苏联学来的。考试采取口试的方式，每张考卷有 3 道题，前面两道题容易些，涉及基本概念，大都是老师在课堂上讲过的。第三道题有点难度，通常是综合题及计算等，脑筋要转点弯。考试前的复习老师不划重点，凡讲过的都要考。学生进考场后抽取的试题是随机的，谁也不知道自己会抽到什么考题。因此，同学们复习时一点也不敢马虎，唯恐大意漏掉其中的某一项内容，考试时答不出来。我记得，在考理论力学课时，有一位同学嫌柯里奥利加速度的推导太复杂，就放弃不复习了。他对我说，他不相信自己会抽到这道题。结果，他的运气真不好，就抽到了这道题，结果考砸了。

总的来说，工科专业的学生，在 1~2 年级，数学、物理、力学的理论概念较难理解，需要花费较多的时间学习。到了 3~4 年级，课程大都是叙述性的，理论深度和难度不及以前了。老师的教学也以叙述为主，讲发展过程为多，谈理论概念较少，学习反而觉得容易了。在我们那个年代，学生们的学习十分努力刻苦，根本没有逃课、旷课等现象。由于考试采取抽题口试的形式，学生不得不全面

水穷云起 周立伟自传

学习和掌握这门课程的知识。总之，学生经过大学5年的学习和训练，具备了作为一个工程师担当工程技术的能力。

回想当年，我和老杜一样，感到自己上大学不容易。特别是入校教育时，校领导告诉我们，国家培养一个大学生不容易。那时每一位同学上一年学的花费是10个农民一年辛勤耕耘的收获。为了国家的建设，我们的许多农产品出口，以换取外汇。有好几年，人们连花生米和苹果等都吃不到了。有人告诉我，国家不得不用整整一节车厢的洗浴用的丝瓜筋去换取国外一台小小的仪器，谁叫你科技落后呀！所有这一切，对我的思想触动很大。我立志要努力学习，练好本领，使自己的国家早日进入国际先进水平的行列。因此，我学习十分认真，我的课程笔记和作业（习题和实验）总是做得整整齐齐，一板一眼，给老师们留下了深刻印象。此外，在上大学前，由于我曾在工厂实践过，因此制作机械制图、三维视图的能力较强。我当时画的机械制图作业曾在全校公开展览。教制图的叶玉驹老师跟我开玩笑说，我画的图比他强，机械制图这门课我可以不必学了。后来我发现，班上不少同学进步很快，制图的水平很快赶上我了。

从性格上说，我是一个中庸内敛、老实本分的人。善良、友好与勤奋是我性格上的特点，故我一直在班上当班长或学习委员等。应该承认，我学习虽很努力，但我是一个中等资质的人，脑子不够灵活，举一反三的能力、思考问题和学习方法都不及班上一些优秀的同学。以学习能力和学习成绩而言，我只能说自己处于班上中等偏上的水平，我知道自己的不足，十分努力想赶上他们。

如果探讨我们那个年代教学上存在的问题，我现在觉得以下几点需要改进：

第一，我认为，教学上不应仅限于知识的传授，而是要教导学生思考。那时，校系领导总是希望学生学得越多越好，安排了5年的学习时间。实际上，与专业无关的课程安排太多，学生没有余暇时间思考学习问题和科学问题，大都是囫囵吞枣地学习老师所讲的内容，忙于应付考试。那时，老师只要求学生消化课堂上的内容，学生也极少到图书馆找参考书，以培养自我学习的能力，这是当时学习上最大的问题。我认为，一个大学生若在大学期间没有培养和学会自学的能力和爱好，不能主动扩展自己的知识，未来是很难有发展前景的。此外，教学中忽视人文教育，理工科专业没有设置人文类的课程，致使学生的知识面不够广，思想较为狭窄，尤其是形象思维方面的培养不够，写作能力停留在中学毕业水平上。

第二，废除英语教学是当时大学教育的一大失策。这致使我国20世纪五六十年代毕业的大学生大都不懂英语，人才建设难以跟上时代潮流的要求。一个明显的现象是，新中国成长的一代青年中几乎没有涌现出如20世纪三四十年代达到国际一流水平的科学人才。

第三，教学上仅要求学生掌握老师在课堂上教的内容，老师不提供该课程的参考书目及文献，不要求学生扩展阅读。学生的知识面、学习的深度和广度均受到限制。老师上课满堂灌，学生拼命记笔记，下课努力读笔记，以理解老师讲授为主。这样，知识大都是灌输到脑子里的，而不是通过大脑琢磨辨识、消化吸收的。当时的大部分学生，包括我在内，没有养成阅读参考书和科学文献的习惯，自学能力和思维能力的提升和培养不够。

第四，老师教的和学生学的，大都是知其然不知其所以然，以知识的灌输代替能力的培养。老师只要求学生掌握教材上的内容，没有鼓励学生寻根究底和发挥想象力，也不鼓励质疑前人以及思考前人创造的不足，很少给学生传递科学的思维方法，形象思维方面的锻炼更少。最大的问题是没有教会学生善于思考，代之以技能训练和实用知识。

以上四点是我从现在认识的角度出发来讲的。应该指出，当年我们的教学受到时代背景和条件上的限制，认识上也有局限，这是不能苛求前人的。我认为，在大学期间，若没有培养自我学习的习惯和能力，无论从教的一方，或是从学的一方，不能不说是一个很大的缺憾。一个不善于思考、不提出问题质疑前人的人，是很难有创造力的。

还有一个问题，我认为是当年学习苏联考虑不当的地方。20世纪50年代的教育，培养学生的指导思想是立竿见影，要求分配到单位工作后能立刻上手，这是时代的要求，无可厚非。我所在的北京工业学院8531班军用光学仪器专业，到大学5年级时，还把学生学习的专业一分为二，分为地面瞄准具（简称地瞄）和航空瞄准具（简称航瞄）两个专门化课程，为的是配合当时国内从事军用光学仪器厂的地瞄与航瞄的生产。这就造成这样一种状况，学生在校5年，学的课程不少，而最重要的两类光学瞄准具，从事这一专业的同学却没有学全。我觉得，即使在当年，专门化的划分是完全没有必要的，谁也不能保证学生现在学什么将来就一定干什么。当时，我们班绝大多数同学想学复杂一点的航瞄，班上有一位同学学的是地瞄，到工厂后，让他搞航瞄，他就十分困难。我们班绝大多数同学到工作单位后，既没有搞航瞄，也没有搞地瞄。所以，我觉得大学的专业和专门化划分得太细是没有必要的。

还想谈谈当年北京工业学院的教师队伍。我上大学时，给我的第一个感觉是，学校的校风继承了延安时期的工作作风，十分朴实。当时的校领导及系领导都是十分敬业和爱惜人才的，他们作风正派，兢兢业业地工作在领导岗位上。虽然几十年来，校系领导更换频繁，但校风与学风依然朴实。第二个感觉是教我的老师们实在太年轻了。那时，不少大学，包括清华大学、北京大学等高校，因工作需要，一大批学生学到3年级就提前毕业了，或分配工作，或留校当教师。教物理光学的于美文和教精密机械的樊大钧当年不过三十几岁，都算是老教师了。连铜淑和李德熊是从清华大学提前毕业，分配到我校当教师，年龄仅比我大两岁，但在我们系，他俩就算是老教师了。其余的教师大都是比我高一两届毕业留校的学生，年龄和我差不多。当时的教师，无论是年长的或是年轻的，给我的印象都是朝气蓬勃，非常敬业，与学生的关系也很融洽。我毕业后留校，立志以他们为榜样，学为人师，努力作出自己的贡献。

20世纪50年代初，中苏关系非常亲密。苏联政府向中国的重点建设工程和高等学校派遣了许多专家，来到北京工业学院指导的约有27位苏联专家，他们大多数来自列宁格勒机械学院和莫斯科鲍曼高等技术大学等院校。应该说，这些苏联专家大都是有真才实学的。当时我们仪器系从事8专业的教师都跟着苏联专家学习。我记得，唐良桂老师把专家的讲稿译成中文，并当翻译协助专家讲课。很可惜，后来由于种种原因苏联专家不得已都回国了，中苏学术交流停滞了。

在大学期间，我不仅和班上的同学相处融洽，和老师们的关系也很友好。因为我学习十分认真，做的作业给老师们留下了深刻的印象。记得当时教我们仪器制造工艺学的张启华老师，她年龄比我小，那时指导我工艺课的课程设计，对我做的作业非常满意。有一次我暑假回校后，发现课程作业包括图纸等全都丢了。我非常伤心，张老师劝慰我，说了解我的作业情况。仍给我打了4分（良）。

5年的大学生活结束了，它教会了我科学知识，让我结识了老师和同学，培养了友谊，学会了在磨砺中成长。

第七章　新的挑战

　　1958年夏，系领导要我转行筹建夜视技术专业，这是一个新的挑战。虽然那时我对夜视技术专业不太了解，但我没有推辞，不知道自己的勇气从何而来，颇有点初生牛犊不怕虎的劲头。

一、留校当助教，筹建夜视专业

　　从1953年10月到1958年7月，我在北京工业学院读了整整5年书。在这5年中，我学识上有了长进，阅历上得到了磨炼。总的来说，比我在上海华通电机厂工作时成熟了一些。最主要的是，我学会了思考，锻炼了人格，坚定了对人生的追求。

　　对于毕业分配，当时同学们的思想都是小我服从大我，那时也没有志愿的选择，全是服从组织分配，组织安排到哪里就去哪里。

　　在5年学习的最后一个学期，李振沂系副主任找我谈话，告诉我组织上决定让我留校。我当然服从组织分配，但心里觉得自己还是到工厂合适，因为我是从工厂来上大学的，而且我觉得自己的口齿发音不清楚，不适合留校当教师。那时，恰好有一位同班同学被分配到云南光学仪器厂，他当时正和班上一位女同学谈恋爱，这位女同学留校了，他想和我调换一下。我想，可以啊，我愿意到工厂去，再说这也是成人之美！我便找了当时的系领导马志清副主任。我一说完，就被他劈头盖脸地说了一顿。他训斥我说："这怎么可以，学生毕业分配是组织上的决定，领导上全面考虑，不是你想换就可以换的，你留校的事早就决定了。"当时好些人说我傻，居然不想留在北京，愿意到祖国大西南去。

马志清老师是当年的仪器系领导，后来他当了自动控制系主任、北京工业学院副院长等，我们俩后来都住在同一单元楼。李振沂主任从我上大学时就在仪器系担任系领导，直到退休，他一直

周立伟 1958 年留校时的照片

是我的直接领导，可以说是最了解我的。我在学校与他们两位共事40 余年，他们已成为我的亦师亦友。有一次，我问他们关于我当年留校之事。他们告诉我，我被留校是在毕业前半年决定的。当时兵器工业部要在我校设立夜视技术专业，培养夜视技术方面的人才，特别是苏联的莫斯科灯泡厂已向我国转让红外变像管制造技术。当他们向任课教师征询意见时，不少老师推荐我，他们都对我印象非常好。有的说我为人诚恳老实，学习努力；有的称赞我作业做得好。我是一个不爱张扬、随和友好、乐于助人、埋头工作、以事业为重的人，在校内的人缘很好。加之我的工农家庭出身和在工厂的经历，便成为 8531 班留校的第一人选。

1958 年夏，校系领导要我转行筹建夜视技术专业，这是新的挑战，我没有推辞。虽然那时我对夜视技术专业不太了解，甚至对一些新名词如光阴极、变像管、电子光学等也没有听说过，更不知道它们的物理含义，但不知道自己的勇气从何而来，我很痛快地答应了。我知道自己很笨，但我年轻，只要我努力，就一定能掌握它，5年不行，便干 10 年、20 年。当时，我义无反顾地努力前行，颇有

点初生牛犊不怕虎的劲头。同时，我觉得夜视技术对我国的国防建设实在太重要了，一种责任感鼓舞了我。

改行搞夜视，意味着我要放弃了自己所学的专业——光学仪器，也要放弃我的特长——精密机械，特别是机械制图和精密仪器设计，这一直是我的强项。由工科转向理科，由光学转向夜视，在很多人看来是很艰难的转变。我的理科基础薄弱，许多数学、物理学如四大力学的课程我都没有学过。不过，我当时没有想很多，也没有犹豫或退缩。新的挑战摆在我面前，我只能义无反顾地向前走。

1958年秋，我校夜视技术专业筹备组成立。最初只有我、邱永林和刘茂林三个人。马士修教授当时是系主任，也是我们筹备组名义上的领导。当初，建立这个专业完全是为了给兵器工业部培养急需的夜视技术专业人才，但那时苏联的高校也没有这样从一个产品出发建立的专业，而且当时的中苏关系岌岌可危，不久苏联专家都撤走了。因此，我校当时决定建立这个专业，是没有可以参照和借鉴的，尤其是课程计划、课程大纲等，都是在我主持下与同事共同制定的。

接受这个任务后，我们的目标是明确的，即培养夜视技术领域的工程师。我们要考虑的是，由这个目标出发，让学生学习哪方面的知识，上哪些基础课和专业课，培养哪方面的专长和才能。当时的安排是，学夜视技术专业的学生，在前2~3年打基础的阶段，课程安排与仪器系其他专业是一样的。专业基础课和专业课阶段学习的课程，按目标任务来安排。也就是说，我们培养夜视技术方面的人才，需要他们解决夜视中的哪些具体问题，这些问题涉及哪些学科和课程，我们便给学生打什么样的基础，掌握哪些知识，开出哪些课程等。当时我们的指导思想是实用主义，我觉得，从实际出发，大方向是不会错的。

这种从产品出发，而不是从学科出发建立专业的想法，后来为一些人非议，但在当时确实是为了培养急需的夜视人才考虑的。在弄清楚夜视技术涉及的一些科学技术问题后，我们要解决的夜视技术中的核心问题就是红外变像管的设计与制作。

关于红外变像管，表面上很不起眼，但它涉及多门学科和众多科学问题：一是光阴极与光电子发射，这要研究光阴极的发射机理与制作工艺，研究光电子如何由阴极面逸出到达真空的现象，涉及半导体和电子物理的知识；二是需要电真空方面的知识，即如何获得真空，并使器件保持高真空；三是电子光学，它类似光学透镜，要研究如何形成电位场，控制电子在电场作用下的运动，使光阴极上的物不失真地转移到荧光屏的像面上；四是荧光屏，它把电子转换为光子，涉及电致发光的科学技术问题；五是施加于电子光学系统的电极上的小型高压电源等，涉及电工学、工业电子学的问题。当然，随着时代的进步，夜视技术涉及的问题日新月异，学习的内容也要随之变化。

我认为，作为高等学校的教师，我们不仅要让该专业的学生"知其然"，更重要的是让学生"知其所以然"。也就是说，我们不是教学生一些科普常识，让他们了解所发生的一些物理现象，而是要使学生深入了解其机理和原理，以及思考问题的方法。这样，他们才能在未来的工作中举一反三，解决科学技术问题。

这就是我们筹备组当年建立夜视技术专业的思路。当时我们三个人的分工是：我担任筹备夜视专业的临时负责人，主要负责电子光学及光阴极等偏重理论方面的研究，邱永林负责夜视器件制作与工艺等，刘茂林负责实验室建设和一些事务。从1960年开始，仪器系的一部分学生转到夜视技术专业学习，教师的队伍也相应地扩大了。

二、接受新挑战，攻读电子光学

确定了主攻方向后，我从光学、精密机械转到电子光学、光电子发射，需要补充许多基础知识，例如经典力学、电磁学、电动力学、量子力学、数学物理方程、电子光学基础等。实际上，在建立专业的开始阶段，我们三个人都特别忙，不可能像学生时代那样从头到尾去听一门课程。我是根据学习电子光学和光电子成像中遇到的一些问题，缺什么，补什么。因此，我的数学物理知识是很零碎的。许多基础知识，比如费马原理、拉格朗日函数、最小作用量原理，以及马克斯韦电磁场方程、数学物理方程等，我是边学边理解的。我不可能脱产学习，只能通过自学，难度很大。因此，我对许多物理概念的理解和认识是很浅薄的、一知半解的，这不是谦虚，而是事实。直到今天，我还是这样认为。

当时我找了一些电子光学书籍来学习，这些书籍大都是俄文的。我那时主要学习和参考的是鲁斯忒尔赫连茨（Рустерхольц）的俄文版著作《电子光学》，该书写得深入浅出，是我编写电子光学教材的主要参考书。还有一本德国学者格拉叟（Глазер）的《电子光学基础》，堪称电子光学的经典著作，是一部包罗万象的、写得比较深奥的著作，也是我经常学习参考的书籍，但很多内容看不懂。

在夜视技术专业成立之初，为了学习光阴极的发射理论与制作工艺，我便到北京大学无线电电子学系的电子物理教研室进修。那时，教研室主任吴全德正在研究红外光阴极的发射机理，刘鸿辉老师几乎是每天泡在实验室研究 Ag-O-Cs 光阴极的制作工艺。光阴极的制作与机理对于我们的专业与实验室建设非常重要，因此我一有时间就往北京大学无线电电子学系电子物理实验室跑。我也曾经到中国科学院长春光学精密机械与物理研究所（简称长春光机所）调研，所里的王乃弘老师也在研究制作 Ag-O-Cs 光阴极及红外变像管。20 世纪 50 年代，红外光阴极是一个极热门的科研课题，国内外许多学者都在研究。我查阅到一些有关红外光阴极的日文文献，便请我校懂日语的梅村老师帮助翻译。通过实地学习和阅读文献，我对红外光阴极的机理和制作工艺有了一定的了解，为建设我们的专业打下了基础。

关于电子光学，20 世纪 50 年代中期，苏联派遣了一位刚通过苏联物理数学副博士学位论文答辩的专家谢曼（О.И. Семан）到北京大学讲授电子光学，由朱宜老师任翻译。谢曼在中国播下了电子光学的种子，他的贡献功不可没。那时，北京大学的朱宜、西门纪业、童林夙、姚福田、蒋曼英、丁守谦、刘鸿辉等老师都听了谢曼的课。他们几位后来都成为我国电子光学的传播者、先行者和开拓者，也是我的学长。我那时刚接手筹备夜视技术专业，实在太忙，抽不开身，没有去北京大学听课，但我还是要来了谢曼的电子光学教材以及西门纪业上课的讲义来学习。

应该指出，当年我学习电子光学的理论时，无论教科书或是文献，包括谢曼和格拉叟的著作，细束电子光学的理论比较成熟。当我深入地学习电子光学后认为，细束电子光学理论并不能圆满地解释变像管的宽电子束聚焦与成像。也就是说，这些理论并不能圆满解释自阴极面射出、逸出角达 90° 的宽电子束聚焦与成像。虽然西门纪业在 1957 年发表的论文涉及阴极透镜的像差理论，把问题向前推进了一步，但他依然像研究几何电子光学一样，仅讨论了三级几何横向像差理论。我认为，宽电子束成像聚焦及其像差理论以及一些理论问题值得深入思考与探讨。

除电子光学理论外，还有一个问题就是变像管内电子透镜所形成的电位场的模拟，它类似光学透镜，这一核心问题涉及电子束的行进、聚焦和成像，十分类似几何光学中的光线追迹。因此，变像管所形成的静电场的模拟是回避不了的，但用什么方法和手段来解决这个问题，是我必须考虑和研究的。

　　当时，我们在教学中对静电场的模拟也开出了电解槽和电阻网等实验，但做这两个实验要花很大的精力和时间。由于测量的精度很低，根本不能满足研究工作的要求，只能用于教学示范。那时我在一些文献中看到有一条途径可以计算和模拟电位场，它被命名为"松弛法"，是利用成千上万次的反复迭代来求得网格节点上的电位值。由于1960年电子计算机尚未正式问世，大家都觉得这个方法不实用，前途很渺茫。但我感到，当计算机的计算速度提高后，用松弛法求解静电场将是极有前途的。为此，我花了很大力气编了一本讲义，介绍求解电位的"松弛法"，后来国际上又出现了"超松弛法"，大大加快了迭代速度。这样，求解电位场的问题和研究的方向就明确了，说明我当时的直觉是准确的。

　　那时我的学习目的和方向比较清楚，于是围绕着自己想到的问题来搜索相关的文献。不久，我把搜集到的文献归纳起来写成了一部讲义，名为《电子光学理论与设计》（上下册），上册讲一般电子光学，下册有两本，一本讲"松弛法"求解电子光学场，另一本讲与像管有关的电子光学问题。那时，我读书的速度很快，觉得有用的我就学习，就抄下来，无关的我就放弃。我的英语是在高中时学的，大学时期学的是俄语。我很快把英语捡起来，但我的英语像一个跛脚的"三脚猫"似的，虽会行走，但一瘸一拐的。现在回想那时学习的劲头，我就像拼命三郎似的，特别勤奋，废寝忘食。我当时指导了3位学生的毕业设计，后来他们在工作中都很有成就。其中有一位后来当了西南技术物理研究所的研究员，有一次我们相遇，谈起当年和我相处的时光。他说："周老师，当年你看书的速度太快了，以至于我们每天跑北京图书馆给你借一大堆书。"应该说，我的努力是有成效的，我编的这部讲义说明我对变像管电子光学的状况及未来的发展是清楚的。但我从不讳言，讲义中的内容大都是介绍国外学者的研究，加上自己理解，并没有很多创新的内容，我不过做了一些整理工作而已。不过，在那时，我深得老师、同事及来我校进修听课的研究人员的称赞，给予了我很多赞扬和鼓励。

　　就在我忙于夜视技术新专业时，学校决定派遣我到苏联留学，期望我能得到深造，以解决夜视技术的核心器件——变像管电子光学系统的理论与设计的问题。一个更新的挑战落到了我的头上。

第八章　天赐良缘

我觉得，我的爱情像一个传奇，在我彷徨的时刻，一位美丽的姑娘好像是我的天使，突然出现我的面前，成为我的终身伴侣。我们俩可以说是一见倾心，心心相印，这真是天赐良缘，我真的太幸福了。

一、贺卡传情，胆怯错过好姻缘

1961年秋冬之交，学校决定派我到苏联留学，我喜出望外，这是增长学问、提高学术水平的好机会。我决心努力学习，完成任务，以报答校系领导对我的信任。

1961年冬，我到位于苏州街的北京语言学院（现北京外国语大学）报到。我和一些俄语底子较好的同学分在第一班，那时每个班仅安排5位同学，同学中有清华大学的邬敏贤、南京航空航天大学的郭泽弘、西北农业大学的李佩成等，他们后来都成了我很好的朋友。北京语言学院给准备出国的同志开这样的小班，是为了让学生可以与俄语老师直接对话，迅速提高俄语的口语水平。当时教我们班的王老师是一位非常美丽的姑娘，年龄比我们都小。她是一位语言上的学习尖子，经过苏联专家的培养，因成绩优异被破格提

周立伟1962年在北京语言学院学习时的照片

升为讲师。在那时，讲师的学术地位很高。

离开教研室，被派到北京语言学院进修，一心一意专攻俄语，是我大学毕业后最清闲的一段日子。父母知道我要出国，非常高兴，但对我的婚姻大事十分着急。一方面是我已经 29 岁，老大不小了；另一方面，他们害怕我带回一个俄罗斯姑娘，所以希望我在出国前解决自己的婚姻问题。

在北京语言学院学习时，教我们班俄语的王老师对我特别好。有一次，她把我叫到她的宿舍单独辅导我俄语，帮我在学习笔记本上抄录课文——Моя Родина（我的祖国），让我朗读，并纠正我的发音。我当时很感激她，心里也没有往其他方面想。我那时十分腼腆，面对面交流时，我都不敢正眼看她。班上的同学知道王老师邀请我到她的宿舍单独辅导后，便对我起哄，让我大胆追求王老师。当时我没有这个勇气，自问真的配不上她，我们之间的差距太大了。

1962 年元旦前夕，王老师给每个同学送了一张贺年片。班上 4 位同学的贺年片上用俄文写着："С Новым Годом，Желаю Вам Всего Хрощего！"意思是："新年快乐，祝您一切都好！"但是，给我的贺年片上写着："С Новым Годом，Желаю Вам Всего Найлучщего！"意思是："新年快乐，祝您万事如意！"两张贺年片的差异是，送我的俄文单词 Найлучщего（最好）比送其他 4 位同学的单词 Хрощего（很好）要高一个数量级。因为贺年片上这两个单词不一样，同学们就起哄说王老师一定看上我了。我也觉得奇怪，也曾经胡思乱想。我那时没有一点恋爱经验，脸皮特别薄，心气又特别高，若被拒绝了，觉得太丢脸了。我一直犹豫着，不敢采取行动。

在上大学期间，我没有谈过恋爱，但暗恋过一个女生，她和我不是同班。我不知如何向她表白，也没有勇气跨出这一步。实际上，这完全是我的单相思，自作多情而已。

在上大学时，我逐步形成了自己的婚恋观。第一，我是一个普通人，在文艺体育方面没有什么特长，我出身工人家庭，仅是一个工农调干生，没有什么值得夸耀之处。何况自己长得一点也不帅，才华也是平平，更没有什么财富。我从没有不切实际的奢望，只求有一个中意的姑娘相伴终生而已。第二，我不找老革命和富有家庭出身的女孩，我凭自己的能力生存，不想依靠女方家庭发迹和发财。我认为，若和这样的家庭联姻，以我的性格，我将是一个处于弱势地位的被欺负者，事事会受到他们的牵制，家庭生活不会愉快的。而且，我的父母没有文化，是普通劳动者，也无法和他们相处，这是我极不愿意的。第三，我绝不找很强势的女孩作为自己的伴侣，我若与这样的女孩共度一生，可能连人身自由也没有了，一辈子将会多么无趣。第四，我希望女孩的文化程度和家庭与我"门当户对"，比我低一些更好，为人要老实正直、温和热情、有爱心等，姿色一般就可以了。我虽不是一个强势的人，但自尊心很强，同时希望夫妻之间的关系是平等的。

二、一见倾心，有情人终成眷属

就在我犹豫见或不见王老师的时刻，在北京国营 218 厂工作的同学朱耀升给我和庄一鹤介绍对象。他打电话对我俩说，厂里有两个姑娘和我们比较相配，问我们是否愿意见？但除了名字，并没有介绍双方的情况，也没有给双方看相片。就在我想找王老师表白的前一天，是个星期六，朱耀升先问其中一个姑娘，说今天若有空，可以和北京工业学院的周立伟见个面。但她说没有空，而吕素芹说她有空。就这样，我们俩傍晚在北海公园见面了。当我与素芹见面时，俩人谈得非常投机，素芹不论是外貌，还是谈吐举止，都落落大方。我对素芹非常满意，感觉特别投缘，觉得是"天赐良缘"。素芹觉得我老实真诚、待人诚恳，给人以清秀实在的书生感觉。我们俩可以说是一见倾心，心心相印。这次突然和素芹见面，立刻打消了我第二天想和王老师表白的念头。

2002 年，为纪念我与素芹结婚 40 年，我仿照俄国诗人普希金第一次见到 18 岁的美丽姑娘奥列宁娜写的一首情诗"你和您"，写了一首题名为"他和她"的诗，送给她，怀念我俩当年在北海公园会面时那一刻激动的心情。现抄录如下。

他和她

他和她素未谋面，直到北海公园见面时他俩才知道对方的名字。
他深深感受她女性的温柔和细腻，还有那纯真的感情。

他和她会面了，是上苍的安排使他俩相遇。
当他见到她的那一刻，他深信，这是他一直寻找的爱。

他被她深深吸引，好像早已认识似的。
他向她敞开胸怀，诉说自己可笑的陈年往事。

他喜欢她，不仅是由于她的美貌，
还由于她的可爱、温柔和善良；更惊异她思想的单纯和真诚。

她秀外慧中，干净的内心是她迷人的特质。
明亮的眼睛闪耀着光芒，向往着幸福的未来。

她感觉到他的感情，轻轻地呼唤他的名字。
他和她都知道，缘分将他们推近，他俩都不愿放弃。

1962 年夏，我和素芹谈恋爱时，我出国的俄语考试已经通过了，正准备出国，所以比较空闲。我们经常约会，不是逛公园，就是看电影。

和素芹谈恋爱的几个月是我一生中最美好的时刻。那时，因为她在北京前门外珠市口的国营 218 厂上班，离位于海淀区苏州街的北京语言学院十分遥远，不是每天都见得着的。于是，我每天晚上给她写所谓的"情书"，写的都是一些对人生的理解和对她的爱慕思念之情，并没有卿卿我我、很肉麻的语句。她在读完信后就丢弃了。后来，她让我把信写在笔记本上，这样她就可以在我出国后经常翻阅，怀念我俩谈爱情时的快乐时光。于是，我给她在笔记本上留下了 12 封信。20 世纪 80 年代，两个女儿上中学时翻她母亲看过的书，就把那本笔记本翻出来了。两个孩子看到父母的这些信件时惊喜万分，追着我们俩谈当年的恋爱经过。2015 年，北京理工大学出版社的同志见到这些信件后，建议把它收入我的《藏绿斋札记：感悟人文》中。素芹后来对我说，我们俩谈恋爱时，不少人给她泼冷水，不让她和我好，但我的信打动了她。此外，有一次，她有几天没有理我，信也不回。见面时，她见我因为内心着急上火，嘴唇与鼻子青一块红一块，十分心疼，知道我的确很爱她。从那时起，她下定决心要跟我好了。

和素芹确立关系后，我把她的相片寄给了父母。他们大喜，儿子终于找到对象了，他们的心落地了，一定要求我在出国前把婚结了。1962 年 9 月 13 日，我们在北京领了结婚证，见证人就是当时俄语班的几位同学，我花了 5 元钱买了一点喜糖，和同学们聚在一起，就算把婚结了。当时仅有两只破箱子，就是我们的全部家当，北京语言学院的宿舍就成了我们的临时新房。

1962 年 9 月下旬，我发电报告诉父母我和素芹将动身回家。父母张罗着在我们到达那天晚上就办喜酒。那天（我记不清具体日子了），父亲和亲友们都到上海北火车站迎接我们，但是扑了一场空。原来，我电报上写的是动身的日期，父亲以为是到达的日期。父母一点也没有不高兴，好事多磨嘛！他们让接我的亲友们都回到家中大吃了一顿。

我们的两桌结婚酒宴是在上海自己的家中办的。那是在1962年，还处在三年困难时期，一切都要凭票供应，亲友们送来各种票证，但总共只有2斤6两肉票。这怎么办酒席呢！父亲就到诸暨藏绿乡下收罗了不少鸡、鱼和蔬菜，还请了一个大师傅掌勺，母亲和姐姐打下手。酒席很丰盛，场面也很热闹。因为我是周家的老大，在父母的心目中，儿子的婚姻是周家的头等大事，花多少钱都愿意。父亲特地花了300元人民币买了一个名贵的欧米茄手表送给素芹，作为见面礼。为了给我们的婚姻留下永久纪念，父亲一定要素芹穿结婚礼服，到上海最有名的中国照相馆拍彩色结婚照。20世纪60年代初，上海的照相馆还没有彩色摄影，所谓彩色照都是在黑白照上人工描上颜色，价格自然非常昂贵。我当时表示这样做不好，如果组织上知道了，我要挨批的。我不大同意去拍照，父亲很不高兴。亲友们劝我说，这是老人家的一个心愿，拍张彩色结婚照作纪念，不是原则问题。再说照片留在家中，不拿出来给学校里的人看，就谁都不知道了。我不忍违背父母的好意，只好同意了。后来回到北京后，素芹忍不住把我们的结婚照给厂里要好的小姐妹看，她们都十分羡慕。

素芹初次到我家，受到了亲友们的普遍欢迎和广泛好评。她长得漂亮、人和气、有礼貌，一下子和我的姐姐、弟弟等打成一片。特别是母亲，每当我与素芹一有争执，

周立伟和吕素芹的结婚照（1962年10月）

她就"偏心"，站在素芹一边骂我；而素芹感到我母亲比她自己的母亲还要亲，还要温暖，她俩的婆媳关系非常融洽。总之，在上海的亲友中，无不说我运气好，夸我娶到了素芹这样的好媳妇；素芹也感到特别幸福和快乐。

我觉得，我的爱情像一个传奇，在我彷徨的时刻，一位美丽的姑娘好像是我的天使，突然出现我的面前，成为我的终身伴侣。这真是天赐良缘，我真的太幸福了。

水穷云起 周立伟自传

第九章　留苏艰辛

在列宁格勒谢德林图书馆学习的日日夜夜，我累了打个瞌睡，渴了喝口凉水，饿了啃块面包。对每一个问题的探索，我不知用了多少张草稿纸，才得到问题的答案。没有人知道我的辛苦和艰难，只有我自己。

一、美丽列宁格勒，英勇不屈城市

在讲述我在苏联攻读物理数学副博士学位之前，我想先介绍一下我就读的列宁格勒（现圣彼得堡）这座伟大、光荣的城市。在第二次世界大战中，德军围困列宁格勒长达两年，但始终没有攻下这座英勇不屈的城市。列宁格勒人民为保卫自己心爱的城市，进行了殊死的斗争。

列宁格勒十分美丽，它是苏联的古都，1914 年叫彼得格勒，1924 年改称列宁格勒，1991 年苏联解体后称为圣彼得堡。我在这个城市生活有 3 年半之久，深深爱上了这座美丽的城市。那里有许多名胜古迹，如冬宫、夏宫、叶卡捷琳娜宫、伊萨基耶夫教堂、喀山大教堂、滴血大教堂等，郊区有普希金城、叶卡捷琳娜公园等。这些享誉世界的华丽建筑，在涅瓦河畔建构起苏联文明最恢宏壮丽的城市空间。

列宁格勒给我的印象是，她像一位美丽的女神，高傲、孤独和优雅。她有夏季白夜的浪漫、冬季雪白的洒脱、春季唯美的高傲，但骨子里是深秋金色的忧愁。在留学苏联的日子里，我几乎每天乘坐有轨电车从第一摩林斯基大街出发到位于涅瓦大街四马桥附近的谢德林图书馆。涅瓦大街集文化、商贸、娱乐为一体，在苏联非常有名，它的繁华有点像中国上海的南京路和英国伦敦的牛津大街，但涅瓦大街异常美丽、安静和优雅，到处都是美丽的雕塑。大街的马路笔直如箭，街道两旁有桥有水，多条涅瓦小河和水渠横穿其间。我特别喜爱涅瓦河，尤其是傍晚，夕阳的余晖洒在涅瓦河面闪耀着金光，一群水鸟在水面上飞翔，快艇在河道上穿梭。这些河渠上的桥与古老的街道建筑构成的景色就像一幅绚丽的画卷，形成了城市的特色，非常美丽。

　　位于涅瓦大街四马桥附近的谢德林图书馆是以苏联著名作家谢德林命名的，历史悠久，是苏联第二大图书馆，仅次于莫斯科的列宁图书馆。建筑十分讲究，给人以学术殿堂的感觉，庄严而又安静。俄罗斯民族是热爱学习的民族，老百姓都十分崇拜和尊敬自己的科学家、文学家和艺术家，并因他们感到光荣和自豪。谢德林图书馆读书的人很多，馆内经常座无虚席。图书馆特别尊敬有学问的学者，特意为到馆读书的一些知名人士和获得科学博士学位的学者留有座位。图书馆的藏书十分丰富，虽然那时没有复印机、视频录像等，但许多文献可以通过缩微胶卷阅读，甚至可以调阅珍藏在其他图书馆的藏书。

　　列宁格勒气候十分寒冷，一年中有一半以上时间是冬天。当地的公共场所，如政府机关、影剧院、图书馆、博物馆、大学等，一进大门，就有存放衣帽的服务台等。

　　我很快就成为谢德林图书馆的常客，因为经常去，和馆内的服务人员很熟悉，其中有一位成为专门接待我的服务员，他待人非常和气，我们结下了友好的情谊。因此，即

周立伟 1963 年在苏联列宁格勒留学时的照片

使图书馆人满为患，我也不用等待，他总有地方安排我学习。

二、不改初衷誓愿，独立探索研究

　　1962 年 11 月 7 日，我留学苏联。在登上北京—莫斯科列车的一刹那，我泪如泉涌。这是我第一次离开双亲以及新婚妻子素芹，想到自己即将离开朝夕相处的亲人，而此行前途未卜。那时出国留学极为稀罕，是一项异常光荣的任务，也是自己获得深造、提高才能的机会，我决心要有所作为，不辜负校系领导对我的信任和期望。我们这一行赴苏留学的有 30 来人，其中攻读副博士学位和进修的各占一半。

　　我到达莫斯科后，第二天就转往苏联第二大城市列宁格勒。我就学的学校是列宁格勒电工学院（现圣彼得堡国立电工大学），它是以革命导师列宁命名的，因为列宁当年革命时曾在该校避过难。列宁格勒电工学院位于列宁格勒波波夫大街 5 号，是一所具有悠久历史的理工科大学，建于 19 世纪 70 年代，著名的无线电发明人波波夫教授曾任该校的校长。

　　我居住的电工学院宿舍位于列宁格勒第一摩林斯基大街，它正对着以体育 "Спорт" 命名的电影院。中国留学生和苏联大学生、研究生，以及其他国家的研究生混住在一起，住宿的条件并不好，很简陋，三四个研究生共一间房间，室内仅两张桌子，厕所和洗浴的地方都在外面。每层都有公共厨房和煤气灶，大多数中国留学生在厨房里自己做饭吃。因为我在国内一直住学校的集体宿舍，居住条件与列宁格勒电工学院的宿舍差不多，故很快就适应了。我住的房间很挤，没有看书写字的地方，我的一切工作不得不在谢德林图书馆和教研室完成。

　　列宁格勒电工学院每年接收大量国外留学生，其中不少是来自中国和亚非拉的大学生和研究生。我到该校的时候，一些老的留学生，如李润森、解勤喜、张学禄等都在，他们说一口流利的俄语，给我们新来的留学生以很大的帮助。

我到列宁格勒电工学院报到后，校外事办把我分配到电子医疗器件教研室。教研室主任茹里叶（О.Б.Лурье）教授是一名苏联籍犹太人，苏联著名的功勋科学活动家，在苏联电子学界很有威望。教研室有两位副教授：一个叫贝科夫（Р.Е.Быков），技术科学副博士，他兼教研室秘书；另一个叫伊格里茨基（А.Л.Игрицкий），技术科学副博士，他是学校派给我的指导教师。当我第一次见到伊格里茨基副教授时，我通过陪同我的中国留学生向他谈了自己学习电子光学的情况和来苏学习的目的。但他告诉我，他研究的是超高频电子光学，是束流光学刚兴起的一个新兴学科领域。他给了我 3 篇刚发表的文章，让我认真阅读，一个月以后见他，谈自己的学习心得。不到一个星期我就直接找到伊格里茨基副教授，对他的文章提出一些看法和改进的意见。我对他说，他的文章若通过马基叶函数来解，可以得到更好的结果。伊格里茨基听了非常高兴，觉得我这个中国留学生非等闲之辈，非常愿意和我合作。他对我说："超高频电子光学这门学科在全世界刚刚兴起，是电子光学中最时髦的内容、最前沿的方向。我们俩合作，共同发展它的理论：我攻技术科学博士学位，您攻技术科学副博士学位。您学成回国，在中国您就是第一位，是你们国家这门学科的第一人。"他让我认真考虑他的建议，再答复他。

我到苏联留学，是满怀希望通过留学能解决夜视技术中的关键器件——电子光学变像管的理论与设计的问题。可是，指导教师让我改学超高频电子光学，在他的指导下，获得副博士学位没有问题，但我学成回国，对母校没有用。我也不愿意脱离母校到中国科学院的研究所去搞行波管的超高频电子光学。我向列宁格勒电工学院的外办提出，要求转学，但转到哪个单位，我提不出来，外办主任说没法联系。我请示中国驻苏联大使馆，请求回国。但使馆不同意，让我坚持到学习期限的结束，完成中苏之间交换留学人员的协定。我不得不留下来，但我不同意与指导教师合作研究超高频电子光学的建议，伊格里茨基副教授说："那我无法帮助你，你自己研究吧。"我很理解他，并不是他不愿意帮助，而是我不愿改变初衷，拒绝与他合作，只能自己独立进行研究。伊格里茨基副教授对我确实是爱莫能助，但他名义上还是我的指导教师。

这是我人生路途上的一道极难逾越的坎，令我进退两难：我想学习的，在苏联科学院有一群人也是正在研究中，与他们也不认识，无法取得联系。我想回国，使馆又不允许，真不知如何是好。

那时，我天天数着日子过，不知道何时才能熬出头，也不知道我的研究将如何起步，非常苦闷和彷徨。后来一想，我这种状态下去不行，我不能坐以待毙，我得振作起来，自己找出路！于是，我埋头于谢德林图书馆，学习前人的著作，思考课题的方向，寻找研究的途径。我觉得，自己大学毕业后筹建夜视技术实验室的这两年苦读电子光学还是有收获的。我自问对变像管电子光学存在什么问题，需要解决哪些问题，以及如何着手研究心中是有一点数的。我要在苏联这几年把宽电子束聚焦成像电子光学的理论问题解决，我勉励自己振作精神，努力学习，背水一战。无论成功与否，我要对得起学校，对得起父母亲，也对得起流逝的岁月。此后，我几乎每天从早到晚泡在谢德林图书馆和苏联科学院图书馆里，在寂寞的书案上摸索着前进。

三、科学研究选题，首要审慎思考

我研究的是成像器件的电子光学，属于带电粒子光学学科的一个分支。带电粒子光学是一个很宽泛的学科领域，书籍和论文很多，我在谢德林图书馆和苏联科学院图书馆几乎浏览了 20 世纪五六十年代苏联出版的所有带电粒子光学的专著和论文，想从这些著作和论文中得到一些启发和借鉴。那时，我读的书很多，内容也很广泛，边阅读边做笔记。那时没有复印机，我也没有照相机，一切都靠手抄，速度很慢，但也颇有收获。在做笔记时，我总是思考和寻找值得研究、可以上手的课题。那段时间，我在科学的隧道中摸索着前进，寻找通向光明的途径，困难重重，但我并没有气馁。

记得我在谢德林图书馆第一次做文献摘录的时候，在笔记本的封面上用俄文写下了这样几个词：Воля+Терпение+Метод=Успех(志气＋耐心＋方法＝成功)！这是我在苏联期间进行科学研究的座右铭。

20 世纪 60 年代初，无论是欧美或是苏联，关于成像电子光学的研究都是刚刚起步，很不成熟。当时仅有的一些成像电子光学的论文大都是仿照细束电子光学的套路来研究，其重点还是研究三级几何横向像差。我清晰地记得，那时有几篇文章给我留下了深刻的印象，如德国的莱克纳格尔（Recknagel）、卢斯卡（E. Ruska），英国的解根（P. Schagen），苏联的阿尔齐莫维奇（Л.А.Арцимович）、克鲁珀（Д.М.Крупп）、谢曼，中国的西门纪业等人的文章。莱克纳格尔和解根给出了静电阴极透镜由阴极面中心发出的电子在极限像面处的弥散圆表示式，阿尔齐莫维奇给出了最佳像面处的最小弥散圆半径的表示式，克鲁泊给出了同心球系统在高斯像面处的弥散圆半径的表示式，西门纪业是研究复合电磁阴极透镜的像差理论的先驱者，电子显微镜的发明人卢斯卡最早研究静电聚焦同心球系统的论文更是给了我很大的启发，我把他的论文有关章节由德文翻译成俄文参阅，为此我还自学了德语。

成像电子光学涉及大物面、宽电子束聚焦成像问题，而通常电子光学所研究的细电子束聚焦与成像理论并不适用于研究宽电子束成像器件的电子光学问题。当时我主要思考两个问题：第一，现有的傍轴细束电子光学的理论和方法不能用来解决宽电子束成像电子光学问题；近轴电子光学理论只能解决理想成像，仅适合解决邻近对称轴区域的电子光学问题，成像电子光学要研究由光阴极逸出的大物面宽电子束在系统中的行进轨迹及其成像的规律和所形成的像差。在以往研究中，空间电位通常是以轴上电位分布的谢尔赤展开式来表示，离实际情况相去甚远；现有的理论、方法和手段在解决实际问题上尚有距离，尤其是轴外电子束的聚焦与成像，需要探索新的途径。第二，成像电子光学系统的横向像差究竟应该如何定义？当时国内外电子光学学术界都在研究成像电子光学系统的三级几何横向像差，普遍认为主要是它影响器件的成像质量。这个概念是由细束电子光学引申的推论，并未得到证实。成像电子光学是否只存在三级几何横向像差，有无其他类型的横向像差，并无明确的结论。

　　"路漫漫其修远兮，吾将上下而求索。"我知道我将要走的路很长、很艰难，但探索和前进的方向是清楚的，信心是坚定的。

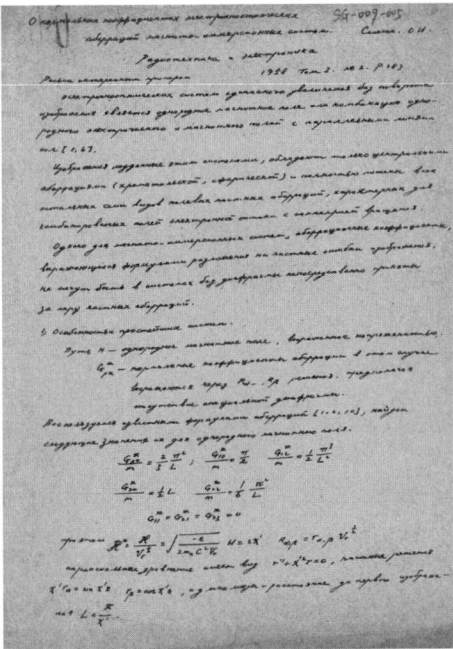

周立伟留苏时做的笔记（俄文）

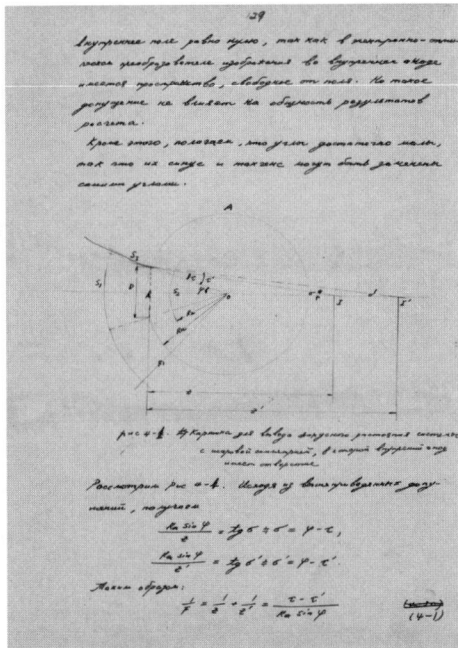

周立伟留苏时的研究手稿（俄文）

四、精心选择突破，找准问题切入

科学研究从何处切入是解决问题的关键，我当时经历了漫长的思索。最后的思考是，如果我能找到一个可以求得解析解的成像电子光学系统的理想模型，从它入手，把它的成像规律、实际轨迹与近轴轨迹等都研究透了，便能对理想成像、横向像差等有一个正确的理解和把握。由此出发，可指导一般静电聚焦电子光学系统的理论与设计。最终，我选择了两电极同心球静电聚焦系统中电子运动的轨迹作为研究的切入点。我认为，如果能找到这一模型的成像位置的解析解与精确解，并把它表示成级数展开式，便有可能解决理想成像等概念以及定义成像电子光学系统横向像差等问题。

同心球系统中电子行进的轨迹最早是德国著名学者卢斯卡在1933年研究的。英国科学家解根在1951年继续研究。当我考察这一系统时，我认为，研究其电子轨迹的聚焦与成像，重点不应仅放在研究电子在同心球内部行进的轨迹，而应研究从轴上点出发的电子束通过同心球系统的阳极后与轴会聚的相交点。这个落点位置的确定需要非常精确，因为它与电子光学系统的成像特性与像差最有关联。于是，我把研究重点放在求解轴上点出发的电子通过同心球系统的阳极后的轨迹到达像面的精确位置，研究电子束在极限像面到高斯像面之间所形成电子束包络，以及各个像面上所形成的弥散圆直径的大小。

我没有抽象地研究电子光学理论，而是把自己的设想（电子轨迹与像差）清晰地用图形表示出来，使自己的研究有一个明确的方向。我将要研究的同心球系统中电子行进的轨迹绘成图，作为研究的依据。

在科学研究中，理论工作者最感兴趣的是追求理论的普遍性。但要使普遍性广泛得到承认，必须有特殊性加以证实，而普遍性寓于特殊性之中。成像电子光学的研究也是一样，我想如果我能把问题的特殊性研究透了，便有可能找到具有普遍性和规律性的线索。这样，从特殊性着手，研究特殊类型的宽电子束聚焦和成像就成为我研究成像电子光学入门的突破口。于是，静电阴极透镜的理想模型——两电极同心球系统的成像电子光学就是我研究成像电子光学的一个切入点。

由特殊性入手，目的是寻求普遍性的规律。理论研究还必须把个别的、具体的知识转化为普遍的、抽象的知识，绝不能在个别的、特殊的问题前止步。因此，我的研究思路是：先易后难，先研究静电聚焦系统，后解决电磁复合聚焦系统；先研究各种特殊类型的成像系统，后解决普遍的、一般的电子光学成像系统。从理论到设计，我就是这样思考与切入成像电子光学的科学问题的。

五、覃思苦虑探索，扎实定义假说

我认为，对于科学研究，从何处入手和切入，虽然是问题的关键，但切入后如何展开问题，击中问题的要害，提出切实的假说，给以明确的定义，才是更重要的。我想，一定要先把电子束行进轨迹的规律摸索清楚了，把轴上点逸出的电子通过阳极后的着陆点位置找精确了。因此，我需要求出电子射线自光阴极面逸出后到达阳极的落点及其入射角以及它从阳极逸出的出射角，这就和设计几何光学系统的玻璃透镜，利用折射定律，对透镜系统进行光线追迹所谓描光路一样，由此确定理想成像和系统的像差。

对于静电聚焦两电极同心球系统，尽管德国、英国、苏联等国家的一些科学家也曾研究过，但他们的重点是研究电子在同心球系统内部运动的轨迹，而忽略了电子通过阳极后运动的行踪，得到的仅是电子初速为零的轨迹的近似解。这样的处理对于研究系统的电子光学成像特性是远远不够的。我的研究找到了两电极与多电极同心球静电聚焦系统自阴极逸出的电子轨迹的成像位置的精确解以及近轴解，并把它表达成级数展开的形式，由此解决了理想成像等电子光学性质和定义电子光学像差的问题。

我不遗余力地定义和清晰区别电子轨迹的实际轨迹解、精确解、近轴解和近似解，是为了在研究中能严密定义电子光学系统的成像特性及其像差。迄今为止，在国内外所有的成像电子光学的著作与论文中，都没有像我这样对成像电子光学系统中自阴极面逸出电子轨迹的成像和横向像差进行如此细致的划分和描述。这是我提出的成像电子光学理论不同于其他学者的根本点。

这里，我简单谈谈我与苏联学者在两电极静电同心球系统电子光学的研究上有什么差异和区别。关于电子在两电极静电同心球系统内部行进的轨迹，早在 20 世纪 30 年代和 50 年代分别由卢斯卡和解根解决，不过都是在球坐标系的基础上解决的，其形式是 $\varphi=\varphi(\rho)$。当研究两电极静电同心球系统电子光学成像时，便需要把电子轨迹的描述由球坐标系转到轴对称系统的圆柱坐标系上。这时，可选择圆柱坐标系的中心轴与球坐标系的对称轴重合，便不难得到由阴极面原点逸出的以下实际电子轨迹的解析表示式 $r=r(z)$。

$$r(z)=\frac{2(n-1)}{1-4(n-1)^2\frac{\varepsilon_r\varepsilon_z}{\Phi_{ac}^2}}\left(\frac{\varepsilon_r}{\Phi_{ac}}\right)^{1/2}\left\{(z+R_c)\left(\frac{\varepsilon_z}{\Phi_{ac}}\right)^{1/2}-\frac{2z(n-1)\varepsilon_z^{1/2}\varepsilon_r}{\Phi_{ac}^{3/2}}-\right.$$

$$\left.(z+R_c)\left[\frac{-z}{(n-1)(z+R_c)}+\frac{(z+R_c)^2\varepsilon_z+z^2\varepsilon_r}{(z+R_c)^2\Phi_{ac}}\right]^{1/2}\right\}$$

这里，$n=R_c/R_a$，表示同心球系统球面阴极与球面阳极的半径之比，Φ_{ac} 为球面阳极对于球面阴极的电位，ε_r、ε_z 分别表示逸出电子对应的径向初电位和轴向初电位。

1978 年，我把这一公式发表于我校出版的《工程光学》刊物上，1993 年在我的专著《宽束电子光学》上也列出了这一公式。这是两电极静电聚焦同心球系统中实际轨迹在圆柱坐标系下的解析解，没有进行任何简化。我提出的这一公式，实际是纠正了 20 世纪 80

年代苏联出版的一些电子光学书籍给出的表示式的错误。

由于我在研究静电聚焦与电磁聚焦同心球系统成像电子光学的贡献，并纠正了苏联和西方一些学者的错误，被诺贝尔物理学奖获得者、苏联联邦工程科学院院长普罗霍洛夫（Prokhorov）院士誉为"开创了一个科学学派"。

六、宽束电子光学，谢曼杰出贡献

由上面的研究，我们可以讨论成像电子光学系统由光阴极物面逸出的一束近轴电子，在抵达成像区域电子束包络的形状。在这里，我不能不谈 20 世纪 50 年代来华讲授电子光学课程的苏联专家谢曼的重大贡献。

1955 年，苏联专家谢曼在北京大学讲授电子光学时，总结了德国莱克纳格尔和苏联阿尔齐莫维奇的工作，提出了成像电子光学系统（即阴极透镜）中十分重要的鉴别率 Recknagel–Арцимович 公式，简称 R–A（莱 – 阿）公式，这是谢曼对宽束电子光学理论的一大贡献。R–A 公式那时虽然被称为中心像差，决定了电子光学系统的鉴别率，但它对成像电子光学理论研究的重要性在那时并没有被电子光学学术界真正理解。

谢曼在研究阴极透镜时，发现前人的研究中，逸出电子束在不同的成像平面上所形成的散射圆半径存在着以下关系：

$$\Delta r_t^* : \Delta r_m^* : \Delta r_g^* = 1{:}0.6{:}2$$

其中，1 是德国的莱克纳格尔和英国的解根的贡献，0.6 是阿尔齐莫维奇的贡献，2 是谢曼本人及克鲁珀的贡献。

谢曼总结的 R–A 公式十分简洁，又非常有用，对研究成像电子光学理论和指导器件的设计具有重要的意义。设计者可以不必十分注重器件的结构，只需考虑如何使阴极面的场强达到最高的要求，这是谢曼的最大贡献。

当我到列宁格勒求学时，从一些传闻得知，谢曼从中国讲学后回到苏联后一直不得志，他没有被评上教授级高级职称。谢曼对电子光学的学术贡献，苏联学术界，尤其是一些著名的电子光学学术专著，对谢曼总结的确定成像器件鉴别率的 R–A 公式，如此重要的贡献，在苏联的文献中置若罔闻，这是我深感遗憾的。

七、构筑新的理论，创立学派体系

应该指出，谢曼总结的 R–A 公式，我在留学苏联时研究静电两电极或多电极同心球的电子光学严密地证实了，不仅如此，我后来还从研究电磁复合同心球系统的电子光学也证实了。此外，我还研究了由光阴极中心逸出的电子束在所谓极限像面与高斯像面区间上所密集形成的电子射线的包络。这个包络特别像一条美丽的美人鱼尾部，其鱼鳍先收缩后展开，有一个很明显的极为狭窄的腰部。你也可以想象，一位美丽的姑娘穿上布拉吉裙子，有一个纤细的腰部，亭亭玉立！如果你到过广州，它也十分像在夜间远望广州电视塔有一个美丽的"小蛮腰"，其细细的腰部称为束腰。这个束腰的大小是研究成像电子光学的人最关心的，因为这是电子束聚集得最为稠密的地方，它决定了成像电子光学系统的鉴别率。

我所得到的一些结论，虽然是从一个理想的电子光学系统概括出来的，但它是普遍成立的。我想指出，对轴上点而言，对研究成像平面的图像清晰度，二级近轴横向像差远比三级几何横向球差更为重要，因为它大了一个数量级。

还有一点重要的启发是，虽然我在上面讲了以同样的初条件逸出的实际轨迹 $r(z)$ 和近轴轨迹 $r^*(z)$，这两条轨迹行进途径自然是不同的，一个是实际轨迹方程的解，另一个是近轴轨迹方程的解，但它们之间的差异是非常微小的，以至于用作图的方法很难描绘它们之间的差异。这是我以前没有认识到的。这固然是从一个理想系统抽象而得到的研究结果，但它具有理论指导意义。因此，在实际计算中，我们完全可以将近轴轨迹取代实际轨迹。

我的研究是从理论上确切证实了几位电子光学前辈提出的关于成像电子光学横向像差的一些认识和结论，并将这个科学问题的认识从实践到理论向前推进了一步。

回顾我在苏联留学期间对成像电子光学理论的研究，我觉得那时我对这一科学问题的认识是表面和肤浅的，并没有像现在那么深刻和全面。我后来又把它推广到多电极静电同心球系统、电磁复合同心球系统以及一般的成像系统中，这是前人科学家没有认识到的。1993年我撰写了《宽束电子光学》一书，系统地介绍了建立成像电子光学理论体系的工作。

上面我所叙述的是假定成像电子光学系统的阴极面发射的单色束而言。我从苏联回国后，又与研究生们研究全色电子束的成像电子光学问题。其结论是，若假定电子束的逸出初能量按贝他（βeta）分布，初角度按朗伯（Lambert）分布时，束的包络形状依然像广州的电视塔"小蛮腰"一样，不过，其腰部更细更瘦了，其束腰位置（即最佳像面位置）更靠近极限像面了。"文化大革命"期间，我把我的研究推广到同心球电磁聚焦系统的成像电子光学上，后来又推广到动态电子光学上。

在谢德林图书馆苦苦研究的日日夜夜，我累了打个瞌睡，渴了喝口凉水，饿了啃块面包。对每一个问题的探索，我都做了大量读书笔记和文献卡片，不知涂抹了多少张草稿纸，才得到问题的答案。没有人知道我的辛苦和艰难，只有我自己。在列宁格勒学习的三年半，虽然我很辛苦，也感到孤独和艰难，但我喜欢探索未知，于辛苦中也感受到了快乐。

我清楚地记得，有一天晚上，我在谢德林图书馆学习，大概是太困倦了，我不知不觉趴在书桌上睡着了。快到半夜，服务员叫醒了我。我急急忙忙穿上大衣，奔向车站。列宁格勒的冬天风雪交加，十分寒冷。有轨电车一直不来，我冻得直跺脚。那个年代，列宁格勒还没有出租汽车这一行业，私人汽车也很少。我心想，若有轨电车再不来，我今晚就要冻死在列宁格勒街头了。幸好，一辆有轨电车缓慢地开了过来，我欣喜若狂，急忙跳上电车回到了宿舍。

八、留学异地他乡，所见所闻所思

在苏联，当时中国留学生的津贴分两档：大学生每月50卢布，研究生（包括进修生）每月70卢布。我每月大约30卢布用于吃饭、10卢布用于买书、10卢布用于车杂费等。我没有什么文娱体育活动，苏联著名的芭蕾舞剧《天鹅湖》《吉赛尔》《睡美人》等以及参观名胜古迹等都是留学生会组织一起去看的。那时，外事纪律规定，留学生外出一定要两人同行，除了在学校、上图书馆、买面包和菜等可以单独行走，这就大大限制了中国留学生的活动。我记得有一次一位留学生让我陪他去见他的指导教师，到了导师家，他怕导师不愿意他带一个陌生人进屋，便让我在导师家楼下等着，我足足等了2个多小时。

在列宁格勒，我从不买衣物等东西，我就有两套西装，几年下来，破旧不堪，也就凑合着穿。我没有吃零食的习惯，也不抽烟喝酒。我有钱就买书，苏联的图书很便宜，我买了一大箱子的图书，还买了一台手摇计算器。我节余了一些钱，在开展学雷锋的活动中，我捐了300卢布，相当于4个月的津贴。我的副博士学位论文答辩的费用、回国的路费等，本可以向驻苏大使馆报销，但我都是自己掏钱支付的。那时，在中国留学生的心中，觉得在苏联生活得很好，有牛奶、面包、香肠吃，那时国内老百姓的日子太苦了，把钱捐出来都是应该的。

我一直很瘦，出国前进行体检，体重不到49千克，医生说没什么病，就是瘦一些。到了列宁格勒后，早餐是面包、黄油、果酱和牛奶。中午在小卖部或食堂简单吃一点。晚上下面条，吃香肠、土豆等。我逐渐胖了起来，脸色也红润了。

我是一名留学研究生，并不是研究社会学和政治学的，较少与苏联人交往。我觉得苏联人为人直爽，很像我国东北地区的人，讲义气，够朋友。当他认为你是一个可信赖的朋友，他会把心都掏出来；当然，遇到背信弃义者、背叛和出卖朋友者，其愤恨之情溢于言表，甚至会与人拼命。我是一个比较慷慨、讲朋友义气的人，故我和苏联人很容易交上朋友，他们对我很友好。苏联人很喜欢喝酒，他们认为不会喝酒的男人不是男子汉，故从小时候起，家长就鼓励喝酒。我亲眼看到，宿舍女管理员给怀抱的男婴往嘴里抹伏特加。每天下午 5 点以后，商店开始卖酒了，便可以见到街上行走的人中有不少是跌跌撞撞的。酒在苏联是交友最好的手段，两人把伏特加一喝，什么私密的事都可以说给对方。

列宁格勒人的家乡观念特别强。我多次在电车上遇见一些老年人，他们问我喜欢列宁格勒还是喜欢莫斯科？我说当然列宁格勒了，列宁格勒多美啊！他们大喜，高兴起来有的还抱着我强吻，实在太热情了。那时，苏联的一些老年妇女对中国女同学很热情和友好，常请她们到自己家中做客。

20 世纪 50 年代，使馆不提倡中国留学生与苏联姑娘谈恋爱，但也不禁止。有的中国留学生毕业后就娶了苏联姑娘回国。到了 60 年代，中苏关系紧张，我驻苏使馆便绝对禁止中国留学生与苏联姑娘谈恋爱，一旦发现中国留学生与苏联女生有恋爱的迹象，就立刻停止学习，遣送回国。我们这一批留学人员中好像没有发生这类事。苏联姑娘普遍认为，中国小伙子忠实于爱情，婚姻比较可靠，她们很愿意和中国留学生交朋友。

我每天乘坐的有轨电车，出入口是没有门的，人们可以随意上下，车内也没有售票员，上车后人们自觉交 3 戈比。电车公司常安排工作人员假装成乘客监视，当发现有逃票者，就请他到终点缴罚款。有一次，我在电车上见到一张告示"Молния"（号外），上面有逃票者的相片、姓名和住址，处罚很严厉。

我在苏联和国内一样，与所有人相处都是礼貌友好的。我不过是一名留学生，没有什么了不起，相逢见个面问个好，有事情帮个忙，都是一般的常识。我和宿舍的管理人员相处得很好，常送她一些小礼物，如茶叶等。中国留学生若到我们宿舍开会，只要说是看望我，就不用压证件，省了不少麻烦。我和学校的电影放映员关系也很好，记得有两次，我请他帮忙放映从使馆取来的影片，给在列宁格勒的中国留学生观看。

我和苏联的大学生接触很少，但有两个印象很深刻。第一，苏联大学生之间很团结友爱。期末考试时，大学生们都围在教研室门外，等候同学出来，问他考得如何，有的还会想办法给里面的考生递条子。当时我在教研室内一个人独自学习，学生考试的事我不闻不问，但当监考的老师中午要到小卖部吃点东西时，便请我帮他监考。学生们见状大喜，我是一个久经考场的过来人，只是当有的学生动作太厉害了才干涉一下。第二，无论老师或是同学，都鄙视告密者，这在当时的学校和社会已形成一种共识，给我的印象十分深刻。若一个学生到老师面前告密，就会被老师痛斥、被同学唾骂。

九、茹里叶老教授，学为人师榜样

苏联的高校是教授治校，学校的事情，教授说了算。苏联高等学校的校长通常由有学术权威的人担任，有很高的威信，由他代表全校教授治校。我多次参加校内的一些学术报告会和论文答辩会等，当校长一进入会议室，全体出席人员立刻起立，以示对他的尊敬。校党委书记却没有这样的礼遇，他在学校的地位并不高，通常是义务兼职的，由党委会成员轮流坐庄。在苏联，科学院院士是最高的学术权威，地位非常高。像列宁格勒电工学院如此著名和历史悠久的大学，那时一名苏联科学院院士和科学院通讯院士也没有。在苏联，教研室主任的地位也很高，比系主任高很多。苏联人很看重学术地位，而不是行政地位。教研室主任必须由正教授担任，系主任可以是副教授。如果没有获得技术科学博士学位或物理数学博士学位，没有自己的学术专著，是不能当正教授的。在苏联，每个教研室通常只有一位正教授，由他当室主任，一切他说了算。如果教研室有第二位教授，他通常是室主任的学生。为什么这样做，说是为了避免产生矛盾。此外，在我看来，苏联高校论资排辈的现象并不严重，一些青年才俊由于贡献突出，就早早当上了正教授。在苏联，一些院士和知名人士死后，都葬于莫斯科新圣女公墓，他们的名字就挂到生前工作的单位。例如，诺贝尔物理学奖获得者普罗霍洛夫，他死后，他生前的工作单位便以他的名字命名，称为俄罗斯科学院普罗霍洛夫普通物理研究所。

我所在的电子医疗器件教研室主任是茹里叶教授，他是苏联电子学界的权威，是一位功勋科学家。他通常星期二、星期四上午有课，下午到教研室办公。教研室的同事们知道茹里叶教授下午要来上班，一个个精神抖擞，或答疑，或备课，很忙碌的样子。茹里叶教授到了教研室，和每个人一一握手问好。他对我特别关爱和友好，常问我学习上有什么进展，有什么新的想法，他主持教研室会议时通常让我也参加。

茹里叶教授对自己喜爱的人才总是十分关心，他有时到教研室会拿出一张纸条，问一些优秀学生的情况。他就像伯乐考察千里马一样，把发现优秀人才看作是他的责任。

我所在的教研室，包括我在内，有5名副博士研究生，只有我一个中国人。教研室要求副博士研究生在学习期间作两次报告：一次专题报告和一次研究报告。我为了作这个专题报告，足足准备了一个月。那时作学术报告，还没有投影仪等辅助设备，就靠报告人一边讲，一边在黑板上写和画。我作了题为《X射线成像医疗器件的现状和进展》的报告。说实话，我的俄语口语不流利，讲得并不好，只能说尽力而为了。我讲完后，茹里叶教授问了几个问题，都不难回答。他问我作这篇报告参阅了哪些文章，我把我看过的文献目录递给他。他看完后大大夸奖了我，便说我报告做得很好，参考了不少文献，学习很认真。有一位研究生作报告时，由于没有好好准备，敷衍地讲了一下，就讲不下去了，还有一位研究生缺席。茹里叶教授很生气，脸色铁青。报告会结束后，一位老师告诉我这两名研究生都被除名，不用来上班了。这时我才知道，在苏联，教研室主任有解雇学生的权力，也有批准学生出国进修的权力。我看到了茹里叶教授严厉的一面。

　　1966年年初，我的学位论文工作基本结束了，我觉得自己的研究有新的发现和新的结论，便准备进行学位论文答辩。由于时间非常紧，我必须在5月13日前离开苏联，但事情一大堆：论文要打印，图表要拍照，摘要要送印刷厂刊印成册，并要邮寄100份到苏联高等院校和研究所征求意见，论文答辩的16张挂图要找描图员描，学术论文要在刊物上发表和在学术会议上宣读，论文答辩的时间、地点要在一个月前在列宁格勒晚报上登出来。此外，还要找两位同行专家对学位论文写评议书。我找了我名义上的指导教师伊格里茨基副教授，他说他无法帮忙，让我直接找茹里叶教授。在找茹里叶教授之前，我心中十分惶惑，这么多事情，只要有一个环节过不去，我就要放弃学位论文答辩了。我想，我无论如何也要努力争取。我认为，答辩和不答辩还是不一样，这不仅是对国家、学校和自己有一个交代，也是给自己这几年辛苦努力画上圆满的句号。

　　我向茹里叶教授汇报了我的学位论文内容，以及我在答辩前要办的事。他立即说，现在我们一个一个来解决吧。他一口气给我写了六七张便条和申请单，让学术委员会秘书找相关人员帮忙。最后，我说还要发表论文和在学术会议上宣读论文。他立即给一家杂志社的编委写了一张便条，让他们尽快把文章刊登出来。至于宣读论文，他说他正在主持纪念波波夫的一个学术讨论会，就到他主持的分会上作报告吧。我说我讲的题目似乎与分会的主题不一致。他拿起我的论文摘要，在前言上加了一段话，就把我的论文与他的会议主题联系起来了。这样，我想做的事全都解决了。

在我留学苏联期间，中苏关系异常紧张，在如此不堪的环境中，而我又拒绝与教研室合作研究，但教研室的老师和同事们依然对我非常友好，这都是茹里叶教授在保护着我，他热切希望中苏人民友好。那天晚上，我想了很多，茹里叶教授帮了我大忙，我很感激他，而他给我的感觉，这一切都是他应该做的，他从不期待报答，觉得帮助一个上进有为的青年是他的职责和义务。我立誓，如果我将来有朝一日像他那样，有了更高的学术地位，一定要以他为榜样，善待学生，帮助上进有为的青年学子。遗憾的是，我自苏联回国后再次出访苏联，本想去探望他，以感谢他对我关爱，但他已经去世了，留给我的只有深深的怀念。

十、学位论文答辩，质疑捍卫之争

由于茹里叶教授的帮忙，我论文答辩的事办得很顺利。帮我打字的老太太，我请她给我打 5 份稿件，因为我要上交学校学位委员会（转学校图书馆）1 份、苏联教育部 1 份、列宁图书馆 1 份，我自己 2 份。她都答应了。她对打字很有经验，打出的材料，即使是第 5 份也非常清晰，而且很规范，一些错别字也帮我改了。帮我做壁报讲演稿的姑娘们和印刷厂的师傅们也都很友好，而且办事效率很高。

在答辩前，论文要请两位同行专家写评语，我请了两位著名的电子光学专家科西扬可夫教授和谢曼博士。科西扬可夫（П.П.Касьянков）原是列宁格勒电工学院数学系的教授，我到电工学院上学时他到别的学校了。谢曼博士曾于 20 世纪 50 年代到北京大学讲过电子光学课。当我找到科西扬可夫教授时，他对我的论文是肯定的，给了较高的评价，但他说我论文的缺点是中国式的俄语。他讲得很对，我由于经常埋头于图书馆，与苏联人接触很少，所以我的俄语不太地道。谢曼博士十分仔细地审阅了我的论文，对我严格证明了他所总结的 R-A 公式十分高兴。他阅读我的论文时写了很多赞叹的词语。两位专家对我研究工作的肯定，使我对答辩充满了信心。

当时和我一起答辩的还有一位姓姜的中国留学生，是从成都电讯工程学院（现电子科技大学）来的，年龄比我小，我叫他小姜。小姜是研究高分子材料的，他的指导教师是特米特里耶夫副教授，他给小姜提供了很多帮助。答辩前夕，小姜收到的评语，一份虽然是肯定的，但评价不高；另一份是否定的，说论文的研究结果不可信。我和小姜商量，只有找特米特里耶夫，请他支持。

在苏联进行副博士学位论文答辩，通常对外国留学生会客气和宽容一些，不像对本国研究生那样严格和严厉。我在列宁格勒电工学院学习时，曾多次旁听副博士学位论文答辩，深感苏联的高校和研究所对学位论文的质量要求高、控制严。论文评阅人专门挑论文的毛病，所给的评语往往很严格。答辩时学术委员会委员也毫不客气，经常问得答辩人下不来台。因此，在苏联学位论文答辩通不过是常态。记得有一次我旁听副博士学位论文答辩会，当答辩人说到他的学位论文不考虑相对论修正时，立刻被答辩委员会主任制止住了。该主任说："不用往下说了。我问你一个问题，你刚才说你的论文不考虑相对论修正，那我问你，爱因斯坦的狭义相对论，是基于哪两条基本假设的？"当时答辩人根本没有想到会提与论文并不相关的问题。他非常紧张，支支吾吾，一下子想不起来了。于是，答辩委员们认为此答辩人基本概念不清楚，他的学位论文答辩没有通过。其实，这位博士生的学位论文是很不错的。

1966 年 4 月 29 日下午是我和小姜答辩的日子。答辩委员会由校长主持。从下午 1：30 开始，有 3 位留学生答辩：印度留学生、小姜和我。印度留学生的学位论文答辩很顺利，不到 1 小时就结束了。第二个答辩人是小姜。他的答辩一波三折，极不顺利。前面说过，他收到的一份论文评语是"отрицательно"（否定）。更要命的是，那天下午，来了 3 位列宁格勒大学的副教授列席答辩会。在苏联，副博士学位论文答辩是公开的，论文题目、答辩时间和地点早在 1 个月前就在列宁格勒晚报公告了，任何感兴趣的人都可以参加，也可以提问题。这三位根本不认识的人特地来参加会议，好像是专门来"踢馆"的。当然，他们并不是和小姜或中国人有什么仇恨，而是对学术研究的认真。因为他们也在研究与小姜同样的课题，他们认为根本不可能得到论文答辩人的实验结果。于是，当小姜报告结束后，他们便纷纷提出疑问来质问小姜。一场论战开始了。我觉得，若这些疑问都要小姜来回答，他肯定招架不住。幸好小姜的副导师特米特里耶夫挺身而出，与三位来客争辩了起来。当然，谁是谁非，在那时是不可能有明确结论的，但对最后学术委员会委员们的投票是很有影响的。总的来说，这场副博士学位论文答辩对小姜十分不利。这时，答辩会的主持人、列宁格勒电工学院校长站出来发话了。他说："今天论文答辩会开得非常好，大家非常认真地探讨了科学问题，讨论非常热烈。小姜是一位很勤奋、很优秀的中国研究生，他的副博士学位论文写了五章，刚才大家的争议在第五章上。我认为，他前四章的论文质量很高，大家并没有什么争议，已经达到副博士学位论文的水平。第五章是他主动添加上的。我请各位委员把第五章去掉，就考虑他的前四章达不达到副博士学位论文的要求，并对他的学位论文答辩进行投票。"

校长的这一番话平息了大家的争论，最后学术委员会委员进行投票，很幸运，投票结果正好达到通过的票数，小姜的副博士学位论文答辩通过了。我那时心中特别钦佩和感谢校长，他在最后时刻拉了小姜一把，也给了争议的双方应有的面子。我深深感到，他对中国人和中国留学生是十分友好的。

下面就轮到我进行学位论文答辩了。当我把 16 张全是密密麻麻公式的答辩挂图张贴上，校长希望我讲得简短一些。我讲的特别简单："我证明，静电聚焦电子光学成像系统的横向像差并不是通常教科书和文献中那样认为只有几何像差，而是存在两种不同类型的像差，是几何像差与近轴色差的组合，这是我从同心球静电聚焦成像系统严格证明了的。而且我还严格证明了谢曼博士提出的确定成像电子光学系统鉴别率的 R–A 公式是普遍成立的。"当时有一位很年轻的教授跳上讲台，指着我给出的公式大加赞扬。最后，学术委员们进行投票，以 22 票一致通过。大家纷纷向我表示祝贺。谢曼博士与我热烈拥抱，高兴得热泪盈眶。答辩结束后，一位苏联教授觉得我的研究很深入，有新的发现，便向学校建议希望把我留下来继续攻读科学博士学位。当时中苏关系已经破裂，而我离国多年，也不想留下来。

1966 年 4 月，是我一生中最紧张、最快乐的一个月。4 月 8 日，我的小女儿周莉出生了；4 月 29 日，我的苏联物理数学副博士学位论文答辩通过了。我圆满地完成了学校交给我的任务，即将回国和我的亲人们团聚。

再见了，列宁格勒电工学院！再见了，美丽的列宁格勒！

1966 年 5 月初，当回国的列车到达中蒙边境二连浩特时，我在内心大喊一声："祖国，我回来了！"

第十章 十年沧桑

1976年10月7日晚，当听到"四人帮"被粉碎的消息时，我欣喜若狂。我接连3天从魏公村出发，徒步到天安门广场庆贺粉碎"四人帮"的伟大胜利。虽然每次往返30多千米，但我一点也不感觉累，我真的太高兴了！

一、"文化大革命"，北京的黑色八月

1966年5月初，我和当年一起赴苏留学的同学们回国了。当国际列车通过蒙古边境到达二连浩特的时刻，我的眼泪止不住流下来了。祖国，只有曾在国外的异乡游子，才会真正体会它对于自己的珍贵，自己对它的思念和热爱。我在列宁格勒孤独无助的日日夜夜，思念祖国和亲人，曾扳着自己的手指数着回家的日子。今天，我盼望的日子到来了，亲人们张开双臂欢迎我，我要以更优秀的成绩回报我的祖国。

在离开列宁格勒的前夕，我向列宁格勒电工学院电子医疗器件教研室的老师们一一告别，感谢他们给予我的关怀和支持。茹里叶教授、贝科夫和伊格里茨基副教授专门送给我一座彼得大帝骑马的铜像模型、一本列宁格勒画册和一架 Смена（接班人）儿童相机作为纪念。画册上有这3位教授的签名，铜像模型和相机上都专门刻上了周立伟留念的字样。我深深感受到教研室老师们的好意和友情，特别是教研室主任茹里叶教授，他为我树立了一个学为人师、行为

095

示范的榜样。教研室的老师们希望我一回到北京就立刻发一封平安到达的电报，愿今后能保持联系。我也希望有朝一日能在北京接待他们，以实际行动回报他们的友谊。

当我抵达北京后，立刻感觉气氛不对，人们对来自苏联的归国留学生保持高度警惕性。我并没有发电报告知列宁格勒电工学院的老师们平安回到国内的消息，也不敢与他们有任何联系，免得引来麻烦。

回到北京后，素芹来接我，然后我们一起回到上海。小女儿周莉是1966年4月8日在上海出生的，体重仅4斤8两，由于身体瘦弱，在保温箱内放了几天。幸亏母亲的精心照料，素芹母女俩才能平安健康。我感到特别惭愧，两个女儿出生时我都没在素芹的身边照看她。父母特别喜爱这两个可爱的孩子，还雇了一位保姆来抚养她们。我一生亏欠父母的实在太多，他们不但养育了我，还要抚养两个孙女。父母见我平安回来，而且面色红润，体重增加了不少，这是他们最高兴的事了。我在苏联获得了数学物理副博士学位，后来当了博士生导师、教授、国家级有突出贡献中青年专家等，我也没有见到他们有多么高兴，他们也不知道这是多大的荣誉，但素芹给他们带来了两个宝贝孙女，是他俩最快活的事。

当我和素芹6月初从上海回到北京时，《人民日报》的一篇社论，题为《横扫一切牛鬼蛇神》，吹响了"文化大革命"的号角。当我回到学校后，隐约地感觉到，人们看我的目光不对，全然没有我1965年秋回国休假时见到我嘘寒问暖的热情。一些与我熟悉的人也回避我，有意无意地躲得远远的。不久，传来一些消息，一些与我一起回国的留苏同学被隔离审查了。在我们这群回国留学生中，我的境遇算是好的，学校还给我分了住房。我家住18单元11号，与一系王元有老师合住一套房间，两家合用厨房和厕所。学校没有给我分到筒子楼，算是对我特别优待了。

从1966年7月开始，各种各样打着革命和造反旗号的行动开始了，北京的街头热闹起来。中学生挂着红卫兵的袖章以打击"封资修""破四旧"名义，最初是砸王府井大街商店的招牌，接着对所谓四类分子（地主分子、富农分子、反革命分子和坏分子）及其家属采取抄家的行动。在中学，一些初高中学生开始批斗自己的校长和老师。我所在的北京工业学院，在东操场附近，我看到一些老教师被作为"资产阶级反动学术权威"在校内游街了。我一脸茫然，不知所措。

1966 年 7 月 29 日晚，我永远忘不了这个夜晚。在北京工业学院的露天剧场，一些造反者把在校几乎所有的党政领导，包括副校长、党委副书记及教授、系主任等，甚至一些基层领导以及做学生工作的辅导员都集中在一起，数十个人排成一列，有的还戴着高帽、抹着黑脸，像赶鸭子似的，一个个被赶到露天剧场舞台的中央，造反者以革命的名义，强迫他们认罪。我从未见过这样的场面，那晚被造反派胁迫的人，大多都低头承认自己有罪，以免挨打。我看到一位勇敢的中年妇女，她叫文星，是校医院的主任，无论那些人如何鞭打她、折磨她，她坚决不跪。她认为自己 1949 年以前就参加革命，参军从医，随着部队南征北战，进入北京，从来没有反对过党中央和毛主席。即使自己被打死，她也绝不承认这个莫须有的罪名。那天晚上她受了不少折磨，但她挺住了。我目睹了这一场面，深深地被她感动。我和她并不相识，我非常钦佩她。事后，我还专门到校医院偷偷地去看她，想知道她的伤势如何。我发现她还挺好的，依然坚守在自己的医生岗位上，但再也没有人敢欺负她、折磨她了，她受到校内所有人的敬重。前些年，我从讣告上得知，她曾获得"三级独立自由勋章"和"三级解放勋章"的荣誉，1982 年 12 月离休，2016 年 10 月 26 日逝世，享年 92 岁。

北京的红卫兵运动从 1966 年 8 月轰轰烈烈开始了，我们学校也开始抄家了。我倒没有什么害怕，我刚搬入新家，家中可以说是一贫如洗。16 平方米的房间，放着 4 张床，其中两张床是上下铺，还有一个书架、两把椅子，都是从公家领的，只有一个衣柜箱是花20元钱从别人手中买的，既当书桌又当饭桌。此外，还有我和素芹的两只随身破箱子、两条被子和换洗的衣裤，再也没有值钱的东西。我仅有从俄罗斯带回的一大堆书籍和资料，以及学习笔记本和数千张稿纸、一架列宁格勒电工学院教研室老师送的儿童照相机。我觉得我没有任何把柄可以被红卫兵抓住的。后来一想，我差点忘记了一本画册。当年，我在参观列宁格勒冬宫博物馆时购买了一本非常精美的画册，它收藏了17—18世纪西方的著名绘画。这本画册中有一张是一位西方贵夫人披着薄纱，袒露胸部，优雅地躺在床上。我当时觉得如果这张画被人发现，就可上纲上线为"迷恋西方腐朽的资产阶级生活方式"等。一旦被扣上这些罪名，我有口难辩。于是，我和素芹商量，得赶快处理掉这本画册，实在不行，丢到垃圾桶都行。素芹立刻跑到海淀一家收购旧书画册的古籍书店，老板看了画册，喜欢得不得了，给了5元钱，我们俩挺高兴，总算把这个包袱甩掉了。隔了几天，来抄家的是教研室的一位工人师傅，他是一名玻璃工。我们教研室成立后，需要搞真空，便把他从科学院研究所引进过来。大概是我们教研室的人都不好意思来抄我家，便把这个任务交给了他。这位工人师傅对我说："本来是要抄你家的，现在不抄了，你自觉上交吧！"算是对我优待了。于是，我把从苏联带回的大箱子装了一些书和杂七杂八的东西，包括那架儿童相机都交了上去。

当时有一件事让我感到害怕。一位我曾教过的女学生，毕业后分配到工厂当技术员，她被隔离审查了，罪名是收听敌台广播。抄家的人晚上突然闯入她的宿舍，打开她的收音机，发现短波频道接收的是"敌台"广播。这在那时是一项莫大的罪过。那时的电子管或晶体管收音机频道是依靠指针调节，但同一指针的长波频道是国内的中央台或地方台，而短波频道很有可能是国外的一些电台，当时被称为"敌台"。我从苏联回国后有时也收听短波，主要是学习英语和俄语。当知道此事以后，我再也不敢通过收音机学习外语了。这件事给我造成的心理阴影是，我那时下班回到家中，有时会情不自禁地打开收音机，查看短波指针会不会指在有问题的频道上。

因为我是刚刚从苏联回国的，在当时怀疑一切的思潮下，我受到了一些学生的质疑和询问，这是很自然的。我和这些学生无冤无仇，也不相识，他们对我还比较客气。很多学生思想单纯，认为到苏联留学的人吃了牛奶、黄油、面包后就会变成修正主义，忘记自己的祖国了。我告诉他们："我们中国留学生，远离自己的祖国，在异国他乡，都思念自己的家乡亲人，更热爱自己的祖国。我在列宁格勒留学时，曾任列宁格勒留学生党总支委员，我了解我们的留苏学生，他们都是十分爱国的，在当时中苏分歧的严酷形势下，都捍卫我们国家的立场，站在自己的党和祖国这边。"在我的解释下，这些同学并没有为难我。

在那怀疑一切的日子里，我作好了万一的准备。我对素芹说，一旦我被抓起来，被审讯或折磨，你要相信我，我绝无变节行为，我是经得起审查的。我写了一张字条，要素芹保存着。若我有不测，便立刻找外交部的唐腾义（时任我驻苏大使馆一秘）、华中工学院（现华中科技大学）的李再光和任心廉（时任列宁格勒留学生总支书记和总支委）两位教师，请他们证明我的清白和无罪。不过，我后来并没有受到任何审问或伤害，其主要原因是我不是所谓当权派或学术权威，还有我的贫农出身和工人家庭也保护了我。此外，我从没有伤害或得罪过任何人，也没有任何仇人，我仅是一名青年助教，吃过几年苏联的洋面包而已。我很清楚，自己在列宁格勒一直老老实实埋头在教研室和列宁格勒谢德林图书馆学习、搞研究，从没有做过亏心事，自然不需要害怕。校内一些心怀叵测的人实在抓不到我的把柄，便给我扣上了一顶"苏联修正主义苗子"的帽子，他们甚至当面叫我"苏修"，说我拿到了苏联的物理数学副博士学位，只专不红，是苏修培养的接班人。我心想，苗子就苗子吧，想叫就叫吧！这没能撼动我半分毫毛，随他们去瞎叫吧！

　　大概在 1966 年的秋冬之交，各种形式的群众组织在校内成立了。我所在的仪器系，一些年纪稍大一点的教师成立了名为"四教联"的群众组织，我与这些教师都很熟悉，自然参加了"四教联"。当时，学校的群众分成两派，分别参加两大群众组织：一派是红旗公社，另一派是东方红公社。"四教联"成立后，我和李德熊、胡士凌三人成立了一个战斗小分队，我们三人当时很积极，还出版了一期小报，李德熊负责采访，我负责编写，胡士凌负责刻印。第一期出版后，得到一些赞扬，但要我们再出一期，根本没有这个热情和精力了。不久，"四教联"就并入东方红公社。

二、坚守住良知，要文斗不要武斗

　　全国大串联是从 1966 年秋开始的，我和仪器系的一些教师觉得不花钱可以到全国各地游览，倒是一个认识世界、了解社会的好机会。于是，就同一些彼此熟悉、平时谈得来的教师一起出发了。我们这一行并没有任何特别的任务和使命，以为可以顺便畅畅快快游玩一下了。谁知到贵阳去串联简直就是噩梦一场，不堪回首。

　　到了贵阳以后，街头上熙熙攘攘，一片混乱。我吃不好，睡不着，真后悔这次出行。我想家了，急着要回北京。贵阳火车站挤满了人，根本没有开往北京的车次，我就胡乱乘了一辆到长沙的火车，那时乘车不要钱。到了长沙以后，我和一大群人挤在车站候车过道的角落里。我实在困极了，倒在水泥地上呼呼大睡。睡到半夜，听见有人在叫，往北京开的列车来了。我喜出望外，赶忙挤上这趟列车。车上哪儿有座位啊，水泄不通，人都坐在地上，甚至躺在座位底下、行李架上。我一生从来没有见过如此混乱的场面，这次的经历给我留下了深刻的教训。

　　这里，我讲一下我经历的两件事。

第一件事：在学校两派争斗的过程中，有一名东方红公社的学生举着红旗爬上一座高楼摇旗呐喊，不幸触电，从楼顶上摔下，把脊椎摔断了。当得知东四有一个专门治疗这种病的针灸诊所时，我自告奋勇护送他去看病。护送时，这名学生躺在板车上，前面有人踏着板车，后面有人骑着自行车推着板车前行，这样可使前面踏板车的人稍微省力一些。我多次骑车推着板车护送该同学到离校15~20千米外的诊所看病。在诊所里，我目睹了多根细长的银针插入患者的背脊上，才知道生命之可贵。这位同学虽经多次治疗，也没有康复，后来被他的家人接回了农村老家。

第二件事：1967年秋，"四教联"的领导让我到北戴河参加东方红公社的一个专案组。我想，在北京反正也没有什么事，就同意了。在北戴河，我目睹了这个专案组负责人的胡作非为。他在办案中驱使学生殴打当事人，搞逼供信、捏造口供等，甚至用棉纱裹着钢丝抽打学生。我当时多次劝阻过该负责人，也斥责过他，但他根本不听，依然指使学生私刑殴打折磨当事人。我当时特别担心这位当事人忍受不了被暴打的痛苦，会萌发自杀的念头。后来当事人告诉我，他被打得实在疼痛难忍，曾穿了7条单裤，以防止臀部被打烂。当我为被打伤的当事人买药疗伤，宣传"要文斗不要武斗"时，还遭到该负责人等人的耻笑，一些人戏称我为"周善人"，我的外号就这样被叫开了。我当时想，无论环境多么恶劣，我要守住自己的良知，要制止暴行。当时，也有一些同学觉得我为人心地善良，愿意与我交朋友，直到今天，我们之间还有联系。

三、避祸大上海，思考科学新问题

当学校发生大规模武斗时，校园里乱哄哄的，大喇叭对着我家的窗户哇哇大叫。素芹见我整天心神不宁，便劝我离开北京回上海老家躲避。那时小女儿周莉不满2岁，从上海接回来时因年龄尚小进不了我校的幼儿园，我们便把她放到西单民族文化宫后面的一家幼儿园全托。素芹在珠市口的国营218厂上班，她一个人实在太辛苦了。素芹劝我走，是因为我们居住在红旗公社的管辖区内，虽然我是一般群众，没有担任任何职务，但我是从苏联回国的，对方任意找一个借口便可以把我弄走。为防不测，我听从了素芹的意见，偷偷跑回了上海。

到了上海，安定下来后，我便开始反思自己从苏联回国后的言行。我觉得自己回国近两年，忙忙碌碌，自以为改造思想，想跟上革命的步伐，实际是随波逐流，浑浑噩噩，一无所获，还丢下了自己的专业。于是，我决心把自己的苏联物理数学副博士学位论文翻译成中文，把一些曾经酝酿过的科学问题好好思考一下。

从回到上海家中那天起，我就每天从住家——南市旧仓街出发，步行大约8千米，到南京路的上海图书馆读书。母亲每天给我3角钱，我中午花2角8分吃一碗盖浇饭。因为学校发生武斗，不发工资，我还要靠父母养活。有时想想自己曾满怀理想，立志在科学上有所成就，如今却落到这般境地，不禁泪流满面。

在上海图书馆读书的这段时间，我在学术上有两个收获。一是把我的副博士学位论文由俄文译为中文，当工农兵学员进校后，我把此论文变成教材，给学生讲授。二是我把成像电子光学的研究由静电聚焦扩展到电磁聚焦领域，得到了一些新的科学成果。我没有想到的是，在上海避难的这段时间，我为1978年赴英国伦敦参加国际光电子成像器件会议提交科学论文作了准备。

在上海避难期间，有一天素芹从北京打来电话，说是学校红旗公社的人在打听我的下落。素芹让我到其他地方暂避，父亲就把我安排到姐姐周月青家。姐姐家的住房非常拥挤，不到16平方米的房间隔成2间。他们家有4个孩子，三男一女，把大床让给我睡后，他们全家打地铺。我在姐姐家躲了两天，第三天坚决要回旧仓街老家。母亲是一个很有主见的人，她相信自己的儿子，让我安心在家待着。后来，也不见有什么动静了。不久，学校复课闹革命，工人毛泽东思想宣传队（简称工宣队）进校，两派大联合，催着我回去，我就回校了。

复课闹革命时，我回到夜视技术教研室，担任室名义负责人。夜视技术专业是我在出国前创建起来的，在我出国留学期间，教研室扩充了不少人。我回国后，教研室的事由我和邹异松负责，傅鑫伯负责党的工作，张忠廉负责实验室建设。"文化大革命"期间又有一些教师加盟我的教研室，都是业务能力强、愿意做事的人。我和他们都很合得来。总的来说，夜视技术教研室内部是比较团结的，教师之间合作得很好，系工宣队对我也很信任。

我主管教研室工作后，便把马士修教授请到教研室。马老在"文化大革命"前是仪器系主任兼光学教研室主任。他学术功底深厚，曾留学法国9年，获工程师和物理学博士两个学位，20世纪30年代中期回国后在中法大学任教。他是一位热爱祖国和民族的教授，在日本占领北平期间，他坚守看护着中法大学的校产，不愿出来为日本人做事，甚至变卖家中首饰艰难度日。在北平解放前夕，他留学法国的母校给他发来邀请信，请他回校执教，但他坚持不走，留在了北平。马老是一位纯粹的学者，他只想研究学问，把书教好。"文化大革命"期间，一些心怀叵测的人为了打击一大批，竟把光学教研室污蔑为"马家黑店"，是一家专门贩卖资本主义、修正主义黑货的黑店。他们把黑店大老板以及"反动学术权威"的罪名扣在马士修老先生的头上。当复课闹革命开始时，光学教研室的不少教员尚在被审查之列，而马老尚未被解放，他们也不敢请马老回去。当我主持夜视技术教研室工作时，十分同情马老，把马老请到教研室指导我们。马老在夜视技术专业刚创立时是我们的领导，也是第一位为我专业的学生开电子光学课的老师。马老很高兴地接受了我的邀请，到我们教研室上班。后来，在讨论解放马老时，我向工宣队列举了许多事实，说明马老是一位有民族气节、对祖国教育事业有贡献的老教授，工宣队便让我在全系大会上作报告解放马老。可惜的是，那时他的双眼患有严重的白内障，已经很难看清周围事物了。

复课闹革命期间，我在校园里遇到化工系的朱鹤荪教授，我和他都是浙江人，平时十分熟悉。他垂头丧气地对我说："学校复课闹革命了，但化工系不要我。"朱鹤荪教授毕业于浙江大学，是一位著名的化工专家，他在校内以直率敢说著名。在"四清"运动时，他就被人抓住小辫子挨整。到"文化大革命"时旧账新算，造反派当然不会放过他，把他整得稀里糊涂。复课闹革命时，化工系怕结合他会招来麻烦，不敢请他加盟。我知道他的事，就对他说："化工系不要你，我要，你到我的教研室来吧，我们正需要化工方面的人才。"第二天，他就到我们教研室上班了。因为我接收了一些所谓有问题的人，一些人便戏称我们教研室为"牛鬼蛇神的避风港"。大概过了半年，化工系又把朱鹤荪教授请了回去。朱鹤荪教授在20世纪80年代中期当了北京理工大学校长后，曾多次当着我的面跟别人开玩笑说我曾救过他。

四、满墙大字报，送我雅号"周善人"

当工宣队进校后，一方面搞两派的大联合，派的组织形式上是不存在了，但消除派性不是一朝一夕的事；另一方面是清理以前的积案，尤其是处理一些冤假错案，还人家以公道，这是一件迫切要做的事。工宣队进入仪器系后，在两派中选了一些人进入专案组。他们对我说："你的派性小，出身好，是两派都认为可以接受的人，大家都同意你进入专案组。"我在1957年经历了"反右"运动，目睹了在运动中造成冤假错案的人和事，故我进专案组后决心要坚持原则、弄清问题、分清矛盾性质，在力所能及的范围内帮助和保护同事。

我系一位北京大学毕业的教师老赵，因家庭出身、社会关系、档案结论等问题被隔离审查。老赵很喜欢打桥牌，水平也比较高，常和中国科学院一些青年科学科技人员一起打桥牌，便被怀疑是桥牌"反动"小集团的成员。审查时，对该小集团的性质定不了，随即声称老赵有更大的问题。我问办理此案的两位同志老赵是什么问题，他们说："在抄赵家时，发现一张照相底片上画有一个小人，该小人底下有毛主席3个字。此人对毛主席如此不敬，攻击毛主席之罪铁板钉钉，罪责难逃。"我问办理此案的人是不是确实是老赵干的？他们说，老赵不承认。我当时感觉，承办此案的两位同志派性严重，事实没有调查清楚就下结论，弄得满城风雨。系工宣队同意我接手这个案子。我很快就查清了：原来，老赵在暗室洗照片时，他夫人的侄子在他身旁。这个小孩感觉洗照片十分好玩，什么都可以显示出来，于是就在一张底片上画了一个小人，顺手在该小人的底下写了"毛主席万岁"5个字，看能不能显示出来。我立刻找到那张底片，发现上面确有"毛主席万岁"5个字。不过，万岁2个字笔画较轻，但仔细辨认是看得出来的。现在，事情弄清楚了，老赵与此事无关。于是，所谓老赵攻击毛主席之事纯属子虚乌有，而一些爱好打桥牌的人聚集在一起玩也够不上什么"反动"小集团。老赵的冤情洗清了。

我系还有一位青年教师老曹，他20世纪60年代初在校专家办公室工作时，在"反修"学习中，领导号召大家谈思想，提高认识。在领导保证"三不"（即不打棍子，不抓辫子，不扣帽子）的情况下，老曹谈自己在中学时，对苏联赫鲁晓夫提出的和平共处、和平竞赛、和平过渡的主张很感兴趣，梦想未来的社会进入一个美好的大同世界。他敢于把自己中学时代的想法坦诚地告诉大家，与大家一起提高认识，这本应给予表扬，但当时校专家办公室的负责人立刻翻脸，违背自己的"三不"承诺，组织对老曹的批判会并把此事写入老曹的档案中。这样一来，老曹便不宜在校专家办公室继续从事外事工作，就调回了仪器系。当时，老曹在专家办公室被整的事仅一部分人知道。"文化大革命"时期，当对立派发现老曹有这样一段历史时，就断章取义，添油加醋，把老曹描绘成一个漏网的修正主义分子。大字报一出来，老曹立刻被隔离审查。我知道此事的原委，但系工宣队并不知其中的内情，觉得老曹有修正主义思想，问题很大。当时系工宣队认为老曹的问题属于敌我矛盾，我觉得这样的处理太重了，专门为老曹写了4页申辩信交给系工宣队，并在他们讨论老曹的定性时到工宣队办公室为他申辩。后来经过几番折腾，老曹也就没事了。

我觉得自己在"文化大革命"期间比1957年"反右"运动时成熟了一些，当看到一些不公平的人和事时，一定要把自己的意见表达出来、反映上去，并尽可能保护一些受冤屈的同事。当然，我的意见不一定被采用，我的努力也不一定有效，但我认为只有这样做了，才对得起自己的良心。

20世纪50年代时，仪器系人才济济，出了不少优异的人才。尤其是1958级入学的学生，如哈流柱、俞信、车念曾、李为、胡士凌等，都是十分杰出的人才，尤其是哈流柱，他是我校有史以来唯一考试成绩全都拿到5分的学生；俞信的成绩也是非常突出的，考试成绩中仅有一门功课没有得到5分。当工宣队进校后，我努力配合工宣队的工作，由于我熟悉业务，有苏联副博士学位，出身也好，系工宣队领导对我印象很好，对我十分信任。我向他们推荐和介绍我系优秀的人才，并尽自己的努力保护他们。系里某些人因此妒忌我，一直想找机会整治我。

1969年，全国夜视技术大会在北京召开，会议代表要到我系参观。由于我在国内夜视界已小有名气，系工宣队让我出面主持这一活动。就在代表们来校参观的前一天晚上，系里一些人认为整治我的机会来了，在仪器系6号教学楼的大厅为我专门出了一个大字报专栏，说我同情和包庇坏人，满脑子修正主义思想，宣扬"你好我好大家好"的阶级斗争熄灭论，等等。大字报把6号教学楼整个大厅的墙和空间都占满了，但没有一张大字报敢写上举报人的真实姓名。第二天早上当我走进6号教学楼大厅时，便看到全是针对我一个人的大字报，知道这是有人专门组织对我的围攻。我清楚自己的所作所为，问心无愧，知道这不过是一场闹剧而已。系工宣队队长见状，不顾这些，依然要我主持这一参观活动。于是，出现这样一个很滑稽的场面，当代表们进入大厅时，我和代表们一一握手，表示热烈欢迎，而我的身后就是"周立伟必须老实交代"的横幅大标语。

在6号教学楼大厅里有一张大字报令人瞩目，大字报上写着"周立伟，'周善人'！对谁亲，对谁善，对阶级敌人亲，对阶级敌人善。周立伟、周善人……必须老实交代包庇坏人的罪行"，等等。但是，第二天早晨，那张大字报上多了一条批语："善人总比你们恶人好！"许多人看了哈哈大笑。从那天以后，一张针对我的大字报都没有了。

写大字报的人中有一位是系办公室的干事，他的笔迹很特别、很好认，给我的印象很深刻。工宣队进校后，两派群众组织大联合，仪器系教职工属于一个党支部。就在给我出大字报之前，该干事要火线入党，他找到了我，表达了他入党请我支持的愿望，说我影响大、为人公正等，若能得到我的支持，他就能顺利通过了。我的耳根子软，本来和他无冤无仇的，人家要进步，加入共产党，我怎么会反对呢！所以，在他入党时我投了赞成票。可是，这位干事一转身，就写我的大字报了，他的笔迹我十分熟悉，一看就是他写的。后来，我们两人见面时，我依然像以前一样和他打招呼，嘻嘻哈哈的。有人知道这件事，说我真沉得住气，问我为什么不骂他、不质问他？我说，他一定也很无奈，我又何必去为难他呢！

1970年年底，有一天，系工宣队副队长老潘找我，说我教研室的青年教师大车有反对毛泽东思想的言论，想给他办学习班。当时校内所谓的学习班，乃是审查的代名词。在这个学习班上，并没有学习一说，只有老老实实交代问题。我向老潘担保大车不会有反对毛泽东思想的言论。老潘对我的话半信半疑，就回办公室了。我一回到教研室，便告诉大车这件事，叫他快走。那时快到寒假了，大车立刻就跑回了上海。隔了两天，老潘又找到了我，说系工宣队决定给大车办学习班，问我要人。我说大车已经回上海探亲了。老潘说，你怎么能放他走呢？我说你又没有让我看住他，假期到了，人家回家探亲，我又不能扣留人家。老潘没有办法，只好让我催他回来，我当然不会催他回来。寒假过后，形势变化了，运动的风头过了，学习班解散了，被审查的"学员"都放回了，我便叫大车回校了。

由于我在"文化大革命"中帮助同事和仗义执言的事，大家觉得我这个人还可以，心善、不整人、不落井下石，并且愿意帮助人，故开玩笑称我为"周善人"。本来在很小的范围叫，有的是出于真心对我好，有的是开玩笑，也有的可能是"讽刺"，但那张大字报却把我在全校叫出名了。

五、接受再教育，塘坊庄插队劳动

1971 年春夏之交，学校动员教师们去"五七"干校，它是"文化大革命"中兴起的对知识分子和党政干部进行劳动改造、接受贫下中农再教育的场所。我因为在 20 世纪 60 年代初到苏联留学，"四清"等社会主义教育运动都没有参加，在校内，我被认为是受苏联"修正主义"教育影响、极需要劳动改造的人。那时小女儿周莉仅 5 岁，素芹又在珠市口的国营 218 厂上班，尽管家中困难很大，但"五七"干校我是不能不去的。

北京工业学院的"五七"干校建在河南驻马店塘坊庄。选址后，学校就派出第一批教师和行政人员及工人师傅进行基本建设，他们是非常辛苦的。我是第二批去河南的，那时干校已基本建成，它就像一个营地，周围用栅栏围住，还养了好几条大狗看门。我校的"五七"干校是一个完全独立的单位，并不和当地的公社与生产队有行政或组织上的联系。只不过有时干校请生产队来指导干农活，农忙时派人帮老乡们干活，或派学员去生产队插队，等等。

"五七"干校过的是半军事化的生活，出工、收工，必须整队呼口号。好像开始时还唱语录歌，要"早请示、晚汇报"等，后来这些形式主义的东西也都简化或取消了。在干校白天主要从事生产劳动，如种田、育苗、看守水塘、挑粪、养猪、到厨房帮厨等。到了晚上，就要学习政治、开批判会等。开始时的政治学习和开会大伙都比较正式，后来因为学来学去都是"老三篇"，实在是没有什么好学习的，也就是应付走过场而已。我们的干校是自己开伙食，经常杀猪，吃得并不差，似乎比学校食堂的伙食还好一些。由于劳动强度大，大家胃口都很好，饭量也很大。记得吃午饭时，我系一位姓徐的同事，打菜时把"小肘子"说成"小寸子"了，引得大家哈哈大笑。以后，大家开玩笑就叫他"小寸子"。

我到干校后，不久就被派到驻马店塘坊庄生产队插队，与贫下中农同吃同住同劳动。这对我是很好的锻炼，使我有机会真实地了解农民的生活。我是在城市里长大的，是一个四体不勤、五谷不分，不懂得如何干农活的人，但我很想了解农村和农民的生活。我愿意到农村吃苦，努力向贫下中农学习，并在劳动中改造自己。

塘坊庄生产队的贫下中农对我是欢迎和友好的，虽然我干活特别笨、特别慢，但他们一点也没有笑话我。有一位贫下中农，其形象特别像电影《李双双》中的男主角喜旺，我就叫他"喜旺"。他年龄和我差不多，身材高大，干活非常卖力气，对我特别友好，我出工时就跟着他，他手把手地教我干活。虽然我每天的劳动很累，但精神是很愉快的。在插队时，由于我和生产队的贫下中农们交流没有障碍，他们慢慢地也接纳了我，跟我聊心里话。

在塘坊庄插队是很艰苦的，无论吃和睡，都不如在干校，往往天没亮就起来干活，劳动强度很大，但我都咬牙坚持下来了。我的睡眠没有问题，虽然是睡在草席垫上，但我倒下就能呼呼睡着。吃饭是个大问题，插队时我吃的是派饭，即轮流到贫下中农家中去吃（交粮票和钱），贫下中农对我很好、很热情，接待我时总是比他们家平时吃得要好一些。我从小就是一个吃饭挑食的人，特别害怕吃豆类的食物，一遇到菜中或稀饭中有豆就会呕吐，这真是要了我的命，但又不能不吃，这是我插队时最难过的一关。

三个月的插队结束了，我特别感激塘坊庄的老乡对我的帮助，永远忘不了农村的贫穷和农民们的辛苦。

我去干校时带了两本小词典：英汉词典和俄华辞典。我心想，我是搞科技的，外语是研究学问的武器，可不要把英俄词汇都忘了。到干校后，我一有空闲就背辞典中的单词，当然是偷偷摸摸，不让人知道。后来被干校的一位领导发现了，他找我谈话，说我不安心在农村改造，没有一辈子在农村扎根的思想。我对他说："我是搞技术的，到苏联留学也是学校希望我在科学技术上对国家有所贡献，我确实没有在农村一辈子务农的思想，因为我不是学农的。我在空闲时学习一下外语为什么不可以呀！而且我干活是很卖力气的，一点也没有偷懒。你可以去问塘坊庄的老乡们。"本来我是偷偷地学外语，自那次谈话后，我就在业余时间公开地学。

我在河南驻马店塘坊庄仅待了半年，因为我们的干校迁址到北京大兴县庞各庄，我也回到了北京。我很高兴，因为可以和妻子女儿团聚了。我校新建的"五七"干校挨着北京天堂河的劳改农场。当我们干校的学员被派到天堂河附近的水泥厂拉砖时，虽然劳动强度很大，但大家干劲十足，嘻嘻哈哈，互相开玩笑，也不觉得累，午饭后我们一个个就倒在水泥地上睡大觉。当地的农民们说，看这

帮劳改犯，还挺高
兴！因为劳动，我
们都穿得破破烂烂
的，所以我们这帮
干校的知识分子都
被看成劳改犯了。

1971 年年底，
我从干校回了学
校，但我还是干校
的一个学员。我的
劳动任务是积肥，

周立伟在家中学习（20 世纪 70 年代）

我很高兴，因为晚上可以回家和家人团聚了。大年初一晚上，我和
一起回北京的同事范少卿到校内厕所淘粪，虽然很臭，但大"丰
收"，我们两人特别高兴。每天清晨，我俩骑着自行车，车后装着
粪筐和铲子，提着扫把，一起到学校附近的马路上捡马粪。我们两
人还交流哪一条马路马粪多的经验，捡粪淘粪时，有人进进出出的，
我们一点也没有感到难为情。不久，因为尼克松总统要访华，干校
便终止了我们在北京大街上积肥的事。

至于在"五七"干校的生活，我觉得因人而异。对于上了年纪
的老年知识分子，农村劳累的劳动及艰苦的生活对于他们意味是体
罚，是摧残，许多人因此得病甚至倒下了，这是对知识分子的迫害
和打击。对于我们这些青壮年的教员们，身体还能扛得住，到农村
去锻炼一下，体会一下是可以的。我到干校后得到的收获是：一是
亲身感受到农村的贫穷，深深体会到农民的勤劳和困苦，老百姓在
农村生活的艰难不是我们住在城里的人能想象的。二是因为我正值
壮年，经过农村的劳动实践，我的体魄强健了。我在塘坊庄插队时
甚至背负过 120 斤的粮食，跨过沟沟洼洼，常走一二里地，这在以
前是不能想象的。但我的专业荒芜了，我的科学思想和创造欲望随

111

着时间的流逝渐渐消失了。

六、合力搞科研，出国门考察光学

我从"五七"干校劳动结束后回校工作，主持夜视技术教研室教学与科研，发现这时大多数同事的心思都放在教学和科研上，不像以前那样天天忙于阶级斗争了。我在工作中，一视同仁，教研室的内部也很团结。当第一批工农兵学员进校时，教研室的老师们以巨大的热情欢迎他们，帮助他们。不管工农兵学员的文化基础多差，老师们依然满腔热情地关心他们，辅导他们，把自己的知识传授给他们。几乎每天晚上，老师们都在给学生们辅导答疑。当时的工农兵学员给我的感觉是，虽然基础差，但他们思想朴实，知道进大学求学不易，学习都很勤奋。

在 20 世纪 70 年代以前，我们学光学的在评价光学系统的成像质量时只有鉴别率或分辨率的概念，没有调制传递函数的概念。所谓调制传递函数，是光学系统或元件在不同的空间频率下的输出像与输入像的对比度之比。那时，我们光学产品的质量感觉总是比国外差一些，后来发现问题就出在调制传递函数上。我便组织教研室的老师们学习讨论调制传递函数的概念及其应用，我本人还被邀请到中国科学院电子学研究所普及调制传递函数。

此时，中国兵器工业第 205 研究所对在越南战场上缴获的美制微光夜视仪进行解剖时发现，该美制夜视仪的第一代微光像增强器的电子光学系统正是我在苏联研究的副博士学位论文所建议的同心球系统的变型，他们便力邀我到该所参与美制微光管的解剖工作。为此，我到中国兵器工业第 205 研究所参与了微光管的解剖，并撰写了《美制微光像增强器电子光学系统分析》的科技报告，为我国自行研制优质微光像增强器提供技术支持。

因为认识到调制传递函数（MTF）对评价光学系统成像质量的

重要性，光学教研室的赵达尊老师和我夜视技术教研室的张炳勋和胡士凌两位老师携手合作，一起攻关，独立研制成功了我国第一台光学系统调制传递函测试仪，这在当时是一个很了不起的成就。王大珩先生亲自主持这个项目的技术成果鉴定会，给予了很高的评价。

由国家组织的微光夜视技术的攻关会战是在 20 世纪 70 年代初开始的，是当时的国防科学技术工业委员会联合兵器工业部、电子工业部等共同组织的。其中，微光管的电子光学系统的计算与设计是一项很重要的攻关内容，当时参加这一项目的主要成员有西安近代化学研究所的方二伦，昆明技术物理研究所的冯炽焘和北京工业学院的我。大致分工是：项目总体方案及计算公式由我负责，计算软件与程序编制由方二伦负责，计算结果校核分析由冯炽焘负责。我们三人都发挥了自己的专长，合作得很好。

限于当时的科学技术水平，研究项目的困难是一般人难以想象的。电子光学系统的设计与计算在当时是赶超国际先进水平的课题，难度十分大。关键在第一步，即求电子光学系统的空间电位分布，若采用的网格间隔很密，则网格的数目庞大，电位的计算精度提高了，但迭代计算的时间加长了；若网格的间隔加宽，迭代计算的时间加快了，但电位的计算精度下降了。在当时只有 DJS-6 计算机的条件下，计算精度与计算速度是一对巨大的矛盾。那时，经常是 DJS-6 计算机在机房转一个晚上，我们在机房办公室等候，到第二天早上才能看到一些计算结果。

我们的课题经过 3 年多的团结合作和艰苦努力终于完成了，并达到了当时国际先进水平。在这个项目中，方二伦完成了全部计算程序的编制，他最辛苦，功劳也最大。"变像管与像增强器电子光学系统的计算与设计"项目也荣获了 1978 年全国科学大会奖，方二伦代表课题组参加了 1978 年的全国科学大会，并荣获"陕西省劳动模范"称号。

1973 年，兵器工业部光电处组织代表团赴英国和荷兰考察，由光电处的刘玉芳处长带队，我是代表团成员之一。在英国，我们主要访问了伦敦，参观了 EMI、EEV、兰克集团光学厂和帝国理工学院等单位。在 EMI 公司，看到了以云母片耦合二级级联像增强器的制作；兰克集团光学厂给我们展示了当时最先进的光学透镜加工设备。英国的一些厂商特别希望和中国联系，出口他们的产品和技术，因此对我们的接待是十分热情的。在荷兰，我们主要访问了台尔夫特电子产品（DEP）公司，详细考察了该公司制备第一代微光

1973 年，周立伟与兵器工业部刘玉芳处长、公安部一所蔡夏保同志参观英国 EMI 公司级联管的制作

1973 年，周立伟与兵器工业部刘玉芳处长、公安部一所蔡夏保同志参观英国兰克集团光学厂

1973 年，周立伟在马克思墓前留影

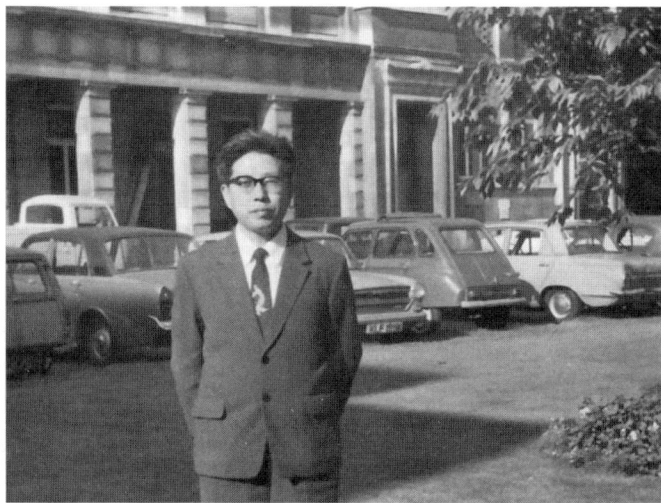

1973 年，周立伟在英国帝国理工学院访问时留影

像增强器的生产线，为我们引进第一代微光像增强器生产线作了准备。1974年夏，我受英国帝国理工学院（Imperial College）麦克基（J. D. McGee）教授和摩根（B. Morgan）博士的邀请，参加了光电子成像器件国际会议，参观访问了英国的一些光电子器件公司。关于这两次考察与国际会议的情况，我撰写了两份专门的考察报告，叙述国外光电子成像器件的进展，由科学技术文献出版社刊印出版。

1975年，我带领工程光学系72级工农兵学员到云南光学仪器厂实习。该厂的一些技术人员有不少是我教过的学生，他们希望我在带领学生实习期间给他们的技术人员和工人作科普讲座，普及变像管和像增强器的科普知识。当时，厂里的技术人员和工人师傅正在仿制国外的红外变像管，但他们都不了解红外变像管的电子光学成像原理，以及它们对成像质量的影响。为此，我专门写了一份科技报告，采用一问一答的叙述方式，期望用通俗的解释，深入浅出地讲清像管电子光学系统成像和像差等问题，使从事这些器件制作的工人和技术员能对它的原理有所了解。我在厂里讲的这节课收到了很好的效果。

回校后，我把在苏联研究的数学物理副博士学位论文重新提炼，出版了《变像管与像增强器的电子光学》，作为学生学习的教材。与此同时，我把自己的大部分精力投入电磁聚焦同心球系统的电子光学研究上，得到了一些新的结果。关于这一成果，我是国内外首先提出研究电磁聚焦同心球系统的电子光学并得到科学结论的人，也奠定了我在国际成像电子光学学术界的地位，被认为创立了自己的科学学派。

七、粉碎"四人帮"，除恶清害快人心

1973—1975年，邓小平复出主持中央全局工作，他在教育、

科学、经济、农业方面进行了一系列改革与整顿，社会开始呈现复苏的大好局面。

1976年1月8日，周恩来总理逝世。人民群众无限悲痛地悼念周总理。1976年4月4日，是清明节。下午，我骑自行车带着素芹和女儿周莉直奔天安门广场。广场上人山人海，人们在人民英雄纪念碑前献花篮、花圈，朗读诗词，发表演讲，深切怀念敬爱的周恩来总理，悼念活动达到了高潮。整个广场淹没在人潮花海之中。素芹是一个爱好诗词的人，她把喜爱的诗词一一抄下来，情不自禁地朗读起来。不知是她的声音太大，还是她激动的神情，她被便衣盯上了。当素芹得知自己被便衣盯上时，非常害怕。回家后，我让她销毁抄写的诗词，她坚决不肯，便把抄来的诗词缝在被褥中保存。后来，当追查我们是否去过天安门广场时，我们都说没有去过，才蒙混过去。

1976年是一个多事之年、灾难之年，也是中国人民最痛苦的一年。继1月8日周总理逝世后，发生了"天安门事件"，邓小平又一次被打倒；7月6日朱德总司令逝世；7月28日唐山发生大地震，死亡人数高达24万；9月9日，毛泽东主席逝世。

唐山发生大地震时我正在上海。上海离唐山较远，震感没有北京那么强烈。素芹告诉我，当地震发生时，她立刻用被子裹着女儿逃到楼下，都很平安。我心急如焚，震后第三天我就赶回了北京。那时，北京尚有余震，街道上一片狼藉，从木樨地经三里河到二里沟的大街上搭着各种各样的防震棚。我从来没有见过这样的惨景，一路走一路哭。回到家后，素芹已在我们的居住楼前搭了简陋的防震棚，但晚上根本无法在棚内安睡，我想只能听天由命了。好在后来的余震很小，生活逐渐趋于正常了。

我的一生中有两个最最高兴的日子。第一个高兴的日子是1945年8月16日，那时我13岁。当日本宣布无条件投降的消息传来，我高兴得光着脚在上海的大马路上狂奔。第二个高兴的日子就是

1976 年 10 月，以华国锋同志为首的党中央一举粉碎了"四人帮"，大快人心。当听到"四人帮"被粉碎的消息，我欣喜若狂，立刻到民族学院宿舍的吕大吉、杨嘉琼家中告诉了他们这个惊人的消息，我们都欣喜若狂，举杯庆贺粉碎"四人帮"的伟大胜利。

我接连 3 天从魏公村出发，徒步到天安门广场庆贺粉碎"四人帮"的伟大胜利。虽然每次往返 30 多千米，但我一点也不感觉累。我太高兴了！

恩格斯说："没有哪一次巨大的历史灾难，不是以历史的进步为补偿的。"我期待着，一个新的时代即将开始了。

第十一章　改革年代

1958—1978 年，改革开放前的 20 年，我在国内公开发表的文章和著作几乎为零。1979—1999 年，改革开放后的 20 年，当我申报中国工程院院士时，发表的文章和著作有近 200 篇。这说明，人的思想一旦得到解放，积极性调动起来，将能迸发出巨大的力量。

一、筚路蓝缕，国际会议初显身手

1978 年 3 月，全国科学大会在北京召开，方二伦同志代表我们课题组参加了这次大会。邓小平同志在大会上讲的"四个现代化，关键是科学技术的现代化""科学技术是生产力""脑力劳动者是劳动人民的一部分"，在当时是鼓舞成千上万知识分子投身祖国社会主义建设的重要精神力量。他的讲话，使人如沐春风，激励着中国知识分子奋发前进。郭沫若院长在大会上的讲话——《科学的春天》，以诗一般的语言，歌颂着新时代的到来。党中央以明确的信号宣告了从事科技教育的人们的解放，大大释放了当时中国知识分子长期积压的热情。从此，中国知识分子的地位和命运开始改变了。

1978 年年初，外交部接到英国兰克集团和帝国理工学院的一封来函，邀请我参加 1978 年 9 月在英国伦敦举行的国际光电子成像器件会议和电子成像国际会议，并希望我能在会议上宣读科学论文。邀请我的人与我并不相识，是别人将我推荐给他的。兵器工业部有关领导知道这件事后，认为这是一个极好了解国外现代光电子成像科技进展的机会，建议接受邀请，派团访问英国，并请示中央。

当得知这个消息时，我以为赴英参会非我莫属，因为我的研究有新的发现和成果，可以和国外同行交流。校系领导讨论此事时，对是否派遣我赴英参会颇有争议。有异议的一方认为，周立伟出国后若不愿回国怎么办，因为国外点名要周立伟参加，可见他与国外是有联系

周立伟1978年赴英国开会时留影

的，故存在不回国的可能性。他若一走了之，政治影响实在太坏了。为保险起见，建议回复国外邀请单位，推说周立伟有病不能赴会，改派另一位教师代替他参加会议，宣读论文等。支持的一方认为，国外邀请的是周立伟，而且周立伟有高水平的科学论文。他写的论文别人看不懂，更回答不了人家提出的问题。因此，对外宣称周立伟有病，论文请人代读是不可行的。当时有一位领导说："周立伟家庭出身是贫农，本人成分是工人，又是工农调干生，共产党员，留学苏联获得了副博士学位，一贯表现很好，精通业务。如果像他这样的人都不能相信，那我们还能信任谁呢？"他的话引起了与会者的共鸣，绝大多数人同意我率团出国。那时，"文化大革命"刚结束不久，出国需要有一位领导签字担保，一旦出事，该担保人要受株连，承担责任，故不少人心有余悸，时任仪器系主任李振沂挺身而出，愿意为我担保。我当时并不知道对我出国赴会有如此大的争议，这些事还是我在英国访问结束回国后兵器工业部一位负责派遣的同志告诉我的。我听后内心充满了对李振沂主任的感激之情。

应该说，我那时出国遇到的困难是现在的研究人员很难想象的。首先是我的英语，仅在中学时学过一些，大学时学的是俄语。我虽能阅读英文科技文献，但英语的听、说、写对我来说都很困难。其次是英文摘要与全文的打印，这需要有专门的英文打字机和打字

员。此外，论文的宣读更为困难，那时还没有 PowerPoint 软件，学校也没有透明投影胶片。因此，要把文稿先拍摄成胶卷，再制成幻灯片在演讲时放映讲解。幸好那时严沛然副校长帮助我修改英语，陈鑫武老师帮我打字。如果没有他们二位的帮助，我是不可能完成文稿的写作和讲演的。

1978 年秋，国家尚未对外开放，出国的手续极为严格。当时中央主管外事的王震副总理签发报告：请兵器工业部和电子工业部组团，由北京工业学院周立伟率领代表团赴英访问，报党中央批准。最后经 5 位中央政治局委员画圈后同意出国。由于北京工业学院对外尚属保密单位，故我当时是以北方工业公司研究人员的名义出国的。

1978 年秋在英国帝国理工学院举行的第 6 届国际光电子成像器件会议是帝国理工学院的麦克基教授发起的。在这次会议上，关于电子光学的报告有两篇论文，由美国罗德岛（Rhode Island）大学的丘达莱（J.D. Choudry）副教授和我先后作报告。我报告的题目是《电磁聚焦同心球系统的电子光学》（*Electron optics of concentric spherical electromagnetic systems*）。在报告中我把四种类型的电子光学系统的电子轨迹的解以统一的形式表述，得到普适的解析解，讨论了电子光学成像特性和像差，以及应用前景等。我不知道我的报告讲得如何，但报告结束后获得了一阵掌声。我知道，这些掌声是礼貌性的，但我那时的感觉如释重负，不管与会人员对我的评价如何，我都尽力了。丘达莱副教授的报告较简单，也比较随意，他只讲了关于近贴聚焦电子光学研究的设想和思路，没有明确的结论和结果。这次会议共宣读了 80 篇论文，有 40 篇文章入选会议的论文集，我的论文被选上了，但丘达莱副教授的文章没有入选。丘达莱副教授并没有介意，对我非常友好。因为是同行，1978 年 11 月 28日他写信给我希望在近贴聚焦阴极透镜上进行科研合作，并邀请我到美国罗德岛大学访问讲学。我在会议上宣读的论文刊登在 1979 年《电子学与电子物理学的进展》第 52 卷上，引起了国外电子光学同行的注意，并使我在国内光学界和兵器界小有名气。

电子成像国际会议是英国的兰克集团发起的，解根博士是会议主持人，他是英国著名的夜视技术专家，也是最早开始静电聚焦同心球系统电子光学研究的一位学者，由于我把静电聚焦同心球系统的研究扩展到电磁聚焦领域，因此他特别赞赏我的工作。在这次会议上，给我印象深刻的是俄罗斯科学院普罗霍洛夫普通物理研究所的谢列夫（Schelev）博士，他在会上展示了苏联科学院在高速摄影成像器件领域的成就，具有很高的科学水平。我在这次会议上与他们两位相识后，一直保持着友好的联系。20世纪80年代初，我邀请解根博士来我校讲学。21世纪初，谢列夫博士邀请我赴莫斯科俄罗斯科学院普罗霍洛夫普通物理研究所进行科学合作。

在电子成像国际会议上，我曾问过解根博士，为什么邀请我参加这两个会议？他说，这一会议由英国兰克集团发起，得到了英国女皇的侄子肯特（Kent）公爵的支持。解根博士向肯特公爵保证，会议将邀请"铁幕"后的两个最大的国家——苏联和中国的科学家到会，以示会议的国际普遍性和广泛性。于是，他便邀请了苏联科学家谢列夫博士和我。所谓"铁幕"后国家是指那时对外不开放、似乎是用铁幕笼罩着、不为人知的神秘的国家，也就是苏联和中国，因为这两个国家与西方国家那时各方面的联系和交往很少。尤其是中国，"文化大革命"期间几乎断绝了与国外的学术联系。我率领代表团到达伦敦后，受到了热烈欢迎，英国方面向我们表示了对中英两国科学家和人民之间交往的诚意，让我们参观了当时最先进的光电子成像技术。在这两个国际会议结束后，肯特公爵举行了盛大的招待宴会，招待与会的各国科学家。肯特公爵在宴会前还专门会见了中国代表团，向我和代表团成员表示热诚的欢迎。

因为我不辱使命，很好地完成了出国任务。尤其是我的学术论文被选入会议论文集，大家都觉得我给国人争了面子。回国后我受到了兵器工业部和学校领导的表扬。我向兵器工业部和学校建议邀请英国夜视技术专家解根博士以及英国的一些光电子公司访华，我还向兵器工业部所属的北方工业公司提出引进荷兰台尔夫特电子产品公司的第一代级联像增强器的建议等。

1979 年年初，英国夜视技术专家解根博士夫妇访华。他们刚下飞机就向严沛然副校长提出要求到我家做客。我住的房间仅 16 平方米，放 4 张上下床，家中没有任何家具，实在没有办法接待客人，只好借用邻居家两室一厅接待。

二、恢复名誉，蒙冤同学焕发青春

1979 年年末，党中央改正错划"右派"54.7 万人，并为他们"恢复政治名誉"，彻底打破了套在"右派"身上的精神枷锁。我们 8531 班 11 位被错划"右派"的同学和一些受党团籍处分的同学（包括我在内）也都恢复了名誉。那时我们的同学大都接近 50 岁的年纪，但党中央解放思想、实事求是的思想路线和党的工作重点从阶级斗争向现代化建设转移的战略决策大大鼓舞了同学们，使他们重新焕发了青春。尽管人生最美好的年代已经过去，但 8531 班同学更加勤奋工作，努力把失去的时光追回来。在改革开放的年代，我们 8531 班的同学王邦益当上了昆明机床厂厂长，后来还荣任云南省经济贸易委员会副主任；孙辉洲成为国内著名的医疗器械专家；包琳玉当上了国营 218 厂的总工程师；夏瑞明、李开源也当了厂长；朱耀升、周行等升为研究员，盛拱北当上了西南大学物理系系主任。还有不少同学是研究所、工厂、高校的骨干或部门领导，在工作岗位上作出了自己的贡献。

这里我要提一下王金堂同学，我和他是班上仅有的工农出身的学生，他是农民出身，我是工人出身。王金堂大学毕业后被分配到长春光机所，当上了航天科技集团五院的总师，是我国第一台上天的胶片式航天相机的总设计师，王大珩先生在会上曾不止一次提到王金堂的贡献，说他是吃第一个馒头的人。他在1957年"反右"运动中，莫名其妙地受到延长党员预备期一年的处分。我大学毕业后留校当助教，在"反右"运动中也受到延长党员预备期半年的处分。说实话，按上学时的学习成绩，我们俩在班上只能说中等偏上，与王邦益、孙辉洲、包琳玉等优秀同学相比，尚有不小的差距。我们俩运气较好，在工作中被委以重任，取得了一些成绩。我有时想，如果没有1957年的打击，8531班的同学对国家的贡献也许更大，因为他们都非常聪明和优秀。无论如何，我们用自己的行动证明，8531班同学不愧是祖国的优秀儿女。

回顾毕业几十年来，我和同学们之间的感情很好。不少同学和我有亲密交往，我和庄一鹤两人的妻子都是朱耀升介绍的；我屡次出差昆明，有时就住夏瑞明、汤圭尧家，并且和王邦益、李运元、夏瑞明、汤圭尧四人经常相聚，汤圭尧来京有时也住我家。夏瑞明和汤圭尧的女儿汤晓瑞在京补习托福3个月，其间一直住在我家，

2010年北京工业学院8531班部分同学及家属聚会合影
（前排左二王燕梅，左五张瑞云，左九陆佩；后排从左至右依次为
孙辉洲、朱耀升、张天相、朱照宣、包琳玉、郑克康、邱松发、赵闿、
杜友松、周立伟、王金堂、李开源）

我们把她当作第三个女儿。尤其是 2008 年纪念 8531 同学毕业 50 年聚会以来，同学之间的交往更为密切，在京同学差不多年年在春节前后聚餐，也经常在一起聚会欢迎到京访问的老同学，一遇到有同学生病，便去探望慰问。孙辉洲还专门组织在京的 8531 同学畅游延庆，王邦益来京出差时还专门设宴招待北京的同学们。任凌云夫妇多次回国探亲，同学们总是聚会欢迎。直到 2018 年，我们还是年年春节时聚会，并欢迎来到北京的 8531 班同学们。

2008 年王邦益、李运元与周立伟夫妇合影

三、百废待兴，精心培养优秀人才

20 世纪 80 年代，是我生命力最旺盛、科学思想不断涌现的年代。虽然那时我已经 50 多岁，但我的事业刚刚开始，总有使不完的劲。

1978—1980 年，我招收了潘顺臣、艾克聪和倪国强当我的研究生，他们三位学习十分勤奋，有远大的理想和抱负。那时我们的工资收入都很低，生活十分艰苦，也没有什么奖金，但学习风气很好，师生关系亦师亦友，十分融洽。那时，我和他们可以说是朝夕相处，夜以继日地学习和工作。他们三位毕业时成绩都很优秀，得到了很高的评价。潘顺臣、艾克聪在研究生毕业后，分别当上了研究员、所长、副总工程师等，在工作岗位上取得了突出成就。倪国强毕业后留校，并在我的指导下获得了博士学位，后来当上了博士生导师、系主任、首席教授、国家级有突出贡献的中青年专家、校学位委员会副主任、研究所所长等。20世纪90年代，我又收了金伟其、张智诠、张翎、蒋晓瑜、陈金岳、张良忠等为我的博士生，仇伯仓等为我的硕士生，他们都是非常优秀的学生，毕业后在工作岗位上担任着重要职务。金伟其毕业后留校，继倪国强之后，任教研室主任及系主任、教育部重点实验室主任等职。我后来指导了十余名博士生和硕士生，他们毕业后工作都很优秀，我为他们感到骄傲。

在培养研究生的过程中，我一直教育他们要注意自己的道德品行，做一个品学兼优的人。尤其是不要因为自己有了知识或地位而骄傲自大，不可一世。我曾教过一位很有才华的进修生，"文化大革命"前他曾任某研究所室主任，他的最大缺点就是骄傲自大，说话口无遮拦、忘乎所以。有一次他批评自己的手下，说："你写的东西，一点也不好，水平太低了。我摇摇脚丫子也比你写得好！"这不是批评和帮助，而是侮辱。后来他受到了严厉的报复，最后不得不离开该研究所。我要自己的研究生牢牢记住这个教训，绝不能狂妄自大，一定要谦虚谨慎、戒骄戒躁，努力在工作中做出成绩来。

20世纪80—90年代，我与高级工程师方二伦一直在合作。他一方面帮助我带研究生，另一方面将像管电子光学系统优化设计引入软件包。那时，科研经费很少，拨款单位认为项目结题了，工作就算完成了，再也不愿拨款。殊不知软件包的工作需要不断地改进，才能跟上时代的要求，而且那时计算机与计算软件更新换代特别快。方二伦一直在我校与我们研究程序的改进，夜以继日，这中间的辛苦只有我们两个人知道。80年代初，当我访问美国后带回一台电

水穷云起　周立伟自传

20 世纪 80 年代，方二伦在北京工业学院夜视技术实验室工作

20 世纪 80 年代，方二伦、王仲春在周立伟家中

脑，虽然那时的电脑型号还没有 286、386，但比起 DJS-6 计算机，计算速度快多了。方二伦和我的学生们特别高兴，因为它对我们的研究帮助太大了。

1980 年春节，国务院学位委员会公布了学位条例，我欣喜若狂。我多年盼望的学位制终于实现了。我想，我曾在苏联当过研究生，有一些实践的经验和体会，我应该把研究生如何进行学习和研究、学位论文的撰写与答辩等一些体会和认识总结出来，供研究生和指导教师参考。整个春节，我一天也没有休息，一口气写了题为《关于研究生学习和学位论文工作的札记》交到学校。当时的北京工业学院副院长周发岐、教务处处长蔡家骅和工程光学系主任李振沂对这篇札记十分肯定和赞扬。许多老师读了以后，认为这一份系统总结苏联培养研究生以及关于学位论文的撰写和答辩的报告有较大的参考价值，能够为刚开始的学位制的实施和研究生的培养起启蒙作用。我还为学校的教师们作了《关于研究生指导教师的作用》和《笃学诚行　唯恒创新——再论研究生指导教师的作用》的报告，期望我校在对研究生的培养方面能健康发展，有所建树。

四、美国之行，知差距奋力赶先进

1980年10月14日，应美中学术交流委员会的邀请，以中国科学技术协会副主席王顺铜和中国科学院学部委员孟昭英为首的中国科学技术协会代表团赴美国访问。代表团一行十人，我是其中的一位成员。访美的主要目的是与美中学术交流委员会商谈并拟定1981年中美双方学术交流计划，并对美国有关博物馆、大学与研究单位进行参观考察。代表团于11月14日回国，历时30天。

中国科学技术协会代表团与美中学术交流委员会先后进行了3次会谈，双方初步拟订了1981年学术交流的实施计划。在美国期间，代表团还会见了美国的科技工程界人士，对美国的教育事业、博物馆的建设以及大学与研究所的化学、电子学、光学等方面的进展、动向及其水平有广泛的印象与进一步的了解。

我们到达华盛顿后，参观了华盛顿故居、国家画廊、杰弗逊纪念堂、华盛顿纪念塔、林肯纪念堂、美国国会参议院及国会图书馆等。此外，我们还拜会了美国科学基金会和美国科学促进会。参观了华盛顿国家宇航馆、美国自然历史博物馆、哥伦比亚大学、费米实验室等。

10月28日，我们参观了纽约州立大学石溪分校，诺贝尔物理学奖获得者杨振宁教授当时在该校任教。我们到达该校后，听取了美国物理教师协会介绍的教学方法、经验等。中午，杨振宁教授与我们共进午餐，边吃边谈。杨振宁教授回忆了当年在西南联合大学读书时孟昭英给他上课的情景，以及当时学校四面连通可以避雨的教室走廊等。本来杨振宁教授坐在长条餐桌的主位，旁边是孟昭英教授，我陪坐末座。正好孟昭英教授的好友褚学潢的儿子来看望他，杨振宁教授便坐到长条桌与我对面的座位上。于是，我们便面对面地聊了起来。代表团领导此行要向杨振宁教授解释关于北京正负电子对撞机的事，并传达中央对该项目立项建造的决定，希望中美在高能物理领域进行科技合作。我并没有向杨振宁教授传达此任务，但杨振宁教授和我谈到此事时，再次讲了他的意见。其主要内容有：中国刚从"文化大革命"的困境走出来，还是一个很贫穷的国家，一个发展中的国家。他建议把宝贵的钱投入对国计民生有用的科学技术上，例如发展半导体、计算机科学等，而不是建造北京正负电子对撞机上，它太花钱，而且很长时间也见不到实际的效果，对中国来说不太划算。他认为，中国研究高能物理和基本粒子，可以派遣一些青年学者到美国来，到他的实验室来。我从杨振宁教授的谈话中深深感到他对祖国的热爱、对祖国科学的支持和对祖国强大的期望。

10 月 29 日，我们参观了贝尔（Bell）实验室材料研究部与半导体电子学研究部。贝尔实验室是 20 世纪人类最伟大的实验室之一。从晶体管到激光，从数字通信到蜂窝电话，人类现代生活的方方面面都受到了贝尔实验室的影响。他们发明了 Unix 操作系统，带动了许多创新软件的开发，影响了无数程序员，改变了整个计算机技术的发展轨迹。从贝尔实验室走出了多位诺贝尔奖与图灵奖获得者。

我在贝尔实验室参观时见到了正在建设的全美光纤通信网络图。当时接待参观的人称贝尔实验室为"创意技术学院"，其核心理念是"基础研究是所有技术进步的基础"。贝尔实验室十分注重环境氛围的建设，鼓励营造学术和科研宽松自由、兴趣至上的环境。贝尔实验室对研究人员的工作不设限，认为任何干扰都会使研究人员失去"与他们科学兴趣前沿的联系"。贝尔实验室给了我极为深刻的印象。

我特别高兴的是，我能随同我仰慕已久的清华大学教授孟昭英一起访问美国，因为我们俩人从事的专业代表了中国物理学界与电子学界，故许多活动我都陪伴着他。虽然孟昭英教授刚从"文化大革命"的噩梦中走出来不久，但他依然对中国的未来满怀信心。他总是很好地回答美国朋友提出的问题，不卑不亢，给人们以深刻的印象。在访美期间，孟昭英教授还会见了一些老友，例如吴健雄教授、袁家骦教授等。吴健雄教授称孟昭英教授为大哥，跟他特别亲近，如同亲人。当她知道我是上海人时，非常高兴，便用江浙话与我交谈，鼓励我在学术上取得成就。

在加州期间，我还去斯坦福大学会见了哥特曼

周立伟与学部委员孟昭英教授1980年11月访问美国后路经香港时合影

（Goodman）教授，参观了他的光学实验室。此外，我还结识了诺贝尔物理学奖获得者汤斯（Charles Towns）教授及一些外国朋友。汤斯教授后来还和我有书信交流。在美国访问期间，负责中国科学技术协会代表团日程安排、联系和讲解的狄安杰（DeAngelis）先生和我也成了很好的朋友。20世纪80年代初他来华访问，我和素芹曾陪同他逛了北京王府井东安市场，一起吃了一顿饺子。

当我回国后谈起对访问的感受时，我有一种"震撼性"的感觉。这是心灵上的震颤，似醍醐灌顶的感觉。虽然我知道，我们和美国的科技有相当大的差距，但我从没有想到差距如此大。我渴望着有一天，我们的科学技术、国家实力和人民生活能屹立于世界民族之林。

我特别高兴的是，四十余年（2023年）后的今天，当回顾我们的国家这几十年的奋斗历程，我不禁热泪盈眶。我们赶上来了。我们的"两弹一星"、高铁、北斗卫星、5G、宇宙飞船、火星探测等，已让世人刮目相看。

五、尽心尽力，大力投入学科建设

1980年，我被评为副教授，兼任校学术委员会委员，并正式任命我为工程光学系夜视技术教研室主任。我大学毕业时，学校决定由我带头创建夜视技术专业，研究方向是夜视器件的电子光

学，同时兼顾对光阴极机理的研究。从那时开始，我通读了索末尔（A. Sommer）和日本科学家关于多碱光阴极的著作和文章，并在北京大学电子物理教研室和长春光机所参观学习光阴极的制作。1978年，我在英国参加光电子成像器件国际会议后，参观了英国马拉德（Mullard）公司的实验室，正好见到工人师傅们正在制作像增强器的多碱光阴极。我便和制作光阴极的工人师傅聊了起来。我告诉他们我的体会，制作光阴极时不能光追求灵敏度，关键在于铯量的控制，提高进铯的量可以使灵敏度上去，但暗背景（暗电流）相应也提高了。这位师傅很诧异，知道我是一个行家，便拿出他所制作的光阴极工艺曲线向我请教。我称赞他制作的工艺水平，但我认为尚须控制铯的添加量，建议他分多次缓慢进铯，质量可能会更好一些。这位工人师傅听了十分高兴，他说从来没有一位参观者能说出如此深刻的道理来。我向他要了2张光阴极制作工艺的曲线。参观结束回宾馆后，我立刻把马拉德公司光阴极制作检控仪的面板布置图回忆并画了下来。

回国后我找到实验室主任张忠廉，跟他谈了马拉德公司参观的情况，把该公司制作光阴极的工艺曲线以及检控仪的面板布置图都给了他。张忠廉那时正在和王仲春、张民生一起研究开发光阴极制作检控仪，我的参观情况和国外光阴极制作的检控曲线给了他们很好的参考。这项科研在张忠廉的领导下很快就研制成功了，取名为PJ-1型光电阴极制作检控仪。经鉴定，PJ-1型光阴极制作检控仪被认为达到国外20世纪70年代中期同类仪器的先进水平。该项目1981年获国务院国防工办重大科技改造一等奖，1985年获国家科技进步奖三等奖。项目完成后，该检控仪卖出去32台，获得了很好的经济效益和社会效益。该项目获得奖金1500元，我把它全分给了三位主要研制者张忠廉、王仲春和张民生。

由于我被邀率团参加1978年在英国伦敦举行的国际光电子成像器件会议，发表了科学论文，不辱使命，完成了任务，争得了荣誉。1980年我被提升为副教授、校学术委员会委员，这个职务我担任了大约20年。1982年，我有幸任国务院学位委员会第二届学科评议组成员，这在那时是极大的荣誉。后来，我又连任了两届，直到1997年。

1983年，我被兵器科学与技术第二届学科评议组评为博士生导师，1984年，我被国家教育委员会特批为正教授。1985年，由我领衔的我校军用光学学科被评为国家重点学科，这是当时军用光学唯一的国家重点学科，获得了世界银行贷款的支持，在我校工程光学系内建成了颜色科学专项实验室。

1988年，我被任命为校学术委员会主任。关于我的任命，校内一些人认为，是朱鹤荪校长的建议，以报答我在"文化大革命"时期对他的相助之恩。后来我知道，丁儆副校长在卸任学校副校长和校学术委员会主任时也推荐了我。

朱鹤荪当上校长后，我们俩依然是无话不谈的朋友。20世纪80年代，朱校长因为学校的归属问题，在校内引起了很大的争议。曾有人鼓动我带头到兵器工业部告他的状，被我坚决拒绝了。我对他们说，我有意见当面给朱校长提，绝不背后告他的状。我们俩意见不合时也争论，甚至吵得脸红耳赤。不过，我们两人都不记仇，吵过了就过去了。我与朱校长一直是好朋友，见面经常是嘻嘻哈哈、打打闹闹的。

回想这二十余年，我在基层当一名专业建设负责人及教研室主任。我不能说我做得最好，但我自问十分敬业，以身作则，努力团结大家，齐心合力把教学科研搞上去。在这方面，我一直向我们仪器系的李振沂主任学习，他十分爱才，唯才是用，竭力把既能干又有才华的人推上去，他是我学习的榜样。我深深感到，当一个基层的业务领导，首先需要自己在科研和教学上起表率和带头作用，和同事们互相切磋，团结合作，发挥同事们的积极性，才能把教学科研搞上去，把学生带好。教研室是一个基层单位，一年四季，各种报表下来，不计其数，这些辛苦事最后大都落到我的头上。因为在基层多年的锻炼，我的写作能力和速度提高得很快。20 世纪 90 年代学校申报 211 工程时，光学工程当时是全校四大重点学科之一。校学术委员会要我以光学工程学科为例先写一个样本，供其他学科参考。

我幼年时受的是传统文化教育，读的是《孟子》和《古文观止》等方面的书，这些对我的影响很大。我父亲虽然文化程度不高，但对我的品德要求很高。我稍有不好的地方，就会受到他严厉的训斥，但他从来没有打过我。他教会我如何为人处世，时刻提醒我要善待学生和同事，不要骄傲自大。在他的教育下，我知道做事待人要把诚信放在第一位，要感恩报恩，要有仁慈之心，特别是作为基层领导，要吃苦在先，享受在后。当光阴极制作检控仪科研项目完成后，由于我把国外制作光阴极工艺的过程与工艺曲线全都告诉了同事，并帮助该项目进行了技术总结。实验室主任、项目负责人张忠廉等一定要在报奖的项目完成人名单上挂上我的名字，被我坚决拒绝了。我认为，作为教研室主任，在教学和科研上帮助教研室同事是我应该做的分内事，绝不能借机分享人家的成果，更不能掠夺他人的荣誉，这是我一生做人做事的原则。

六、80 年代，国际交流活跃积极

20 世纪 80 年代起，学校鼓励开展国际学术交流，我便努力与英国、美国、德国等国家的科学家加强联系。1983 年秋，我与北京大学吴全德教授、公安部一所蒋先进所长、兵器 205 研究所向世明研究员等一起赴英国伦敦参加第 7 届光电子成像器件会议。我在会上宣读了论文《宽电子束聚焦普遍理论》。

在这里，我顺便谈一下我与蒋先进的友谊。蒋先进是四川成都人。他大学毕业后曾到苏联某军事学院进修，后在公安部研究所从事侦察技术器材的研制工作。自 20 世纪 80 年代起，他先后担任公安部一所所长、公安部科技局局长等职，90 年代起，任公安部副部长兼政治部主任、公安大学校长等职。1996 年退居二线。

我与蒋先进是在他任公安部一所所长时认识的，他精通业务，政治素质过硬，为人正直善良。我们俩人经常交流，建立了深厚的友谊。他一直负责国家公共安全方面的技术工作，自然会接触到许多机密。1983 年 8 月，我们俩一起赴英国出席国际光电子成像器件会议，出发那天，他对我说："老周，此行英国，我万一被国外敌特绑架，甚至有人造谣说我投降变节，你和同志们绝对不要相信，我绝不会背叛我的祖国。"我听后十分感动，立誓也要像蒋先进那样，无论遇到什么情况，绝不背叛自己的祖国。

我与蒋先进不同，仅是一个普通的教师，从事教学与科研，无职无权，主要与"物"打交道。洁身自好和严格自律较为容易。老蒋身居高位，掌管全国公安武警人事干部管理多年，贪腐极易，但他修身慎独、两袖清风、作风正派、坚持原则。这固然与他自身内在的优秀品质、高尚思想和坚定信念有关，也与他的贤内助华蒂女士有关。华蒂给我的印象是聪明干练、秀外慧中，是一位政治坚强、业务优秀、思想不凡的人。有人对我说，老蒋若没有这位贤内助作为后盾，断不可能有如此大的成就，这绝非虚言。

老蒋一直把自己看成普通人，他平易近人，没有官架子，许多人愿意与他亲近，并交为朋友。他也是一个十分风趣的人。1983 年我和他一起出访英国，参观杜莎夫人蜡像馆时，馆内陈列的蜡像栩栩如生，和真人一样，难辨真伪。老蒋也假装成一个蜡像，在走廊的角落里一动不动地站着，两位英国姑娘以为他是蜡像，凑近想看个究竟，动动他的衣服，甚至想抚摸他的脸部。老蒋忍不住扑哧笑了起来，把两位姑娘吓得惊跳起来，反应过来后又哈哈大笑地跑开了。

老蒋和我平时都很忙，但我们俩一直保持着联系。近年来有了微信，我们的联系更密切了。他和夫人华蒂依然像以前一样忙碌，一样热情。

1984 年 4 月，我和复旦大学的顾昌鑫老师一起访问美国，参加在美国海洋城举行的电子光学系统国际会议，在会上我宣读了《图像无旋转的电磁聚焦成像》和《宽电子束聚焦的光学》两篇文章。值得一提的是，在这次会议上我认识了楞茨（Lenz）教授。当我的报告被会议组接受并建议刊登时，楞茨教授非常热情，主动帮我修改我的英文稿。每当我回忆起楞茨教授帮我修改文稿这件事，内心都十分感谢他对于我的热情帮助。1992 年 12 月，在他 70 岁寿辰时，他给我寄来一封长信，把我当成他的朋友，给我讲了他的家庭在德国统一后的变化，使我十分感动。

此外，在这次会议上我还认识了奥洛夫（Orloff）教授，他在美国俄勒冈（Oregon）研究生学院研究电子光学，也是我的同行。1987 年，我的小女儿周莉在北京大学无线电电子学系毕业后被他录取为研究生，攻读博士学位，1991 年周莉获得博士学位。奥洛夫教授对周莉的学问是认可的，他在电话中多次向我表扬周莉，曾想将她留校当他的助教。

在结束美国海洋城（Ocean City）电子光学系统国际会议后，我便到美国亚利桑那州（Arizona）图森（Tuscon）大学的光学中心访问。在那里我详细了解了美国大学的学位制，特别是研究生的入学初试、有关光学类研究生的考试科目、研究生学习安排及学位论文的答辩等。在图森大学的光学中心，我遇到了正在那里进修遥感技术的教研室同事大车。他提起当年"文化大革命"时我让他回上海探亲，以躲过无妄之灾的事，不胜感慨。他十分感谢我，把一件很新的花格子大衣

1984 年周立伟访问美国后带回的电脑

送给我作为纪念。我很喜欢，也就收下了，直到40年后的今天我还穿着。大车还帮助我在美国购买了一台电脑，这是当年最新款式的一台计算机，我团队的同事们都十分高兴。

与此同时，我也邀请美国、德国、日本的一些科学家来华访问。

1986年秋，中苏关系开始复苏。有一天，学校通知我接待苏联古比雪夫航空学院（现萨马拉大学）的绍林（Schorin）校长，他来华主要是到杭州出席一个国际学术会议，路过北京，学校让我出面接待一下。绍林校长是技术科学博士、俄罗斯联邦科技功勋活动家，时任俄罗斯科学院萨马拉分院主席团主席。那次会面，使我与绍林校长结为好友。当他访华结束回国后，一路高升。1990年起任俄罗斯科学院院士，1990—1993年任俄罗斯联邦最高苏维埃科学与公共教育委员会主任。由于与绍林校长的交往，我先后与俄罗斯萨马拉国立航空航天大学和我的母校列宁格勒电工学院联系上了，促成了20世纪90年代以来我校与俄罗斯高校之间的学术交流。

从20世纪80年代开始，我参加了校外很多活动，如李鹏总理的国庆招待会、春节联欢会、重要报告会、纪念教师节的会，以及各种形式的庆祝会等。其中，有两个重要的活动我着重讲一下。一是，1984年8月19日，当时负责科技的中央领导倪志福、张爱萍、邹家华、江泽民等与科技界领导钱学森、朱光亚、宋健等接见国防科技工业短期休养的优秀科技人员。我有幸作为兵器工

1997年俄罗斯萨马拉航天大学授予周立伟名誉博士学位时合影

业部科技人员的代表参加了会见并合影留念。二是，1988 年秋，中央组织部组织国内 31 位专家学者到烟台芝罘休养，我有幸是其中之一。在芝罘，我与邵燕祥、冯骥才、赵忠贤、简水生、王立平等人相识。简水生是我的学长，北京交通大学教授，他在光通信研究上极有成就，我曾多次应邀到北京交通大学参加鉴定会和他的学生的博士学位论文答辩会。王立平是著名作曲家，他是 87 版《红楼梦》的作曲者，一曲《枉凝眉》使他蜚声中华大地。那时，我们一起逛街，畅所欲言，他给了我很大启发。邵燕祥是著名作家和诗人，他和他的夫人谢文秀与我和素芹成了很要好的朋友，30 多年来我们一直保持着联系，无论在思想上，或是在写作上，邵燕祥都给了我很大的帮助。

提起 20 世纪 80 年代，正如一些诗人所描述的："80 年代，是一个烟火与诗情迸发的年代，是一个开放包容、充满情怀的年代，是一个思想自由、百花争妍的年代。"是的，80 年代是一个觉醒的年代，也是风云变幻、瞬息万变的年代。人们都充满着希望和理想，饱含着热情。我深深怀念 80 年代。

七、努力奋斗，任中国工程院院士

1991 年秋，清华大学孟昭英教授向光华科技基金会推荐，认为我在宽电子束聚焦理论及设计领域取得的成果达到了国际先进水平且部分成果处于国际领先地位，建议授予光华科技基金奖特等奖，后被授予一等奖。拿到奖金后，我全部捐给了学校，用于徐特立奖学金和马士修奖学金。

1995 年秋，俄罗斯科学院普罗霍洛夫普通物理研究所谢列夫教授介绍他们研究室的莫纳斯忒尔斯基（Monastryski）教授访问我校。莫纳斯忒尔斯基是俄罗斯著名的电子光学专家，无论在理论上或是在计算机辅助设计上都有很高的造诣。我请他为我的研究生讲课，我当翻译。当我向他介绍我刚出版的专著《宽束电子光学》时，他非常欣赏。他说："我看过您写的书和文章，您的研究已经形成了一个科学学派。"他希望与我们一起进行科学合作。后来。他和谢列夫教授向他们的老师、诺贝尔物理学奖获得者普罗霍洛夫院士推荐了我。

1991 年周立伟访问俄罗斯时留影

21 世纪初，我应俄罗斯科学院普罗霍洛夫普通物理研究所谢列夫教授和莫纳斯忒尔斯基教授的邀请，与他们在动态成像电子光学方面进行了科学合作。

1994 年，我国成立了中国工程院。这是与中国科学院平行的最高学术机构，它是国家设立的工程技术方面的最高学术称号。1995 年，当中国工程院信息与电子工程学部遴选院士时，我落选了，许多朋友为我惋惜，我虽然也感到遗憾，但没有沮丧。1999 年 11 月，我光荣地当选为中国工程院院士。我当时的誓愿是，一定不辜负父母和老师们对我的期望，努力珍惜这一宝贵的荣誉。

我很幸运，赶上了改革开放的好时代。从我 1958 年大学毕业，到 1999 年，这 40 年可以分为两个阶段：1958—1978 年，改革开放前 20 年，我和大多数中国知识分子一样，不能以自己的名字公开发表一篇文章，出版一本自己撰写的著作。1979—1999 年，改革开放后 20 年，我被提名为中国工程院院士候选人时，所发表的科学论文和著作有近 200 篇。这说明，人的思想一旦得到解放，积极性调动起来，将能迸发出巨大的力量。

我赶上了改革开放的好时代，能为祖国的科学事业添砖加瓦，贡献自己的一分力量。1999 年 11 月，当我当选中国工程院院士时，我已 67 岁，"夕阳无限好，只是近黄昏"，但我将尽自己的力量在教学和科学研究上作出微薄的贡献。

第十二章　老骥伏枥

　　今天，回顾自己90余年平凡的岁月，我自问，对祖国是忠诚的，对人民是热爱的，对社会是奉献的，对科学有所创造，我没有辜负父母的期望和祖国的培养。虽然我的成就离"卓越"两字还很遥远，但是我尽力了。我一直以"仰不愧于天，吾视富贵如浮云。俯不怍于人，不以贫贱挠志气"勉励自己。

一、成就获肯定，创立自己科学学派

　　1999年11月，我当选为中国工程院院士。2000年2月16日，诺贝尔物理学奖获得者、俄罗斯联邦工程科学院院长普罗霍洛夫来函向我表示祝贺。来函中称：

　　　　亲爱的周立伟教授，在您当选为中国工程院院士之际，请接受我最衷心和最诚挚的祝贺。您在电子光学及其有关应用的举世共知的光辉成就，您的广泛和有效的教学和公共活动以及您作为中国杰出的科学家和伟大的爱国者的一生——所有这一切生动而有说服力确认您无愧于这一崇高称号。

　　2000年9月，普罗霍洛夫院士以俄罗斯联邦工程科学院院长的名义发来贺电，祝贺我当选俄罗斯联邦工程科学院外籍院士（现俄罗斯工程院院士）。全文如下：

亲爱的周立伟教授：

我们谨代表俄罗斯联邦工程科学院主席团，十分愉快地通知您，您被选为俄罗斯联邦工程科学院外籍院士。

我们知道您是一位在带电粒子光学及其相关应用领域的杰出科学家、举世闻名的专家，以及在科学领域有众多专著和学术论文的作者。

我们记得您是从列宁格勒电工学院开始您的科学活动的，您在您的一生中一直保持对我们国家始终不渝的爱和尊敬。当您回到您的祖国后，您把您的一生紧密地和北京理工大学联系在一起，在那里您经历了漫长和光荣的历程，从一个普通的讲师到一位公认的专家、教授、学术委员会主任、中国工程院院士。

您是您自己的科学学派的创立者。从北京理工大学毕业的许多有天才的青年人怀着崇敬和自豪的心情称呼您为老师。由于您的卓越成就，您曾多次被授予国家的嘉奖、奖励和荣誉称号。您无疑是科学的忠实仆人，贵国出类拔萃的儿子。

在您的全部生涯中，您一直研究电子束的运动规律。与电子束中的电子相似，您本人也在不停地运动着。

您的热情而充沛的精力、永远奋发的乐观和宽厚待人的精神使您周围的人感到愉快和欢乐，使每个认识和接近您的人都感到惊奇。

在这个值得纪念的日子里，请接受我们最热烈的祝贺，衷心祝愿您身体健康，工作卓有成效和在科学领域中取得新的巨大的成就。

亚历山大　M.普罗霍洛夫

2000 年 9 月

当我收到这封贺信时，很是感动。早在 20 世纪 90 年代，俄罗斯科学院的同行们考察了我的工作，认为我的研究不仅继承了俄罗斯电子光学学派，还有新的内容和发展。我知道，贺信不仅是普罗霍洛夫院士和俄罗斯科学界对我个人的称赞和表彰，也是对中国科学家们友好情谊的表示。

1995 年，我与俄罗斯科学院普罗霍洛夫普通物理研究所的同行们学术交流时，他们觉得，关于复合电磁同心球系统的成像电子光学的研究，中俄两家的研究是在 1978 年前后平行进行的。由于我得到了电子轨迹更全面的解析解，因此我的文章更全面一些。莫纳斯忒尔斯基教授对我在宽电子束聚焦成像电子光学理论方面的研究给予了肯定。谢列夫教授与我讨论科学问题时，觉得我有很强的直觉能力，反应特别快，开玩笑地叫我周电子，说我的脑子像运动的电子一样转得特别快。他们希望与我进行科学合作。

2001 年年初，我认识了美籍华裔科学家、著名的光学信息处

周立伟夫妇与杨震寰夫妇合影

理专家、美国宾夕法尼亚州立大学电气工程系教授杨振寰和他的夫人查露茜女士。虽然我对杨振寰教授的大名早有所闻，但我的专业不是信息光学，故一直没有机会见面。那次会面我们两人一见如故，促膝交谈，从学术到人生。由于我们在为学和为人方面的理念很是契合，故有相见恨晚的感觉。这些年来，我们一直有通信往来，共同探讨一些科学问题。他编写的《熵与信息光学》《神经网络与教育》等科普丛书，我帮忙组织翻译，协助出版。此外，我们还深入交流了关于"薛定谔之猫"这个量子力学的根本问题。在交流指导研究生的经验时，我们两人都感到，现在国内的青年学者大都是有知识、很聪明的人，其头脑灵活的程度是我们当年所不能及。但可惜的是，有一些人聪明过头，走向反面了。我便与他讨论起"聪明"的问题。他给我寄来"学术经验谈"的心得体会，其中有一段他说：聪明的人有两种，一种是建设性的聪明，另一种是败

杨震寰夫妇与金国藩、周立伟等人在北京理工大学国际交流中心合影

坏性的聪明。2013年4月22日，中国科学报和北京理工大学校报发表了我的一篇文章《什么样的聪明最可贵》，就是在这一背景启发下写成的。

通过我与杨振寰教授这些年的交往，我深深感到他不但有精深的学术造诣，而且有很强的人格魅力和很高的人文气质。他给我的感觉是待人特别仗义，对朋友的事总是出手相助。有一件事令我对他肃然起敬，感佩不已。杨振寰教授退休前一共指导了49名博士生，其中37名是中国留学生。在招收博士生时，他特别关照来自中国大陆的留学生，这自然引起了一些人的非议。杨振寰教授不管别人怎么说，依然故我，招收到美国学习的中国青年。20世纪80年代初，中国门户刚刚开放，青年庄松林到美国学习时便被杨振寰教授招为博士生。不但如此，自1980年以来，很多到美国访问的中国学者，只要想到他的实验室访问学习的，他都竭诚欢迎。

2002年，我70岁。9月，我到成都出差，夜深人静，我住在旅馆不由想起自己平凡和忙碌的一生，成就寥寥，

2005年周立伟与匡定波、王启明院士在长春参观考察时留影

2005年匡定波、王启明、周立伟与姜会林参观长春理工大学

不胜感慨，遂写下几句打油诗。

忽忽生涯七十载，

事业学问两茫然。

少小不谙世俗情，

老来犹乏涵养心。

岁月如梭蹉跎过，

繁忙常恨时间少。

拼将白首争余日，

但开风气不为师。

2005 年，匡定波、王启明院士和我应中央组织部的邀请赴长春考察。由于我们三人的专业涉及光学、电子与半导体，故主要考察了长春光机所、长春理工大学等单位，我们向有关方面提出，长春发展光电子有非常好的基础和条件，建议给予重点支持。

2010 年春节前夕，北京市科协通知我，中央政治局委员、北京市委书记刘淇同志在春节时将到我家慰问。当时我校的新校区正在良乡建设中，我校领导郭大成书记和胡海岩校长就绿化带把良乡校区分割多块的问题向刘淇同志作了汇报，得到了很好的解决。

二、交流促创造，共创动态电子光学

2006 年 6 月，应圣彼得堡国立电工大学校长普让科夫、萨马拉国立航空航天大学校长索菲尔及俄罗斯科学院普罗霍洛夫普通物理研究所所长谢切尔巴科夫的邀请，我对圣彼得堡、萨马拉、莫斯科三地进行了访问。

第
十
二
章

老
骥
伏
枥

圣彼得堡国立电工大学前身是列宁格勒电工学院，是我的母校。为纪念该校成立 120 周年，2006 年 6 月 13—17 日举行了庆典。6 月 14 日上午，圣彼得堡国立电工大学校长普让科夫教授会见了我。普让科夫校长希望与我校在合作办学上有所突破，并在电子科技上进行科学技术合作。他给我展示了一份国际高校排名统计资料，其中包括中国、美国、俄罗斯等国家十大院校排名榜，该表把圣彼得堡国立电工大学列为俄罗斯全国工科类院校十大院校之一。我向普让科夫校长介绍了北京理工大学近年的发展以及我校与英美等院校联合办学的情况。那时，我校正酝酿在深圳与莫斯科大学合作创立深圳北理莫斯科大学。我认为，中国与俄罗斯院校联合办学最主要的困难在语言上，如果俄语学习的问题能得到解决，双方在教学上的合作将有光辉前景。

6 月 15 日上午，我参观了该校的波波夫纪念馆、无线电技术教研室、计算技术教研室和图书馆。无线电技术教研室展示的一些新的雷达制品给我留下了深刻印象。该教研室教学科研实力强，但年轻人少，实验设备陈旧。我的感觉是，该校图书馆几十年来变化不大，但电子化的工作做得较好。下午，学校安排来宾游涅瓦河。游轮围绕涅瓦大街城市商店漫游，沿途风光十分秀美，使我回想起当年在涅瓦大街谢德林图书馆攻读研究的日子。

6 月 16 日上午，圣彼得堡国立电工大学成立 120 周年庆祝会在该校小会议厅举行，到会有该校的校领导、学术委员会成员及国内外代表和来宾约 150 人。我代表北京理工大学在会上发言并宣读了匡镜明校长的贺信，并赠送了挂毯。会后，一位俄罗斯教授向我致意，并说："贵校的礼物是最好的，我非常喜欢。"

通过这次访问，我坚定了一个想法，圣彼得堡国立电工大学是俄罗斯全国技术类十大院校之一，值得我们与其合作。我校信息科学技术学院（现光电学院、自动化学院、信息电子学院）与该校的三个主要系（无线电技术与电信系、电子学系、自动化系）完全

周立伟代表北京理工大学祝贺圣彼得堡国立电工大学成立 120 周年

对口。而且，我校珠海校区的信息学院也正在建设中，可以向他们借鉴和学习的地方很多。

　　萨马拉国立航空航天大学是最早与我校建立联系的俄罗斯著名大学，早在 1986 年，我曾在北京接待了该校校长绍林。随后我校与其建立了学术联系，自 20 世纪 90 年代起，双方教师来往进行学术交流，并派遣学生学习进修。2006 年 6 月 17 日我抵达萨马拉访问。萨马拉国立航天大学的校长索菲尔是我极为亲密的朋友，他与我在 1991 年

周立伟与圣彼得堡国立电工大学的贝科夫教授的合影

2006 年周立伟与索菲尔教授一家的合影

周立伟在萨马拉国立航空航天大学欢迎会上致辞

相识。6 月 18 日正好是索菲尔校长 60 岁生日，他和他的家人在郊外别墅举行了家宴，仅邀请了我一个中国客人以及他的邻居卡玛洛夫教授和夫人。索菲尔校长在俄罗斯学术界有很高的威望。2016 年他当选俄罗斯科学院院士，属于俄罗斯科学院纳米技术和通信技术学部，特长是信息光学系统和计算机科学。

6 月 18 日，我访问了设在萨马拉国立航空航天大学校内的俄罗斯科学院图像处理系统研究所，所主任克让斯基（N.L.Kazansky）告诉我，近几年，研究所获得上百万美元的资助，改善了实验室的条件。他带领我参观了研究所的衍射光学实验室、激光测量实验室、图像处理数学方法实验室、微纳米技术实验室和视频采集实验室。

克让斯基教授专门为我与所内主要的专家会见组织了茶话会。我向专家们介绍了俄罗斯科学院图像处理研究所著的《计算机光学方法》的翻译情况。该书的出版有助于推动和促进衍射光学在我国的发展与普及。我与金国藩院士以及该书的出版单位 8358 所崔玉平所长一起商量后建议书出版后在国内组织一个讨论班，全面介绍衍射光学理论与工艺技术。

俄罗斯科学院图像处理研究所的专家们对《计算机光学方法》一书的中译本出版表示衷心感谢，并高兴地接受了在中国举办研究班讨论会的建议。他们很愿意到中国访问，进行计算机光学的学术交流与讲学，并愿意按照中方的要求认真准备。后来，该研究班讨论会于 2008 年 5 月初在西安举行。

6 月 20 日上午，我会见了萨马拉国立航空航天大学副校长格里切尼科夫教授，他曾于 20 世纪 90 年代到我校访问，对我校非常友好。会见中，他希望扩大两校之间的交流，特别希望把我校八系研究生和大学生到该校进行毕业设计的形式推广到其他院系。上午，我还参观了该校校史馆和发动机陈列实验室。实验室有各种各样、各个年代的发动机，绝大多数发动机都是被解剖了的，里面的结构显示得非常清楚。这一实验室对教学、培养学生使对机器构造有全面的感性认识很有帮助，也是学生实习、课程设计的好场所。现在，不少大学学工专业的学生甚至到毕业时都没有见过具体的实物，一切都是书本上的认识，其认识和印象是不深刻的。当我问俄罗斯朋友，这些发动机从何而来？答曰：是专业工厂和相关部门无偿送的。赠送者认为支持了学校，使学校培养的学生将来能更好地在工厂和相关部

周立伟在萨马拉国立航空航天大学名人画廊前留影

门工作，也就是支持了自己，这是很值得去做的。

6月20日下午，萨马拉国立航空航天大学外办安排我参观苏联卫国战争时期建的地下指挥所。那时，萨马拉被称为古比雪夫，作为陪都使用，一旦莫斯科失守，它就作为俄罗斯的指挥中心，领导苏联红军作战。当时，莫斯科和列宁格勒的许多战略物资都运到了古比雪夫。该指挥所深达31米，甚为壮观。地下指挥所除总参谋部办公室外，还有斯大林的办公室。然而斯大林一直在莫斯科指挥作战，直到取得战争的胜利，故他从未到过该地下指挥所。地下指挥所于1991年解密向公众开放。

6月21日下午，我抵达莫斯科访问。6月22日上午，我参观了莫斯科著名的特里佳科夫国家画廊。中午，我的国际项目合作者、俄罗斯科学院普罗霍洛夫普通物理研究所光电子部主任谢列夫教授与我共进午餐。俄罗斯科学院普罗霍洛夫普通物理研究所光电子部与我有科学合作关系，是我访问的重点。由于我有近四年没有到光电子部访问，因此，当天下午，我要求详细参观实验室制作器件的场所。谢列夫教授亲自陪同我到实验室各车间参观，并向我一一介绍了各车间的负责人和车间情况。

俄罗斯科学院普罗霍洛夫普通物理研究所 S.V.Andreev 和 S.V. Tarasov 高级研究员与研究生李元及周立伟进行合作研究时留影

光电子部原有100人，最后剩下不到40人。苏联解体后，许多青年人都走了，留下的都是50~60岁的老人。光电子部在很困难的条件下主要靠谢列夫教授坚持着。他们制作的高速摄影变像管有 50 余年的历史，无论理论或是技术上有很多创造，在高速摄像领域，他们曾经是世界领先的。20 世纪 70 年代，他们制作的变像管的水平很高，一些整机厂（如英国的 John Hadland 公司）用他们的变像管装出了 IMACON 相机。我到光电子部访问时，实验室的设备很陈旧，许多基础研究项目都没有了。光电子部的诺尔教授当时已 71 岁，他的地位最高，工资也最高，但每月工资仅 4200 卢布（约 160 美元），其他职称低的研究人员的收入更少。在这样的经济状况和工作条件下，他们仍能出一些新的成果，是很不容易的。我很钦佩他们的精神。谢列夫教授曾留学法国，英文、法文说得十分流利。苏联解体后，法国和美国的研究所都聘请他，希望他到那里工作，但他留下了，支撑着这一摊。他的部下们对我说，若没有谢列夫，他们都将失业，没有饭吃了。

6 月 23 日上午，在谢列夫教授的陪同下，我会见了俄罗斯科学院普罗霍洛夫普通物理研究所所长谢尔巴科夫，他是在原所长普罗霍洛夫逝世后上任的。我向他赠送了学校的纪念品和一本画册，他

周立伟与俄罗斯科学院普罗霍洛夫普通物理研究所谢列夫教授等交谈（2007 年）

水穷云起　周立伟自传

周立伟与 M.Ya.Schelev 主任交流

周立伟在俄罗斯科学院普罗霍洛夫普通物理研究所光阴极实验室

向我回赠了普罗霍洛夫院士纪念文集。下午，谢列夫教授召集光电子部与实验室的主要科学家与我进行了座谈。座谈会结束后，我与光电子部电子光学实验室的莫纳斯忒尔斯基教授、塔拉索夫博士以及奥里昂（Orion）科研开发生产联合体的格林费尔德（Greenfield）博士进行了交流，我向他们展示了时间像差及时间传递函数的计算结果，以及与他们的计算结果的比较；他们向我展示了库仑斥力对像差的作用以及 ELIM 程序新的改进。双方谈了下一阶段的设想。

6 月 24 日，莫纳斯忒尔斯基教授邀请我到他的郊外别墅做客，他和他的夫人、女儿、外孙女热情款待我，我在那里度过了美好的一天。6 月 25 日上午，我离开莫斯科回国。

这次访问俄罗斯，我对许多问题有了新的认识。我在光电子部实验室参观时，有心记下了他们的一些技术特点，回国后告诉我的同事们，供他们参考。

2008 年，我与我校光电学院高春清教授访问了莫斯科俄罗斯联邦国家研究中心奥里昂科研开发生产联合体。

奥里昂科研开发生产联合体的前身是 N801 研究所。1946 年，苏联为了国家的生存，也为了与美国争夺世界霸权，由当时的苏联科学院院长瓦维洛夫牵头，动员国内最优秀的科技力量，建立了极为绝密的 N801 所，从事电子光学与红外技术的开发。到 2006 年，奥里昂科研开发生产联合体经历了 60 年的历程，研究开发了一系列复杂的光电子器件、设备和系统，起先是电子光学变像管和像增强器、电子显微镜等，后来是高效率光源、激光器和最新的微光电器件等，主要用于国防建设。

1991 年以后，由于苏联的解体，俄罗斯的科技一时处于困境。

周立伟与莫纳斯忒尔斯基教授一家

1991—1992年，原属于奥里昂科研开发生产联合体的一些单位，如精密电子工程研究所、电子与离子光学研究所、莫斯科阿尔法试验厂以及一些机构相继脱离奥里昂科研开发生产联合体。1992年，夜视部分也脱离奥里昂科研开发生产联合体，成立了夜视工程特别设计局。现今，奥里昂科研开发生产联合体的主要任务是专攻红外及热成像技术。

夜视像增强器一直是我关心的重点，尤其是第三代夜视像增强器的进展。早在20世纪70年代，苏联应用物理研究所开始进行负电子亲和势光阴极的研究，由于缺乏高档的测试装置，特别是缺乏超高真空设备，阻碍了研究的进展。1982年，国际光电子展览会在法国举行，苏联国防工业代表团看到了正在展出的第三代像增强器（简称三代管）。回国后，他们立刻要求应用物理研究所动员国内的力量在2~2.5年做出高水平的三代管。苏联国防工业部给了应用物理研究所一大笔钱，这笔钱用于制作多舱超高真空设备以生长GaAlAs-GaAs-GaAlAs异质结。利用这一设备，能去除中间基底，把异质结传递到玻璃基底上，并可进行半导体表面的激活，以及进行管子的热压等。在这个设备中，还装有一个操作系统，它可以在激活过程中控制表面的洁净和灵敏度。当时，瓦维洛夫国立光学研究所对负电子亲和势光阴极进行了细致的研究，科学家们确定了制作光阴极基底的玻璃最好的类型以防止在高温处理过程中光阴极性能的退化。1984年，苏联应用物理研究所制出了首个夜视像增强器三代管，科学家们认为这是夜视领域的重大突破，立刻向苏联科学院主席团汇报，得到了高度的评价与赞扬。80年代，我一直向有关方面建议，早日投入三代微光的负电子亲和势光阴极的研究，但没有得到积极的响应。我国的三代微光像增强器处于"站岗放哨"的境地，直到21世纪才得到解决。

奥里昂科研开发生产联合体热成像技术的研究是从20世纪六七十年代开始的，目标是探测物体在黑暗中或在充满烟雾的大气中的热辐射，并形成景物的图像。奥里昂科研开发生产联合体开始用硒化铅、铟锑探测器制出了3~5微米的热像仪，虽然它在1963年就被开发出来，但直到1976年才有红外相机和导弹制导系统的任务。1978年，奥里昂科研开发生产联合体制出了14元的热电冷却的硒化铅，50元的铟锑探测器（用于坦克热图观察）。由此获得的经验和知识有助于工程技术人员开发50元的长波（8~14微米）碲镉汞探测器。

20世纪下半叶，由于热成像技术的蓬勃发展，需要进一步完善红外光电探测器技术。先是开发光敏型半导体材料，其光谱波长为1~3微米、3~5微米和8~12微米，如硫化铅、铟锑、碲镉汞等，也开发了单元光探测器并在此基础上研制了热成像器件等。20世纪六七十年代，奥里昂科研开发生产联合体研制了多元线列的光探测器，这些器件现在被称为第一代。80年代开始，俄罗斯的红外工程进入了第二个金色时期。90年代以来，奥里昂科研开发生产联合体集中研制第二代红外热成像系统的焦平面阵列技术，作为他们的主要研究方向。

自1995年开始，奥里昂科研开发生产联合体利用标准的光电子部件发展热成像系统和夜视系统。其目的是研制新一代探测器——焦平面阵列探测器，以便于红外工程上的应用。奥里昂科研开发生产联合体开发的各种探测器组件用于陆、海、空、天、民等各个领域。

现今的奥里昂科研开发生产联合体对各种探测器、红外光学材料及整机，从制冷技术到信号处理、控制、放大和读出电路，从短波、中波和长波红外一直到微光和紫外以及基础科学都有着广泛而深入的研究。奥里昂科研开发生产联合体经常组织电子光学、红外技术、夜视技术方面的国际学术讨论会，到2006年，已经组织了19届夜视与光电子学的国际学术会议。

2012年秋，航天科工集团8358所与俄罗斯科学院图像处理系

2012 年周立伟与上海交通大学黄保麟教授、复旦大学顾昌鑫教授合影

统研究所在西安举办了"衍射光学"专题的国际学术讨论会。时任航天科工集团 8358 所崔玉平所长与赵雪燕主任在会议前夕举行了

2012 年俄罗斯科学院图像与信息处理研究所专家参观中国计量科学院

酒会专门祝贺我的 80 岁寿辰，并邀请俄罗斯的朋友们参加，我的两位上海好友，上海交通大学的黄保麟教授、复旦大学的顾昌鑫教授也赶来参加，令我十分感动。但是，从那时起，我的健康出了一些问

题，医生不允许我出国参加国际学术会议与合作研究了。

三、耄耋之年，积极参与科普活动

下面谈谈我参与科学普及的事。我参加科普活动，主要是受到两位师长的感染，一位是王大珩院士，另一位是王绶琯院士。两位先生德高望重，贡献卓著。中国科学界为庆贺他们的学术成就和对祖国科学事业的贡献，将21世纪初我国发现的星星命名为"王绶琯星"和"王大珩星"，使他们的英名万世永传。更使我敬重的是，两位前辈对我国青少年深深的爱。

王大珩，1936年毕业于清华大学，1938年前往英国留学，先后就读于帝国理工学院、谢菲尔德大学。1942年，王大珩放弃即将到手的博士学位，前往昌司玻璃公司实验部，做了一名光学玻璃实验师，研习光学玻璃的制造技术。1948年，王大珩回到祖国，希冀为未来建设强大的中国而努力，他先后辗转于北平研究院物理研究所和耀华玻璃厂任职，并于1949年前往大连，参与创办了大连工学院应用物理系。新中国成立后，王大珩致力于中国科学院仪器馆的创建，他是长春光机所的主要创建人、中国光学工程事业的奠基人，被誉为"中国光学之父"。王大珩不仅是一位应用光学家，还是一名战略科学家，他为国家建言献策，在"863"计划，"神光""中国工程院的建立""大飞机"等一系列重大科技

周立伟夫妇和王大珩院士合影

决策中，都有他的建言建议和奔波的身影。

　　20 世纪 80 年代初，王大珩调到中国科学院学部工作。1997 年，当我得知新的学科目录中光学工程将不被列入工学类一级学科，十分着急，立刻向王大珩先生汇报。王老也感到这是有关光学工程学科建设的一件大事，便立刻要求我给他起草一封给国务院学位委员会的信件，论述光学工程作为一级学科的重要性和必要性。经过一番周折，光学工程终于被列为工科类一级学科。我深深感到，此事若没有王大珩先生出面力争，光学工程有可能无法被列入工学类一级学科。通过此事，21 世纪初，王大珩先生邀我协助他处理一些科学事务。于是我帮他起草、整理文稿，代他出席国际光学圆桌会议，写作中国光学工程的进展等。在与王大珩先生交往的七八年中，我深深感受到这位世纪老人的睿智和博爱，格外崇敬这位光学前辈。

　　王大珩先生被大家称为"中国光学之父"，从他对中国光学工程事业的贡献来说，他是当之无愧的，但他坚辞这个称号。王老为人谦虚和善，且十分变通。记得 2002 年，王大珩受邀要去成都参加中国科学院光电技术研究所举办的先进光学制造国际会议，但他的身体不好，他的老伴顾又芬老师和医生都不许他前去。王大珩先生便让我代替他去参会，但这个会的开会时间与我要参加并主持的由北京市青少年活动中心举办的一次暑期科普活动相冲突，我感到很为难。王大珩先生便对我说：你去参加外地的会，我去出席你的会。王大珩先生不但兴致勃勃代我开了会，他还对出席会议的青少年和大学生们作了热情洋溢的讲话，令参加会议的人都深受感动和鼓舞。

　　记得我在担任中国光学学会常务理事和副理事长时，学会中有人对我冷讥热嘲，使我的自尊心受到伤害，我向母国光理事长提出辞职，并拒绝参加学会的一些活动。我并没有把自己受到的委屈告诉王大珩先生，不愿意王老为我操心。王老很快就从别人口中知道了这件事，他没有直接劝说我，而是托秘书送给了我八个字："一人向隅，举座不欢！"王老亲切地表达了希望我回到学会来参加工作的意愿。当我看到这八个字，心中升起了惭愧，十分自责自己意气用事。我如期出席了第二天中国光学学会理事会会议。开会那天，王老特意坐着轮椅来了，看到我听了他的劝告出席会议，十分高兴，并与我亲切握手。

关于科学精神，王老曾经总结了十六个字"实事求是、审时度势、传承创新、寻优勇进"。这十六个字被他定义为科学精神的实质。他多次在公开场合提及这十六个字，希望科学精神能代代传承下去。

记得 1997 年，我在协助王大珩先生向国务院学位委员会起草建议光学工程列为一级学科信件时，王大珩先生劝我"不要埋头于公式推导，不能只管自己学科的事了"。他要我"投身科学普及和支持青少年科学实践的活动中去，把自己的科学研究心得告诉青年学者们，把培养青少年和青年学者的成长看作自己的神圣责任"。他认为，真正的科学家都热爱青少年，都希望把自己的知识传承给青少年，鼓励青少年热爱科学。"少年强则中国强，少年智则中国智"，青少年是祖国的未来和希望，关怀和培育下一代青少年成长是科学家的责任，也是不容推辞的义务。王大珩先生身体力行，无微不至地关心青少年和青年学者的成长，为他们取得的进步和成就高兴。于是，我参加了北京青少年科技俱乐部、中国光学学会和北京光学学会以及社会上的一些科普活动，给大中小学学生讲课。有时，还应报刊要求接受访问，写一些科普文章。我深深地感到，参加科普使我无论从学识上或是从精神上都受益匪浅。

王绶琯院士是我参加北京青少年俱乐部的活动时认

周立伟 21 世纪初在首都科学讲堂讲演

识的。王绶琯院士为了引导有志于科学的优秀高中生进入"科学社会"，以利于孩子们"走进科学"和"求师交友"，于 1999 年和一些院士专家一起倡导成立了北京青少年科技俱乐部。在王老的领导下，俱乐部针对北京市有志于科学且已显露科学禀赋的优秀高中学生，成功开展了"科研实践"和"大手拉小手"等多项活动，并举办了各种各样的科普讲座，活动开展得有声有色，在社会上产生广泛影响。我参加俱乐部的活动后，每次都看到王绶琯院士出席会议并亲临指导，看到他如此关爱青少年，他的精神深深感染了我，也鼓舞我积极参加青少年俱乐部的活动。

在参加北京青少年俱乐部的活动后，有许多事使我深深感动。一是北京市接纳学生的科研第一线团组从一开始几个增加到 50 多个，北京市不少高等院校和科研院所的实验室以及创新基地愿意开放，接受中学生参加科学实践活动，数十位院士、教授和研究员也投入俱乐部的活动中，或指导，或当评委，或作报告，等等，人们

周立伟在科学讲堂上作报告

已把这件事看成自己的责任和义务，社会各界也对青少年的活动大力支持，不少大学和科研院所支持俱乐部的活动，并形成一种社会风尚。二是我每次参加中学生科研实践的考核

周立伟在首都科学讲堂作报告

以及明日小小科学家的评选，看到孩子们的优秀作品时，都会深深感叹："后生可畏，后生可喜。"令我十分惊喜的是，这些中学生在这样小的年纪，居然能取得堪称优秀的成果。更主要的是，孩子们在思维上有很大进步，不少学生已初步学会独立思考，知道如何提出问题和解决问题。因此，我每次去参加俱乐部的评选考核等活动，给我的感觉是，我不是去当评委的，而是去受教育的。三是我多次看到一些加入北京青少年俱乐部的学生，他们成长后没有忘记俱乐部的培养，对俱乐部怀有深厚的感情，他们经常到俱乐部汇报自己的工作和学习成绩，或当志愿者，或出席各种活动。这些孩子们永远不会忘记，是俱乐部给了他们科学人生的第一次启蒙，使他们热爱科学，热爱人生，坚定地踏上了科学之路。当我听到孩子们满怀深情的发言时，我被深深地感动了，我的眼眶不禁湿润了。

　　21世纪以来，我积极参加科普活动。尽管有人传言："周教授科学上不行了，江郎才尽了，只能搞搞科普，哄哄孩子。"我也无动于衷，依然我行我素。我的看法是，一个科学人，在自己的研究领域作出一些较为出色的成就，这样的人是不少的，也是不难做到的。但他的为人必须有两条：一是科学良心，二是人文情怀。前者是在科学研究中必须坚守科学道德与操守，后者关系到对青年学者的培

养、对青少年的关爱、对弱势群体的关怀。作为科学人,他绝不应该是一个自私自利、只考虑自己的人,而是一个有崇高价值观的人。此外,科学人也应该具有科学普及的心怀和能力。我觉得我做的都是一个科学人应该做的,而且做得很不够。我并不认为写科普文章比写学术文章容易一些。对我来说,两者都是挺难的,我有时甚至觉得写通俗的科普文章更难一些。撰写研究型的学术论文,只要把自己的研究过程、前人的研究、自己的出发点和假说、推导的公式、实验的结果、得到的结论按部就班写出来就可以了。学术论文最主要的是要合乎逻辑、推理清楚、条理清晰、结论明确,不需要太多考虑读者接受的程度。我曾尝试写一些科普文章和科学随笔,但有时写着写着就写不下去了。我的思维来得特别慢,人文修养和文化底蕴不够,而且长期从事科学研究工作,有一点抽象思维能力,形象思维就差多了。尽管我对自己从事的科学领域的来龙去脉和科学概念比较清楚,但有时再怎么苦思冥想,也找不到合适的语言、生动的比喻及通俗的例子来表达和描述。每当这时,我就非常佩服那些写科学随笔和科学散文的科普大家,他们能把一个复杂的科学问题写得那么透彻清晰、通俗明白,语言又那么丰富、优美。小时候,读白居易,不太明白他何以要把自己的诗读给普通老妪听,看她的反应。现在我才感悟到,一个真正懂得科学问题的人,既要自己真正懂得,又要让别人听得明白。

我在大学教书,总是希望一些学有所成的教师能向青年学者介绍治学的经验,或者把自己所从事的领域和学科的进展科普给大家。我希望不要把科学研究与科学普及对立起来。实际上,如果结合得好,它们是相辅相成的。我的认识是,科学研究调动(人脑)的主要是抽象思维,而科学普及调动(人脑)的主要是形象思维,对于科学人,并不缺乏抽象思维,故形象思维的调动则有助于想象力的发挥、创造性思维的获得,这就是为什么许多科学大家十分钟情于科普的一个原因。

我认为，在知识大爆炸的今天，没有谁是能穷尽人类知识的"百科全书式"的学者。一个人即使是超级天才，穷其毕生精力，能在一个学科的一两个分支上有所建树并能提出部分真知灼见已属不易，在同一学科的不同分支仍属外行实为正常现象，更不用说其他学科了。作为科学人，把自己研究的学问和本学科的进展通俗地告诉读者，他须对公众进行"科普"；但他也要了解别人的学问和其他学科的进展，特别是科学常识，他需要"被科普"。而且，人的一生，"被科普"远远大于"科普"。因此，无论是谁，都离不开"科普"。实际上，科普创作并不比科学创作容易，大凡科技专家写的科普，包括我在内，通常的毛病是科学性有余，故事性不足。往往是写得艰涩、讲得深奥容易，让大家稀里糊涂、不知所云更易；而写得通俗、深入浅出、引人入胜并不容易，让大家能读下去、有滋有味有收获，更不容易。我希望自己往科普这个方向努力。

四、钱学森之问，倡导民主自由争论

近 10 年来，我的一些知心朋友一一离我而去，心中十分苦闷。同学张瑞云知道我热爱学习，愿意交流，广交朋友，便介绍我到钱学森科学与教育思想研究会（因为研究会常在中国科学院力学研究所 334 室举行，故简称 334 研究会）。

我参加 334 研究会后才知道，与会的大都是中国科学院力学研究所及北京大学的一些退休教授和研究员们，都是学文科或理科的八九十岁的学者，学理工的大概就是《科技导报》原主编蔡德诚先生和我俩人了，334 研究会破例让我俩参加。我十分感谢老同学张瑞云和朱照宣教授的推荐，334 研究会的主持人、郭永怀先生的夫人李佩老师和国家最高科技奖获得者郑哲敏院士的接纳，使我得以参加这一活动，我从与会人员的身上学到了不少东西。

我虽然对钱学森先生的大名早有耳闻，但从来没有与他接触过，也不认识郭永怀先生，他们两位都是我景仰的人，也是我学习的榜样和楷模。钱老热爱祖国，他冲破美方的层层阻碍，回到祖国，他的归来使中国航天事业得以腾飞。郭永怀先生为了祖国的科学事业为国捐躯的事迹使我十分感动。李佩老师是一位具有远见卓识的女性，在郭永怀先生逝世后，继承了他的事业，在中关村科学院园区办起了英语学习班，带动大家认识外面的世界。334研究会也是由她发起和主持的。

我参加334研究会，认识李佩老师时，她已是96岁高龄，她还尽可能参加并主持讨论会。我从她的身上看到了一位科学与人文完美结合的典型：一是大爱的精神。她把爱洒在中关村科学院园区的大地上，像圣母一样的慈爱，关爱着中国科学院以及力学研究所的青年一代。二是质疑的精神。李佩老师在334研究会上提倡质疑，因为质疑是科学发展的动力，是科学家最主要的品质，她引导大家对社会和科学问题进行思考和质疑。三是启蒙的精神。李佩老师在334研究会上呼唤启蒙，反对个人崇拜和个人迷信，热切希望我们的人民从个人迷信中解放出来。她虽然近百岁，但思维十分清晰，她高尚的思想和人格魅力使我十分钦佩。可惜她在2016年逝世了，我将永远怀念她，并学习她的精神。我参加334研究会的活动后，亲身感受到与会的各位老师对李佩老师深深地敬佩，研究会秘书长李伟格老师常到外地宣讲郭永怀和李佩两位先生为祖国科学事业献身的事迹和高尚的思想品德，她对两位先生的真诚与热爱也使我十分感动。

参加334研究会的退休人员知识渊博、经验丰富，十分关心国家科技的发展，愿意把自己的想法和建议奉献出来，推动社会的进步。334研究会经常举办各种各样的报告会、讨论会，使我开阔了眼界。尤其是在李佩老师和郑哲敏院士的领导下，334研究会的讨论和争论十分激烈，与会人员各抒己见，交换思想，但不扣帽子、不打棍子、不抓辫子，也没有信息员。我很高兴能参加334研究会的活动，虽然因为我的耳聋，有许多见解听不清楚，反应迟钝，但我十分喜欢研究会那种畅谈思想、讨论问题的氛围，我从他们身上学到了不少东西。

我在会上也介绍了自己在成像电子光学领域的研究成果和心得体会。我大学毕业后留校，一直从事教学和科学研究，对钱学森先生在临终前对中国的科学与教育提出问题——"钱学森之问"也十分感兴趣。钱老说："现在中国没有完全发展起来，一个重要原因是没有一所大学能够按照培养科技发明创造人才的模式去办学，没有自己独特的创新的东西，老是'冒'不出杰出人才。这是很大的问题。""钱学森之问"就像"李约瑟之谜"一样吸引着大家思考，等待着破解，因为这关系到当今中国的科学与技术能否真正屹立于世界民族之林。

334 研究会的陈耀松、郑哲敏和李佩三位老先生认为，科学与民主不可分割：科学的发展，一要靠民主（陈耀松）；二要有自由（郑哲敏）；三要能争论（李佩）。我觉得三位先生提出的答案实际是破解"钱学森之问"的前提，就像陈寅恪先生提出学术研究需要具有"独立的精神，自由的思想"一样。

2015 年周立伟与李佩在中国科学院力学研究所郭永怀纪念碑前合影

水穷云起　周立伟自传

　　我深深感到，批判和质疑是我们民族长期以来在文化传统和科学教育上普遍缺乏的一个大问题，因为唯有批判和质疑才能使科学技术得到进步。现代的中国青年，处于社会高度信息化的时代，他们应该是思想比较成熟、善于思考的一代，是使社会奋进的一代。遗憾的是，他们从青少年时代起没有养成批判的态度和思考的习惯，我们的社会也没有像民国年代出现许多学术大师、思想大师，不少莘莘学子汲汲于个人快出成果，不能潜心深入科学研究，也阻碍了他们在科学技术上有很大的创造。

　　在 2020 年冬 334 研究会组织的香山讨论会上，我提出对于破解"钱学森之问"的想法是，如果我们的社会能有 334 研究会陈耀松、郑哲敏、李佩三位先生给出的认识，创造民主、自由、争论的社会氛围，并在全社会倡导对科学和教育问题的"批判和质疑"，也许会给"钱学森之问"一个较为圆满的回答。

　　2022 年 9 月，尽管那时新冠疫情尚未得到完全控制，北京理工大学与光电学院依然为我在小范围内祝贺我从事科教活动 70 年，校长龙腾出席并发表讲话。中国工程院也发来贺电祝贺我 90 岁生日，全文如下：

　　　　尊敬的周立伟院士：

　　　　在您九十寿辰之际，谨向您致以衷心的祝贺和崇高的敬意，向您和您的家人表示最诚挚的祝福！

　　　　您是我国静态与动态宽束电子光学学科的开创人与奠基人，建立了正设计、逆设计以及优化设计理论体系，统一了宽束电子光学时－空像差理论，并长期从事宽束电子光学在微光夜视领域的工程应用，为我国微光夜视器件研制、应用事业作出了杰出贡献。您的学说，成就卓著、蜚声国内外学界，研究成果荣获多项部级与国家级科技进步奖励。正如诺贝尔物理学奖获得者普罗霍洛夫院士所指出的："您创建了您自己的科学学派"。

长期以来，您为使您的理论得到工程应用，您与合作者一起顺应时代发展，在我国个人计算机刚开始得到应用的最初期开始，编制了几乎包括机器语言在内直到各种高级语言的微光夜视像管电子光学计算设计程序，多次开办培训班，在兵器、电子、公安等行业进行了积极的推广应用。您为我国微光夜视器件从仿制逐步走向自主设计、独立研制、生产、装备部队、直到出口，创造了显著的社会、国家安全与经济效益，作出了重大贡献。

您在培养众多学生时，以身作则、亲力亲为、身传言教、关怀帮助，教导他们"做学问中学做人，做人中学做学问"。营造了讲团结、讲勤奋、讲贡献的学术氛围。您还把自己的学术研究与育人经历与体会，通过著书立说进行传承与发扬。

您心系国家发展，积极为国家发展建言献策，积极参加工程院的各项活动，为工程院的发展作出了重要贡献。您热爱祖国、严谨治学、勇于创新、敬业奉献，是我国工程科技界的楷模和学习的榜样！

衷心祝福您生日快乐、健康长寿，阖家幸福！

中国工程院

2022 年 9 月 17 日

我衷心感谢中国工程院和北京理工大学领导对我 90 岁生日的祝贺，我把所有的祝词与赞美看作对我的鼓励和鞭策，我将不辜负人民对我的期望。今天，回顾自己 90 余年平凡的岁月，我自问，对祖国是忠诚的，对人民是热爱的，对社会是奉献的，对科学有所创造，我没有辜负父母的期望和祖国的培养。虽然我的成就离"卓越"两字还很遥远，但是我尽力了。我一直以"仰不愧于天，吾视富贵如浮云。俯不怍于人，不以贫贱挠志气"勉励自己。

第十三章　科学跋涉

　　大家可能以为我是一个很聪明的人，没花什么力气就探索到成像电子光学的奥秘，闯入科学的殿堂。其实，我是在一步步摸索中前进的，不知道走了多少曲曲折折的路，历尽千辛万苦，才抵达顶峰。

一、成像电子光学，静电转向电磁聚焦

　　我一直把自己称为科学的跋涉者，是一个在科学长途上探索行进的科学人。就像牛顿所说的那样，也是一个满心欢喜在海边寻找美丽贝壳的孩子，为找到每一颗缤纷灿烂的贝壳而欢呼雀跃。

　　在成像电子光学领域，静电近贴聚焦系统、静电聚焦同心球系统、均匀平行复合电磁聚焦系统，以及复合电磁聚焦同心球系统的电子光学一直是一些学者分别研究的，而这些成像系统具有一些共同的属性——相同的几何结构和简单的电磁配置。若磁场消失时或球面半径变成无穷大时，复合电磁聚焦同心球系统就变成静电聚焦同心球系统或平行均匀电磁聚焦系统，静电聚焦同心球系统就变成静电近贴聚焦系统。在留苏期间，我初步解决了静电聚焦同心球电子光学的一些科学问题，1968 年 4 月，我在逃避武斗躲到上海时，突然想到，能否把自己在俄罗斯的科学研究扩展到电磁聚焦领域，在电子光学理论上作一些贡献。我思考的是，复合电磁聚焦同心球系统的电子轨迹能否用统一的、普适的解析解来表达。如果能求出

近轴方程的两个特解，和静电聚焦同心球系统一样，其电子光学成像特性和横向像差等一切问题就迎刃而解了。由于电子轨迹方程中既有电参量，又有磁参量，还有几何参量及逸出电子轴向初速度参量，求解析解谈何容易。这一棘手的问题成为我关注的焦点，但一直没有得到满意的结果。

关于电磁聚焦同心球系统中电子运动的解，我一直在思考，感觉它应该和静电聚焦同心球系统一样，一定能够求得电子运动方程的解析解的，但百思不得其解。记得 20 世纪 70 年代初，有一天晚上我躺在床上，翻来覆去思考这一问题。后来迷迷糊糊地睡着了，忽然似梦幻般，我眼前一亮，突然醒了，想到一个解，正是我朝思暮想的解析解。我赶快起床，把它记下来。实际上，我那时得到的解析解采用的是类比的方法，并不直接求解微分方程，而是将同心球电磁复合系统与已知的平行均匀电磁聚焦系统的特解进行类比，引入几何参量 $n=R_c/R_a$（R_c，R_a 分别为同心球系统球面阴极和球面阳极的曲率半径），利用朗斯基行列式，导出了复合电磁聚焦同心球系统的两个特解以及其电子转角的解析表示式。当球面半径趋于无穷大时（即 $n=1$ 时），它就变成均匀平行电磁聚焦系统的解，当磁场消失时（即磁感应强度 $B=0$），它就变成两电极静电聚焦同心球系统的解。这一研究结果我在 1978 年伦敦国际光电子成像器件会议上宣读过，我的论文《电磁聚焦同心球系统的电子光学》(*Electron Optics of Concentric Spherical Electromagnetic Focusing Systems*) 被收录《电子学与电子物理学的进展》杂志。虽然该论文中的轨迹解析解并不是由微分方程严格导出，而是用类比的方法导出的，但它是正确的，因为它满足电子光学近轴方程。文献表明，1979 年，几乎在同一时间，俄罗斯一些电子光学学者也在研究这一问题，但他们并没有获得复合电磁聚焦同心球系统中电子行进轨迹的精确解析解，只获得零级近似解。

当我考察这一问题时，我是直接由求解二阶线性齐次微分方程出发，严密地推导了电子光学近轴方程两个特解的解析解。我的工作说明了，由电子光学近轴方程即二阶齐次线性微分方程出发可以直接获得复合电磁聚焦同心球系统中轨迹的解析解，包括精确解、近轴解、近似解以及渐近解，以及该系统的近轴横向像差等。我把静电聚焦同心球系统、均匀平行复合电磁系统和静电近贴聚焦系统这三种系统视为该系统的特例，证明了 R-A 公式在复合电磁成像系统中依然成立。应该指出，2019 年 4 月，我在《光学学报》以英文发表的近轴方程的二特解都是严密求解二阶齐次线性微分方程求得的，其论证比四十年前严密多了。我的文章表明，无论是静电同心球系统或是电磁复合同心球系统，我都能获得其轨迹的解析表达式，这是前人没有得到的。同样，我也证明了上面我提出的关于横向像差的组成在电磁复合同心球电子光学系统中依然成立。

那么，我与俄罗斯学者研究成像电子光学的差异究竟在哪里？我简单地讲一下。我们共同研究的问题归纳起来是如何求解以下电子光学近轴方程：

$$u^{*''}(z)+\frac{\phi'(z)}{2[\phi(z)+\varepsilon_z]}\,u^{*'}(z)+\frac{1}{4[\phi(z)+\varepsilon_z]}\{\phi''(z)+\frac{e}{2m_0}B^2(z)\}u^*(z)=0$$

在复合电磁同心球系统中的解。式中，$u^*(z)$ 表示转动坐标系下的近轴电子轨迹，$\phi(z)$、$B(z)$ 分别代表轴上电位分布和磁感应分布，e/m_0 表示电子荷质比，ε_z 是与逸出电子初能对应的轴向初电位。

由此可见，我们两家都是想求上述二阶齐次线性微分方程在复合电磁同心球系统下的两个特解，但方程中不仅有几何参量与电参量，还含有表示逸出电子轴向初能量的微小的量 ε_z，导致微分方程的求解十分困难。因为这个缘故，俄罗斯三位科学家在求解时略去了这个微小的量 ε_z，而把它看作对微分方程的微扰，放在处理像差时考虑。这样的处理导致他们的研究结果不考虑逸出电子轴向初能量的变化，也就是假设电子逸出的轴向初能 $\varepsilon_z=0$。这大大简化了微分方程求解，但由于他们所构建的理论都是基于这个假设，只有在这个前提下才成立，形成了他们的理论一个天然的缺憾。

我们研究的理论，是假设逸出电子的轴向初能量 $\varepsilon_z \neq 0$，整个求解或计算都是基于这个假设上。上述微分方程中的这个 ε_z 的微小量是不舍弃的。在这个基础上，我们得到了复合电磁同心球成像系统上述近轴方程的两个特解 $v(z,\varepsilon_z)$、$w(z,\varepsilon_z)$ 及其转角 $\chi(z,\varepsilon_z)$ 的解析表示式如下：

$$v(z,\varepsilon_z)= \frac{2z\sqrt{-E_c}}{k\phi(z)} \sin\{ \frac{k}{\sqrt{-E_c}} [\sqrt{\phi(z)+\varepsilon_z} - \sqrt{\varepsilon_z}]\}$$

$$w(z,\varepsilon_z)=(1+\frac{z}{R_c}) \cos\{ \frac{k}{\sqrt{-E_c}} [\sqrt{\phi(z)+\varepsilon_z} - \sqrt{\varepsilon_z}]\}$$

$$- \frac{\sqrt{\varepsilon_z}}{R_c} \frac{2z\sqrt{-E_c}}{k\phi(z)} \sin\{ \frac{k}{\sqrt{-E_c}} [\sqrt{\phi(z)+\varepsilon_z} - \sqrt{\varepsilon_z}]\}$$

$$\chi(z,\varepsilon_z)= \frac{k}{\sqrt{-E_c}} \{\sqrt{\phi(z)+\varepsilon_z} - \sqrt{\varepsilon_z} \}$$

式中，E_c 为阴极面上的电场强度，B_0 为阴极面上的磁感应强度，$k^2 = \frac{e}{2m_0} \frac{B_0^2}{-E_c}$，$R_c$ 为同心球系统球面阴极的曲率半径，e/m_0 为电子荷质比。

若假设轴向初能 $\varepsilon_z=0$ 时，上述特解 $v(z)$、$w(z)$ 及转角 $\chi(z)$ 的表示式便可简化为：

$$v(z)= \frac{2z\sqrt{-E_c}}{k\phi(z)} \sin\{ \frac{k}{\sqrt{-E_c}} \sqrt{\phi(z)} \},$$

$$w(z)=(1+\frac{z}{R_c}) \cos\{ \frac{k}{\sqrt{-E_c}} \sqrt{\phi(z)} \},$$

$$\chi(z)= \frac{k}{\sqrt{-E_c}} \sqrt{\phi(z)}$$

这正是俄罗斯三位科学家斯米尔诺夫（Смирнов Н.А）、莫纳斯忒尔斯基、库里科夫（Куликов Ю.В）在 1979 年所给出的表示式。由此可见，在研究同心球复合电磁系统的电子光学时，他们的微分方程求轨迹解是不考虑轴向初能量 ε_z 的，给出的是近轴轨迹的零级近似解，乃是我们上述结果的一个特例。上面我所给出的静电与复合电磁同心球系统的解析解显然是推进了成像电子光学的理论和方法，正是因为我在研究静电聚焦与电磁聚焦同心球系统成像电子光学上的贡献，并纠正了俄罗斯和西方一些学者的错误，补正了他们的不足。诺贝尔物理学奖获得者、俄罗斯联邦工程科学院院长普罗霍洛夫在给我当选为俄罗斯联邦工程科学院外籍院士的贺信中称："您是您自己的学派的创立者。"

这就是我与俄罗斯电子光学学者们在研究成像电子光学理论上的差异。这样的差异反映到实践上，在设计计算成像电子光学系统时，俄罗斯科学家是把成像面设置在 $\varepsilon_{z1}=0$ 的轨迹的落点处，即所谓极限像面上。在俄罗斯的一些文献中，这一像面常被称为高斯像面，是他们所谓的理想像面。而我们的处理，是考虑在什么位置设置像面能得到最好的成像质量，即图像最清晰处。因此，要选择所谓最佳像面，它对应于 $\varepsilon_{z1} \neq 0$ 的某一个值。我证明了，对静电或电磁聚焦同心球系统，自轴上点射出的无论是单色电子束或全色电子束，在聚焦成像时将会形成电子射线包络。这个包络最密集的地方，就可确定为最佳像面的位置，它对应于 $0 \leqslant \varepsilon_{z1} \leqslant \varepsilon_{max}$ 之间的某一值。当我们设计像管时，便可取这个 ε_{z1} 值。这是我们与俄罗斯学者在研究电子光学理论与设计电子光学软件包上的一个重要区别。此外，在理论上，俄罗斯学者在给出横向像差表示式时并不区分近轴横向像差与几何横向像差，而我们是把这两类像差严格分开来的。

21 世纪初，俄罗斯科学院普罗霍洛夫普通物理研究所的光电子成像研究室主任谢列夫邀请我与他们合作研究动态成像电子光学。他与我商议，既然我们研究是相同的成像电子光学的课题，是为设计和研制变像管和像增强器服务的，能否考验一下我们两家计算像增强器的成像电子光学软件包。我很同意他的建议，请他们出题，由我们计算，与他们的结果进行比对。对俄方提出的某一高速摄影像增强器电子光学系统，双方的计算表明，俄方的 ELIM 软件包和中方的 ODESI 软件包的计算结果是：线放大率分别为 -1.50817 和 -1.52580，边缘畸变分别为 35.2% 和 37.7%，像面位置分别为 $356.344mm$ 和 $361.088mm$。因为俄方取的是极限像面位置，故离阴极面要近一些，我们取的是最佳像面位置，故离阴极面要远一些。双方的计算结果差异非常小，且与器件实测结果十分接近，大家非常满意，都为计算结果叫好。

把成像电子光学系统的横向像差定义为近轴横向像差与几何横向像差的组合，是我在考察静电聚焦同心球系统的近轴轨迹与实际轨迹的差异严密论证后下的结论，是经得起考验的。而且，这个结论在复合电磁同心球系统中依然成立。几十年来，我的论断没有受到成像电子光学学术界的任何质疑。

上面我描述了如何探索静电与电磁聚焦同心球系统的成像电子光学这个科学问题，进入成像电子光学科学殿堂，拨开迷雾，弄清真相的过程，从而创建了自己的一套理论体系。大家可能以为我是一个很聪明的人，没花什么力气就探索到成像电子光学系统像差的奥秘，闯入了科学的神圣殿堂。实际上，就像是爬山，我是在一步步摸索着前进的，不知道走了多少曲曲折折的路，历尽千辛万苦，才抵达顶峰。

二、曲轴电子成像，优化设计理论实践

自 1978 年以来，我和方二伦以及研究生倪国强、潘顺臣、艾克聪、金伟其、张智诠等一起先后解决了静态成像电子光学的一些特殊性和普遍性问题。所有这些研究，或在方法上，或在理论上，都有独到之处和新的结论。

由静电与复合电磁聚焦同心球系统的成像电子光学特性及其像

差的研究，说明了近轴方程（无论是轨迹方程或是运动方程）在求解对称轴邻近电子行进的轨迹是有效和精确的，由此能给出系统的理想成像和中心像差。但当电子自阴极面的轴外点逸出时，若用轴上电位分布 $\phi(z)$ 和轴上磁感应分布 $B(z)$ 及其导数所表示的各种特殊类型的三级几何横向像差系数的积分表示式进行求解十分烦琐。更重要的是，其结果离真实测试的数据有很大的误差。其原因是系统的空间电位分布与磁感应分布都是以谢尔赤展开式表示，离真实分布相差很远，尤其是阴极面是曲面或球面时。于是，我们转向研究主轨迹为弯曲轴电子束聚焦的成像电子光学，简称曲轴成像电子光学或曲轴电子光学。

20 世纪 70 年代，对于大物面、宽电子束聚焦的电子光学成像，我提出把"近轴"的概念推广到轴外，以解决轴外电子轨迹的聚焦与成像的问题。我们知道，轴上物点射出的主轨迹是一条直线，即对称轴，围绕该对称轴的轨迹乃是"近轴轨迹"；由阴极面轴外物点射出的垂直于物面的主轨迹乃是一条平面的或旋转的曲线。故围绕此弯曲轴的轨迹便可称为"曲近轴轨迹"，而"曲近轴光学"乃是研究围绕这条"曲近轴轨迹"进行聚焦成像的理论。这就是说，大物面、宽电子束聚焦成像的问题可以由围绕着曲轴主轨迹来研究解决。为此，我们推导了以主轨迹为曲线轴的主轨迹方程：

$$r'' = \frac{1+r'^2}{2[\varphi(z,r)+\varepsilon_s]}\left(\frac{\partial\varphi}{\partial r} - r'\frac{\partial\varphi}{\partial z}\right)$$

以及围绕主轨迹运动的子午轨迹方程和弧矢轨迹方程：

$$p_2'' + F_1 p_2' + F_2 p_2 = 0$$
$$p_3'' + G_1 p_3' + G_2 p_3 = 0$$

式中，

$$F_1 = G_1 = \frac{1+r'^2}{2[\varphi(z,r)+\varepsilon_s]}\frac{\partial\varphi}{\partial z},$$

$$F_2 = \frac{3r''^2}{(1+r'^2)^2} + \frac{1}{2[\varphi(z,r)+\varepsilon_s]}\left(-\frac{\partial^2\varphi}{\partial r^2} + 2r'\frac{\partial^2\varphi}{\partial r\partial z} - r'^2\frac{\partial^2\varphi}{\partial z^2}\right),$$

$$G_2 = \frac{1+r'^2}{2[\varphi(z,r)+\varepsilon_s]} \frac{1}{r} \frac{\partial \varphi}{\partial r}$$

其子午轨迹与弧矢轨迹的计算都是采用电子行进途径中围绕曲轴主轨迹上的电位分布和磁感应分布的数据进行的。这样的假设远比轴上电位分布的谢尔赤级数展开式来得精确得多，也方便和直观得多。但大物面、曲轴宽电子束聚焦成像的理论涉及弗莱纳（Frenet）转动坐标系，必须采用微分几何和张量分析等数学方法解决，还需要在成像电子光学系统设计软件包中付诸实践。80 年代，经我和方二伦、倪国强、金伟其等共同研究，采用张量分析的方法研究转动曲线坐标系下的电子的运动，从而在更普遍的基础上建立了宽电子束聚焦与成像的较为完整的理论体系。在理论和实践上解决了曲轴宽电子束聚焦成像的问题。此外，倪国强、方二伦和我一起提出用三维坐标对光电成像系统点扩散函数的调制传递函数的研究，在方法上具有重大的创新。在这方面，我至今还没有看到在这一课题上比我们更有创意、更全面的研究文章。

综上所述，我们的研究提出了在静态成像电子光学中，无论是静电聚焦，或是复合电磁聚焦成像系统，其横向像差应由近轴横向像差与几何横向像差构成。近轴横向像差通常由（二级 + 三级）近轴横向色差，以及三级近轴放大率色差与三级近轴各向异性彗差等组成。几何横向像差即通常电子光学的三级几何横向像差，如球差、像散、场曲、彗差、畸变等。这样，就把成像电子光学系统的横向像差的构成说清楚了。

我和方二伦以及研究生们研究成像电子光学，一方面是探索电子光学的成像的基本理论与规律，研究曲轴宽电子束聚焦理论等，为电子光学理论宝库作出自己的贡献；另一方面，我们将所研究的理论应用于夜视像增强器的计算与设计中。1978 年，方二伦、冯炽焘与我合作研究的变像管和像增强器的电子光学系统计算与设计成果荣获全国科学大会奖。20 世纪 80 年代，方二伦与我继续合作进行研究，用个人计算机（PC机）进行电子光学系统设计，经多次反复修正补充，编制了较为完善的像管电子光学设计软件包，并推动了推广应用。我与方二伦主持的项目"宽电子束聚焦理论与设计"于1990年获得中国兵器工业总公司科技进步奖一等奖，1991年获得国家科技进步奖二等奖。90年代，我与方二伦、张智诠、金伟其、倪国强等人合作研究用多重网格法加速场的迭代计算，并进行系统优化，研制成功了像管优化设计及ODESI软件包，于1995年获得国家科学技术进步奖三等奖。软件包经国内有关研究所和工厂使用，效果显著。这项研究为我国微光夜视行业由仿制到自行设计研制、独立自主开发新型夜视器件开辟了道路。如北方夜视公司昆明分公司和西安应用光学研究所应用ODESI-V像管电子光学系统优化设计软件包进行了微光一代管和二代管的电子光学设计和研制，取得了显著的经济效益和社会效益。21世纪初，方二伦、李元和我一起合作，把动态电子光学时间像差计算的内容融合到静态成像电子光学系统设计中，形成了ODESI-SD软件包。

三、动态电子光学，中俄探索殊途同归

21世纪初，我应邀访问俄罗斯科学院普罗霍洛夫普通物理研究所。该所的光电子部主任谢列夫邀请我合作研究动态电子光学的时间像差理论，该理论是为了研究超快速现象，设计与计算高速摄影变像管提出的。早在1980年，莫纳斯忒尔斯基教授和谢列夫教授共同研究并提出了名为"τ变分时间像差理论"以计算动态电子光学系统的时间像差。虽然我们单位没有向我提出研究超快速现象的科学任务，但俄方邀请我协助解决这方面的科学问题时，我很愿意进行尝试。

莫纳斯忒尔斯基教授告诉我，当"τ变分时间像差理论"提出后，他们曾经用一个简单模型考验过，似乎没有问题。由于是简单

模型，故他们对此理论的真伪及精确程度一直存有疑问。他告诉我，动态电子光学的名词术语也是他和谢列夫提出的，以研究器件自光阴极逸出电子的飞行时间的弥散。他们两位邀请我访问，希望与我合作，帮助解决"τ变分时间像差理论"的真伪与精准的程度。我很高兴也很愿意与他们科学合作，当时我觉得，"动态电子光学"的名词研究时间像差理论很贴切，与静态电子光学研究的空间像差理论是呼应的，理论上也是有联系的。

当我接手考察这一科学问题时，我的直觉是，成像电子光学的静态问题与动态问题不应割裂开来研究，这二者是有紧密联系的。很明显，当一个电子自电子光学成像器件的阴极面逸出时，它飞行的轨迹就是 $(x,y,z;t)$，所携带的就是空间与时间信息，它到达像面 z_i 处的空时坐标为 $(x_i,y_i;t_i)$。如果以它作为衡量标准的话，那么，其他电子到达该像面 z_i 的空时坐标 $(x_m,y_m;t_m)$ 与它的差异就是空间像差与时间像差了。它们之间具有联系是必然的。成像电子光学所谓静态（研究电子飞行的空间轨迹）或动态（研究电子飞行的时间轨迹）乃是同一事物的不同表现而已，即逸出初能量分散的光电子在系统中所表现的同一事物的空间特性与时间特性的差异，它们之间具有紧密联系是必然的。既然我们可以由牛顿方程和洛伦兹力出发考察电子运动的空间轨迹，当然也可以由它来考察电子运动的时间轨迹了。

我当时的问题是：为什么莫纳斯忒尔斯基和谢列夫研究时间像差理论不走通常的物理途径，即通过劳伦兹力与电子运动方程求解？这是研究器件的电子光学特性的基本途径，因为牛顿方程本身就含有时间的变量。为什么他们要走较为复杂的变分途径？我能否寻找其他更为简捷的途径研究时间像差理论呢？因此，我的研究需要弄清并回答两个问题：一是"τ变分时间像差理论"的正确性（真伪）；二是"τ变分时间像差理论"的准确性（精准）。我提出的第一个问题实际是试图考验变分理论，否定或证实，或寻找一个更好的理论；我提出的第二个问题是考验这个理论的可信程度及其适用性。

因此，我需要详细研究俄罗斯科学家提出的"τ变分时间像差理论"，它的出发点以及公式推导的过程，考察数学推导上有无问题。我把他们的文章翻译成中文，详细研究了每一步推导的过程，直到导得各项时间像差系数表达式为止。此外，为了使我的研究生们学习和研究俄罗斯科学家提出的理论，我花了几天时间给他们进行了详细讲解。

我们的研究直接由劳伦茨力和电子运动方程出发，果然出现轴上电位分布的三阶导数因而无法求解的二重积分上的困难，但我们利用了电子运动方程与朗斯基行列式本身的属性，巧妙地化解了这个困难，给出了宽束电子光学系统成像的几何关系和时间关系的两条引理，并绕过了俄罗斯科学家采用的复杂τ变分的变换，其研究结果我们命名为"直接积分法时间像差理论"。这一理论提出了一种新的时间像差定义，它应和空间像差一样，即时间像差应由近轴时间像差和几何时间像差两部分所组成。它可表示如下：

$$\Delta t = a_2(\varepsilon_z^{1/2} - \varepsilon_{z1}^{1/2}) + A_{22}(\varepsilon_z - \varepsilon_{z1}) + A_{11}\varepsilon_r + 2A_{13}\varepsilon_r^{1/2} r_0 + A_{33}r_0^2$$

式中，a_2，A_{22}分别为一级和二级近轴时间色差系数；A_{11}为二级几何时间球差系数；A_{13}为二级几何时间场曲系数，A_{33}为二级几何时间畸变系数。我们推导出了这些系数的具体表示式。

当用两电极静电同心球系统进行考核时，"直接积分法"求得的一级近轴时间色差系数a_2，二级近轴时间色差系数A_{22}以及二级时间球差系数A_{11}的积分值与解析值完全相同，在阳极位置上的结果也是完全吻合的。我们的工作证明了"直接积分法"计算时间像差系数的正确性。

研究到这一步，现在的情况是，探讨时间像差提出了两种理论："τ变分法"理论与"直接积分法"理论。它们之间孰是孰非的问题并没有解决，因此必须寻找一种途径进行严格的检验，这一步就是英国科学哲学家波普尔教授提出的"演绎检验法"中排除错误。我们找到了一种静电聚焦两电极同心球系统的理想模型，也找到电子在此系统中行进时间的解析解。检验的结果表明，这两种理论不但是"正确"的，而且是"精确"的。所谓"正确"是指从两种不同的途径出发获得了完全一致的结果，而且"τ变分法"理论中以微分形式表示的时间像差系数经过适当变换也可表达成"直接积分法"的积分形式。所谓"精确"是指两条途径的计算结果与理想模型的解析解是精确一致的。最后，我们还证明了"τ变分法"理论的结果经过变换也可表达成"直接积分法"的形式。

俄罗斯科学院普罗霍洛夫普通物理研究所研究员塔拉索夫、安德烈耶夫与周立伟在北京理工大学合影

塔拉索夫与周立伟、李元进行科学研究

　　研究表明，俄方提出的"τ变分法"与中方提出的"直接积分法"是有效解决时间像差理论的两条迥然不同的途径。俄中双方从不同的角度出发，方法各异，但都有效地解决了同一问题。"直接积分法"概念清晰、直通主题、求解方便。"τ变分法"理论新颖、构思巧妙、思路独特。无论是"直接积分法"，还是"τ变分法"，对于推动动态成像电子光学的研究具有重要意义。应该指出，这两项

2003年秋，谢列夫教授、撒切尔巴科夫所长与周立伟在俄罗斯科学院普罗霍洛夫普通物理研究所合影

俄罗斯科学院普罗霍洛夫普通物理研究所谢列夫、莫纳斯忒尔斯基等专家北京理工大学访问时在周立伟家合影

科学研究都具有原创性，也证明了科学发现的唯一性（即途径可以不同，但答案是唯一的），为动态成像电子光学的研究提供了新的认识和新的途径，由此推动了科学的进步。

我在俄罗斯科学院普罗霍洛夫普通物理研究所作关于动态电子光学研究的报告时说，通向罗马的大道不会仅是一条，研究科学问题也是如此。我们提出的"直接积分法时间像差理论"向东出发，你们提出的"τ变分时间像差理论"向西出发，绕了一大圈，最后会师于罗马，得到同样的结果，这叫殊途同归。俄罗斯科学院普罗霍洛夫普通物理研究所光电子所的同事们都非常高兴，他们说，听了周教授的报告，他们对于自己提出的"τ变分时间像差理论"也放心了。

由这一研究，我们建立了成像电子光学较为完整的理论体系。

这一体系与现有的理论体系不同的是，我们用统一的观点来考察和研究成像电子光学系统的成像和聚焦、空间像差与时间像差等问题。我们的理论严格证明了，无论是静态成像电子光学还是动态成像电子光学，空间像差是近轴横向色差与几何横向像差的合成，而时间像差是近轴时间色差与几何时间像差的合成；不论是横向像差或是时间像差，空间分辨率或是时间分辨率都与阴极面的场强直接相关。我们的研究证实了，光电子发射的初能量分散构成的二级近轴横向色差乃是静电聚焦像管空间分辨率的基本限制。同时，光电子发射的初能量分散所构成的一级近轴时间色差（称为时间渡越弥散）限制了高速摄影变像管相机的时间分辨率。

从我们研究这一问题的过程来看，可以看出思想的作用。首先我们把宽束电子光学的静态问题与动态问题联系起来，进而认识到这是同一事物（即由阴极面逸出的光电子的发射初能量分散）在某一成像面上表现的两个特性，即空间像差和时间像差。我们把这两种像差在定义上统一起来，通过一系列比较后作出了科学的结论。

我深深感到，作为一名科学工作者，应该力图使自己的科学研究正确描述自然界的客观属性、运动规律的本质，追求更高程度的概括，并且竭力遵循科学中的美学原则——和谐性、简单性和对称性，以此作为研究的最终目标。

四、研究问题专注，思考质疑另辟蹊径

借此机会，我顺便谈谈我的科学研究方法与体会。我认为，我研究成像电子光学的方法实际是遵循物理学大师常用的科学方法。具体可归结为：探索和研究一种简单明了的模型，分析所选取的模型相应的物理现象的特点，看它是否能够清晰地描述所研究的物理现象的基本特征，并揭示其中蕴含的主要规律（研究特殊性，普遍性寓于特殊性之中）。然后将这一模型作为出发点，进行演示，对

所勾勒的理论进行详细的包括数学推演的研究，构筑新理论的框架（模型推演）。研究时从简单明了的模型演进出一套完备的理论，由简单的情形推演到复杂的情形，由特殊的理论过渡到构筑普遍的理论，使之成为较为完备的理论（由特殊性演进到普遍性）。

自然，理论的验证需要进行实践的考验，考察其适用的情况。自牛顿以来的物理学家大都是这种由特殊到普遍的研究风格。当然，这并不是科学研究唯一遵循的途径，但我认为自己的研究也是这样做的。

在我着手研究成像电子光学时，虽然心中没底，但研究目标或者指导思想都比较明确，即要从理论、计算与设计解决成像电子光学问题直到应用于实践——变像管与像增强器的设计与计算上。此外，我是不屈不挠和有韧性的、锲而不舍地去实现这个目标。

从什么地方入手？突破口在哪里？现在看来，最初的思考比较深入，方向比较明确。我当时想，如果我能把两电极同心球模型的电子光学性质方方面面都弄清楚，就能在一个比较坚实的基础上探讨成像电子光学问题了。当今天回顾往昔时，觉得我能取得一点点成就，主要得益于前期较为深入的思考。幸运的是，我一开始就走上了较为正确的道路。

在理论研究上，从理想模型入手，先解决简单模型，把简单模型的矛盾和规律深入地弄清楚了，然后发展到研究较为复杂的模型，寻找共同的规律。在两电极同心球静电聚焦电子光学系统的理想模型的基础上，发展到研究其他各种理想模型，由此抽象出一套理论，联系实际的科学问题。我的科学之路就是这样一步步走过来的。

由特殊到一般，再由一般到特殊，这实际是哲学上普遍性与特殊性的关系。研究矛盾的特殊性，可以找到具有普遍意义和规律性的线索，有一个坚实的基础来研究矛盾的普遍性，但研究工作决不能停留在理想模型上。当把工作扩展到研究轴对称电子光学成像系统上，移像系统与静电和电磁复合聚焦阴极透镜的研究是不能回避的。

下面，我简单谈谈关于科学研究的一些方法和理念。我在自己的研究实践中以及指导研究生的过程中，对于一个科学问题，总是先厘清它的历史状况、研究进展，以及尚存在的问题。关于疑难问题，一般可以分为几个方面：一是一直没有解决的；二是解决得并不好或很勉强的；三是解决得很好的。对于前两类问题，要分析它们为何解决不了，或没有很好解决的原因及其症结所在，然后提出自己的解决方案。对于已经很好解决的问题，一是深入学习，二是思考有没有更优的途径或尝试更好的方法。

我举年轻时发明扁平线圈绕线车的简单例子，这是针对电表上扁平电阻片上绕线的问题，思考解决问题的途径，从而提出仿照机床导轨的进动来排列导线。其"切入点"或"突破口"就是采用螺杆进动的方法，所采用的科学方法与手段，其术语称为"类比"。它是一种逻辑推理的方法，是以车床丝杠进动对物件进行切削推演出利用螺杆进动的方法对电阻片进行绕线来解决问题的。

对于已经被认为前人解决得很好的问题，仿佛解决得很圆满的问题，我要求学生们找找它的不足之处，甚至是鸡蛋里挑骨头。我要求他们好好想一想，能否开辟另一条途径或者用另一种方法，尝试一下，也许比他们更好。在指导学生的时候，我认为要充分发挥研究生的主动性和进取心，促使他们成长为一个真正的科技工作者。我鼓励学生把别的学科的方法移植过来，也许得到的结果会更好、更先进。总而言之，我希望学生有这样的理念，在科学研究上一定要有新的创意，有自己的 idea（点子、方案、思想）。

我认为，科学问题的解决，虽然不是条条大路通罗马，但并不是只有一条唯一的途径。当人家通过一条途径把科学问题解决了，千万不要认为，这是"绝唱"，再也没有其他途径了。我们进行科学研究，就是要探索有无其他的途径，甚至更好的途径来解决这个科学问题。

我常常发现，不少青年学者在研究科学问题时，总是喜欢模仿或照搬前人（尤其是权威）的思路或方法，跟着人家的思路转，或是作一点小小的改动，而不去另辟蹊径。这样的研究，并不是不可以，而是难有创新。我希望青年学者在进行科学研究时，一要思考，二要质疑，三要另辟蹊径，而不要总是跟在人家屁股后面转，亦步亦趋。当然，摆脱世俗见解：权威说的、书本写的、约定俗成的，谈何容易，但搞科学总要有点不信邪的精神。

众所周知，科学是发现，技术是发明。所谓发现，也就是说，一个科学问题的答案原来就是存在的，但一直隐藏着，没有被发现，科学家的任务就是把它挖掘出来。例如，对于成像电子光学，要研究电子在电磁场作用下的运动，它的行进轨迹、成像特性和像差，其基本出发点就是牛顿运动方程和劳伦茨力。如果所研究的科学问题的出发点或初始条件是相同的，途径可以是不一样的，但它们的最终结果应该是一样的，而且是唯一的，也许在表现形式上有差异。回想60年前，在列宁格勒谢德林图书馆苦读期间，我考察了各国电子光学科学家对阴极透镜三级几何横向像差理论的研究，表面上看起来，答案各异，且作者都声称自己是对的。实际上，他们都是研究的同一个问题，即质点（电子）在轴对称电磁场中的运动，其研究的手段与方法虽然不同，有用牛顿（轨迹）方法求解的，也有用变分（程函）方法求解的；有用矢量表示，也有用标量表示；或者采用不同的坐标系；等等。细究起来，本质上没有什么区别，故其结果应该是一样的，即答案是唯一的，应该没有实质上的差异。为了弄清这个科学问题，我不知道走了多少弯路，花费了很多精力和时间，经历了想象不到的磨难和痛苦，才证明我的观点无误，并对这一问题有了较为清楚的认识，我从此也敢于评论一些文献上存在的谬误。我就是这样一步一步地提高自己对这一科学问题的认识的。

对于一个科学问题，如果有人声称自己作了解答，那么，可以先复核它的正确性。若复核证明结果确实正确，那能否考虑，有无其他途径也能得到同样的结果，并考察哪一种途径更好。若有多种结果，则可考察哪一结果是正确的，或哪一种途径或方法更好。若复核证明结果不正确，那更有文章可做了。因此，我的观点是，详细考察所研究问题的既往，从中发现问题，哪些已经解决了，哪些还没有解决，从而提出对此问题的切入点。

应该指出，我这里所谈科学问题的"答案是唯一的"，并不表示其答案的形式也是唯一的，也不表示得到答案的途径也是唯一的。因此，虽然前人已经得到了结果，但它的表现形式是不是最好的，是不是最简练的，是否还有文章可以做。注意，一定不要对前人亦步亦趋，或是改头换面，糊弄学界。

顺便指出，我上面探讨的问题是基础研究的问题，它属于0.5~1的区间，是基础研究最为活跃的区间：研究的问题已经逐渐明确，但到现在谁也没有真正解决。一般来说，它已经越过盲目寻找问题与确证问题的阶段，而是等待有一种新理论和新方法的出现。这正是我在研究和我要解决的问题。

当然，对于一个技术问题，它的解答不是唯一的。因为它原来就不存在，技术的任务是发明一种新方法，寻找一种新途径，探索一种新手段来解决它，故称为技术创新。但是，当别人已经提出或创造了一种方法或途径。你便要提出更新的方法和途径，不能重复人家的办法，也不能改头换面一番便用，否则便是抄袭或剽窃。

此外，我觉得在科学研究的每一环节上，逻辑思维十分重要，尤其是批判性思维。因此，在科学研究中，要预先想到，若按照这样的步骤做下去，一定会有什么样的结果。如果不是预期的结果，或者与假设不符，那么一定在某个环节上有误，甚至在假设环节上就可能有误。另外，要永远抱着批判的态度来审视自己和他人的问题，才能有所进步。

科技人员在解决科学问题和技术问题时都需要学习，但方法和态度是有一些差别的。我的观点是，对于科学问题，着重在思考、批判和质疑；对于技术问题，着重在学习、借鉴和创造。前者如爱因斯坦，他是对牛顿的时空观提出质疑，以同时性的相对性作为突破口，从而提出狭义相对论。后者如乔布斯，他提倡海盗式创新，即把人家所有优点和长处都学习过来，加以改造，为他所用。他的 iPad 和 iPhone 就是一例。这两类人的性格、思想方法和处世态度也是大有差异的。

下面简单谈谈我的科学研究思路。我认为，在科学研究中，首先是思考问题和提出问题，关于成像电子光学，我的脑海中存在着一系列问题。例如，关于阴极透镜像差理论，一些文献提出了所谓中心像差和三级几何横向像差，要讨论的是：到底是什么原因形成的，谁起主要作用；如何定义横向像差和时间像差，它们之间有什么联系；如何求理想模型的精确解和解析解；阴极透镜三级几何像差的研究有许多文献涉及，它们之间为什么有差异，谁更正确或准确；像差表达式复杂，能否通过解析解检验像差表示式的精确程度；等等。此外，光线光学、细束电子光学和成像电子光学的异同点，处理方法有什么差异；近轴光学的局限性，如何提高轴外物点逸出电子行进轨迹的计算精度；大物面宽束电子光学系统的成像、计算与设计等问题；等等。这些问题一直在我的脑海中盘旋着。应该指出，由思考达到创新，需要长时间的积累。

在这里，我再讲一下研究科学问题的态度。我认为，要想深入地研究一个科学问题，必须要有专注的精神，能将自己的注意力持久地集中在所研究的问题上。而要做到这一点，第一，需要营造较为纯粹的研究氛围，一种能够坐下来盯着一件事不放而将其他事物统统置于脑后的学术氛围。为此，既要尽量排除家务行政杂事和外来的干扰，耐得住寂寞和孤独，尽量克制自己内心的动摇以免分心，尤其要克服思想的惰性与名利的诱惑。第二，在读前人的文章、研究他人的成果时，要以新的视角对问题作全新的解读，思考有没有新的途径和方案，一定要让思想冲破牢笼，跳出长期束缚人们思想的固定模式，从多维的角度审视这一科学问题。第三，要有理性批判的精神，尊重前人但不迷信，不受传统与习惯的束缚，敢于批判他人但严格审视自己。第四，需要有"仰望星空"的精神，要敢于把自己的想象力释放出来。因为，"新的可能性，从新的角度看旧的问题，都需要创造性的想象力"。因此，不少科学大师钟爱文化艺术，他们认识到："知识是有限的，而文化艺术所开拓的想象力是无限的。"

总之，思考要专注。心无旁骛，才能全身心投入所研究的事物上。所谓专注，并不是要用功到废寝忘食的程度，而是把所研究的科学问题一直放在脑子里，有意识或无意识地时刻去思考它。当一个人真正把一个科学问题放在脑子里时，思考就自然而然地向该"问题"集中，有可能在吃饭端起饭碗时，在旅行中踏上旅游车的那一刻，在交响乐响起的刹那间，一个科学想法就出现了。另外，参加一些学术会议与讨论会，读一些新的文献，受新思想、新观点、新点子的启发，也会引起思想上的共鸣。此时，往往会产生"借用他的思想，我的课题也不妨一试"的念头。我深深感到，科学研究是无数次尝试，无数次失败，最后获得成功的过程。

我发现，不少青年学者在上班时才端起问题、思考问题，下班后从来不想自己的科学问题，所谓8小时上班工作制，这种态度，对于以研究科学、崇尚科学、以科学为职业的科学人来说，是不可取的。此外，不少青年学者以为自己十分聪明，科学研究手到擒来，但几次失败后就灰心丧气，不知道科学研究需要"努力再努力，思考再思考，坚持再坚持，改进再改进"，才能有新的结果、新的发现。我觉得，真正具有创新性的科学研究和真正的发现是比较困难的，因此思想上要有充分的准备。此外，我认为，若要出高水平的成果，必须创造保证科学家想象、选题和实验所需的高度自由的氛围，减少甚至杜绝那些急功近利的干扰和限制。拿2006年诺贝尔化学奖得主罗杰·科恩伯格来说，"他可以10年潜心在自己的领域内钻研，而没有任何压力迫使他出成果"。但是，思考是痛苦的，尤其是进入迷宫出不来时；自然，思考也是快乐的，因为他感到自己在向真理一步步靠近。

水穷云起 周立伟自传

研究科学的人都知道，质疑是研究问题最重要的手段。对科技人员来说，首先是学会质疑，善于质疑，提出问题。此外，科学工作者还是要抱着善于学习的态度，因为科学方法中的类比、联想、推理等都是从学习他人的理论、方法和手段受到启发得来的。

其次要勇于面对失败和错误。我是从无数次挫折和失败中走出来的，才有一些正确的认识和理解。我的体会是，创新的核心是要有敢于质疑和批判的精神以及由此产生新的概念和创意。创造性的研究是无数次失败和极少几次成功的混合，而研究的所谓进展其实是怀着永不衰减的热情，在一个接着另一个失败的道路上蹒跚前行。

我深深感到，成为一个科学人，需要有一些特殊的品格和百折不回的胆略。首先，在茫茫黑暗的探索中，他仍能发出内在的光芒，具有照亮真理的智力，也就是迅速辨明真相、能觉察到这条途径对与否的能力，即拥有洞察力。其次，敢于果断地跟随这种内心的光芒前进的勇气，也就是跟与不跟的胆略，即决断力。当然，洞察力、决断力和百折不回的胆略，是在千锤百炼中成长的。因此，成为一个真正的科学人是不容易的。

每一个科技人员都有自己的习惯和惰性，甚至养成了对事物的某种固定看法，以及处理事务的态度。我有时觉得，经验、习惯和惰性甚至会妨碍对新鲜事物的接受，有意识或无意识进行排斥和打击，这是值得警惕的。正如古诗所言："不识庐山真面目，只缘身在此山中。"因此，要永远努力学习别人的长处，不懒惰、不自满；更重要的是，应该拥有一种不拘泥于现实、能对现实事物作超越性审视的眼光。这就需要拥有不断地学习，不断地审视自己，勇敢接受新鲜事物的人生态度。

在这里，我想谈一下创新与直觉和灵感的联系。爱因斯坦曾说过："我相信直觉和灵感。"他根据自己亲身的科学创造实践一再强调，在科学发明创造过程中，从科学观察和实验到一种新颖见解的脱出之间，没有"逻辑"的桥梁，必须诉诸直觉和灵感。在这方面，我多次讲过，我们中国科技工作者，在直觉与灵感方面，并不逊于国外的同行，但在学习与积累方面似乎尚有些欠缺，这是我亲身感受和体会到的。我在与一些国外科学家交流中，发现他们在谈论科学问题时，掌握了大量参考文献及原始资料，对该课题的既往历史和成就十分熟悉，能很快地提出自己的见解。在我看来，脑子灵活，起点高，问题清楚，有科学直觉，是善于学习与积累的结果。记得有一次，我与俄罗斯科学院普罗霍洛夫普通物理研究所光电子所的科学家们讨论电子光学科学问题时，由于谈的问题正好是我经常思考的，故我能很快应对，他们感到很惊异，以至于他们开玩笑说我的脑子像电子那样转得飞快。我的快速反应是来自我的长期积累。我认为，天道酬勤，产生所谓灵感或直觉是对某一科学问题长期深入思考所引发、善于学习积累所迸发的思想火花，我并不相信天上掉馅饼的说法。

最后，我将 20 年前写的"治学六字"题词献给大家。

治学之道，有六字要诀："志、勤、识、恒、法、创"。

有志则有为，志向远大，断不甘为中下流，以献身科学、科教兴国为己任；

有勤则有才，业精于勤荒于嬉，"天才出自勤奋"，不可有一日之懈惰；

有识则有求，知学问无尽，不敢以一得自足，虚心求实，力戒浮躁与骄傲；

有恒则有成，坚韧不拔，认定方向，严苛律己，不半途而废，则断无不成之事；

有法则有能，讲究科学方法，兼容并蓄，发幽阐微，见微知著，方有能力做大学问；

有创则有新，锐意创新，敢为天下先，想别人想不到的，才能赶超世界先进水平。

五、筚路蓝缕跋涉，锲而不舍形成体系

我的科学研究是从苏联列宁格勒留学时起步的，在那里我主要研究两电极静电同心球系统及静电聚焦系统的电子光学，回国后我独自研究电磁聚焦同心球系统的电子光学，并与方二伦、冯炽焘等研究变像管与像增强器的电子光学系统设计，取得了一些可喜的成果。改革开放后，一群研究生的加盟，我们的研究步伐加快了。虽然科学研究是新的探索，每向前迈出一步都是十分艰难的，但我们还是取得了不少可喜的进展。

1992年，我当选为圣彼得堡工程院外籍院士。1993年，我的专著《宽束电子光学》出版后，美国、英国、法国、荷兰、俄罗斯、日本等国家及国内电子光学和光电领域的专家、教授均给予了很高的评价，认为是一部具有科学性、创新性与系统性的著作，一些国家纷纷来函希望该专著能译成英文或俄文出版。该专著还荣获1994年第八届中国图书奖、1995年第七届全国优秀科技图书奖一等奖和第二届国家图书奖提名奖。1994年，我被国家教育委员会特批为教授，那年，我出版了我的专集《宽电子束聚焦与成像——周立伟电子光学学术论文选》，共收入7个专题，34篇论文。1997年，俄罗斯萨马拉国立航空航天大学授予我名誉博士称号。1999年，我当选为中国工程院院士。2000年10月，我当选为俄罗斯联邦工程科学院外籍院士，诺贝尔物理学奖获得者、俄罗斯联邦

周立伟翻阅当年在俄罗斯学习的笔记与手稿

工程科学院院长普罗霍洛夫院士在贺信中写道："您是您自己的学派的创立者。"2021年，我又荣任俄罗斯工程院外籍院士。2023年，我出版了《静态与动态成像电子光学——周立伟学术论文选》，共收入 11 个专题，63 篇论文。在文集中，我写了一句话："使静态与动态成像电子光学有一个完善的逻辑结构与理论体系是我研究工作的出发点和一生奋斗的目标。"这是我从事科学研究的决心和誓言。

周立伟整理科学研究的笔记

今天，回顾我的科学生涯以及自己在成像电子光学领域的研究，我想，一是自己还是有点志气的，一定要攻下成像电子光学这座碉堡，建立我们自己的理论体系。二是我研究的正是国家迫切需要的，具有较大的科学价值和实际意义。今天总结起来，我能做出一点成绩，是自己一直有这样的信念，要在成像电子光学上走出自己的一条道路来。这个目标始终鼓舞着我，使我锲而不舍地努力去实现这个目标，并且把个人的理想、志愿和兴趣与祖国的需要结合起来。

今天，当我回顾自己的科学历程时，我不能说做得很好，只能说我尽力了。我认为，如果我的数理基础更扎实些，思想更开阔些，也许能有更大的成就。我衷心希望我走过的路能给青年学者有所参考。

第十四章　父母恩情

　　我的父母都是处于社会最底层默默无闻的小人物，没有什么金钱或权力，但他们有一颗善良的心。当看到别人有难时，自己有能力帮助，绝不会袖手旁观，而是尽微薄之力，给别人温暖和援助。父母身体力行告诉我：为人要"勿以善小而不为，勿以恶小而为之"。

一、父亲善良，诚信做事感恩做人

　　我的父亲周吉民是一名切制中药片剂的普通工人，生于1903年9月19日。13岁时，因家境贫寒，小学4年级就辍学到中药铺当学徒，16岁满师时，又在店铺内帮老板干了3年。旧社会的学徒，实际是老板家中的一个长工，店铺内的事、老板家的事，什么杂事都干，睡的是地铺，吃的是残羹冷饭，早晨起来就要生煤炉烧水、扫地、卸门牌、买早点等，一直忙到深夜。此外，还要给老板娘当佣工，抱孩子当保姆。他当学徒时，挨打挨骂是家常便饭。父亲曾给我说过他挨打的一件事：有一天晚上药铺结账时，老板发现少了一块大洋，追问我的父亲，不但打了他，而且罚他跪在一幅赵公元帅的画像前，要他说出钱的下落。大概跪了一个小时，他才想起来是老板娘拿了柜台一块大洋，给儿子去买吃的了，而且当时老板在场。父亲告诉了老板，老板说："你怎么不早说！"又给了他一个巴掌。就这样，父亲在困苦的环境下磨炼成长。父亲19岁时，老板还想留他再干 3 年，他坚决不同意。1923 年，父亲离开家乡，拿了一把伞、背了一个包袱和一位同乡一起闯上海了。到上海后，他在上海杨浦区临青路的同德堂药店打工。女店主姓乐，她收留了父亲。父亲是一个感恩图报的人，他把乐氏视为自己的母亲一般，对她十分孝敬，要我们称她为外婆。在乐氏外婆的帮助下，父亲和我母亲王桂英结婚。母亲是宁波象山人，1909 年生，没有上过学，也不认识字，当时给人家当保姆。两个贫苦人，没有钱，没有住房，怎么结婚呢？那时，乐氏外婆把她家店铺的二层后楼腾出来给我父母做新房，在上海大业印刷公司做事的诸暨同乡陈士鸿（我称他为士鸿叔）拿出一笔钱给我父亲办了喜事。父亲一辈子记住他们两位的恩德。1937 年日本人侵占上海时，大业印刷公司被迫关闭，士鸿叔回到乡下，父亲汇钱给他，帮他渡过难关，直到 1945 年抗战胜利，父亲把他从乡下接回大业印刷公司工作。士鸿叔的侄子到上海谋生也住在我家，和我们一起挤在不到 14 平方米的阁楼里，父亲给他找了一家工厂当学徒做铜匠（钳工）。我小时候，同德堂店主乐氏外婆特别疼爱我，比我的亲外婆还亲，我在她身边长大，对我的影响很大。她给我讲了很多有趣的故事，我在上小学 4 年级时就给她读小说《三国演义》，她讲解给我听，还常带我母亲和我去虹口八埭头一个茶楼看绍兴戏。我至今犹记得她给我讲猪八戒为何变丑的故事，说猪八戒小时候并不丑，因为老说谎，有错误也不改正，错一次便丑一次，故这样丑陋了。她告诫我，有错就要改，否则就会越来越丑，长得像猪八戒一样，便讨不到老婆了。我小时候真信她的话，不敢说谎话。上海解放后，我和弟弟参加工作，姐姐出嫁了，我们家的生活改善了。因为乐氏外婆的两个女儿照顾不了她，她孤身一人，生活十分困难，父母便把她接到我家，和我们一起生活，直到 20 世纪 60 年代初她逝世。

我小时候长得可爱，常骑在父亲的脖子上，到他工作的制药作坊去玩。父亲的同事都叫我"周吉民的妮子（上海话，即儿子）"，喜欢抱我，要我拜他们做过房爷（即干爹），父亲坚决不同意，怕他们把自己的儿子抢了去。直到我成年，到父亲的作坊去，一些老师傅不知道我的名字，依然叫我"周吉民的妮子"。在那个年代，制药作坊非常简陋，全靠手工操作，劳动强度很大，师傅们都是光着膀子干活。父亲干活时，我就静静地坐在墙角看小人书。因为父亲一天到晚拿着一把很特殊的刀切薄薄的中药片，每天手的舞动不下上千次，故母亲跟他开玩笑，叫他"杀千刀"（上海骂人的话），父亲笑笑，也不在意。

抗战胜利前夕，同德堂药店因经营不善而倒闭。父亲失业了，不得不摆地摊谋生，而他又不会做生意，家中生活非常困难，父母愁容满面。这时，有一位开印刷作坊的店主叫方庆和，他认识上海童涵春堂药店的账房先生，便介绍父亲到童涵春堂药店做工，并愿作为保人，这样父亲便有了一份稳定的工作，使我们全家免于饥饿。父亲对他万分感激，每逢过年过节，父亲一定要探望方老先生，给方家送礼。春节时，他带着我和弟弟一起到方家拜年，一定要我们兄弟俩给方庆和老伯跪下叩头，以表示感激之情，并让我们一辈子记住方老先生的大恩大德。我成年后，方庆和老伯告诉我，他一辈子不下上百次给人介绍工作，敲图章，做担保人，被介绍的人很感激他，但没有一个人像我父亲那样记住人家的恩典而且念念不忘地报答人家。他说我父亲真是太有情义了。

感恩和报恩、帮人和行善是父亲一生行事的准则，也是给我最好的教育。当人家有困难或求助于父亲时，他总是尽心尽力，千方百计去帮助别人。他为人的原则是：人家对我好，我要待人家更加好。这句话成为我一生的行事准则。父亲一生给我的启示是，帮助人，做好事和善事，是天经地义，不能炫耀的，这是他的人生哲学。但若受到人家帮助，就不可以忘记人家，一定要报答人家。我上大学时，每次回家探亲，父亲从不问我学习成绩如何，总是问我和老师同学关系怎样，我告诉他对我好的一些老师和同学的名字，他居然都记住了。他总是叮嘱我要尊敬老师，报答老师，听老师的话，绝不做违背和伤害老师的事。后来，当我学有所成时，他更嘱咐我不要忘记那些曾经教过我、帮过我的前辈和老师们，要以实际行动来报答他们的恩情。

我清楚地记得，每当我回上海探亲，父亲就敦促我去探望或电话问候以前的一些好友，例如张维良高级工程师，他是我1951年进上海华通电机厂时给予我最大关怀和帮助的师兄；还有黄保麟研究员，他是我在南京电子光学系统设计学习班时认识的。父亲常对我说："黄保麟这个人最讲情义了，侬有好朋友弗要忘记。"我要是回到上海，因为偷懒了，或是不想惊动人家，没有去探望，没有打电话问候人家，父亲就不高兴，觉得自己的儿子太薄情了。

1961年，北京工业学院想派我到苏联留学。校人事处告诉我："你父亲在上海童涵春堂药店时参加了国民党，是集体加入的，事情倒不严重，也没有做过什么坏事。你作为家中长子，一定是知道的。你上大学时隐瞒了你父亲的这段历史，这是很严重的事，一定要老实交代。"我对组织说，我确实不知道这件事，我父亲文化程度低，不懂政治，他从不看报，也不问政治，他不会参加国民党的；他若参加，也一定会告诉我的。我便给父亲写了一封信，信中埋怨他对自己隐瞒了这段历史。父亲回信说，他绝没有参加国民党，无论是集体还是个人。他说，若参加国民党，一定要写个申请书吧，他没有写过；一定要填个表吧，他没有填过；一定要宣个誓吧，他没有宣过。即使这些都没有，一定会和店里的一些国民党员一起开个会或被布置个任务吧，这也没有。说他参加国民党完全是胡说八道。好在那时童涵春堂药店的国民党支部的负责人还活着，被关押在上海提篮桥的监狱中，可以审问他，便一清二楚了。后来，果真提审了这个人，证实了我父亲并没有参加国民党。那个人说，周吉民是老好人，和所有人的关系都很好，但他根本不懂政治，他们从来没有想发展他成为国民党。

水穷云起 周立伟自传

1965 年我从苏联回国休假，上海童涵春堂药店要我谈谈苏联的见闻。谈完后，支部书记跟我说："你父亲家庭出身、本人成分以及为人都很好，工作也很积极，是个大好人，支部曾想发展他入党。"当组织上找我父亲谈话时，说："老周，你为什么工作这样积极，别人 8 点上班，你 7 点不到就上班了。"父亲的回答大大出乎他的意料，他说："不瞒你说，新中国成立前，我每天早晨 6 点就上班了。"支部书记说我父亲的阶级觉悟、政治水平实在太低了，故没有发展他为共产党员。我父亲是一个普通老百姓，确实不懂政治为何物，什么共产主义、阶级斗争、无产阶级专政他都不懂。他也不看报，不会讲新社会一些时兴的话，但父亲是拥护和爱戴共产党的，他老念叨着共产党好有两件事：生病有医保，年老有退休金，不用依靠子女了，也不用为自己年老生病发愁了。再加上他最亲的人——两个儿子和一个女婿都是共产党员，是共产党培养成长的。他对党的感情是很朴素的，就像对方庆和老伯一样，认为党对我家是有恩情的，要一辈子牢记，绝不能背叛。

我父母虽然没有什么文化，也不会讲大道理，但他们对孩子的教育是很注意、很严格的。他们告诉我们姐弟都是一些传统的做人的道理和日常的常识，如尊重长辈和老师，帮助他人；不偷不摸，无论多穷，要有志气，绝不拿人家的东西；不说谎话，老老实实做人；不随便接受人家的馈赠，除非得到父母的许可；学习要勤奋，做人要诚实，兄弟姐妹要相亲相爱；答应人家的事，一定要努力去做；看到人家有难时，要尽力帮助；要珍惜粮食，吃饭时连一颗饭粒也不能留下；等等。特别是父亲，屡屡告诉我和弟弟要自立自强，要有独立生存的能力，自己能做的事，一定要自己去做，不要麻烦人家；自己能帮人的事，一定尽心尽力去帮。父亲告诫我说："人情是人加青，像个债字，而欠债是要还的，有事最好自己努力去做，尽可能不要麻烦人家，欠人家人情。"父亲告诉我："如果你的老师或帮助过你的人对你不满，甚至打击你，一定不要还击，要退避三舍，让事实证明自己。"父亲觉得做好事，做好人，是天经地义的事。

从我懂事的时候起，给我的印象是，父亲是一位有担当的男子汉，我亲眼看见他背着生病的祖母，飞奔到医院的情景。我也看到他肩上沉重的负担，特别是他失业后摆地摊的日子。他既要担负自己一家老小的生活，又要供养我乡下大伯一家，包括我的两位嫡亲堂兄，从找工作到他们的婚姻，都是他一手操办的。无论生活多么困苦，他一声不吭地扛着。我少年时，觉得父亲实在太苦了。弟弟13岁就当学徒了，我初二时也不想再念书了，我要工作帮助父亲养家糊口。父母坚决不同意，他们认为，儿子喜欢读书，无论如何，也要让他上学。上海解放后，我们家的日子好了，父亲更愿意去帮助别人了。母亲对我说，我们家的钱都给你父亲散光了。

我从青少年时候起，养成了什么事情都自己去做的习惯，不愿去麻烦别人。我至今不愿让学校给我配秘书，写文章都是自己动手，生活上也是自己买菜烧饭。即使自己或家人有病痛我也不愿意麻烦学生和同事。但遇到别人求我办事，我答应了就一定尽力去做；我若做不了或做不成，一定告诉人家。我一生对人对己、交友做事，恪守诚实、诚信、诚恳的态度，这都是父母言传身教的结果。

20世纪80年代，我弟弟周立法在上海市第二轻工业局管外汇调配审批等事，他的官衔不大，大概是一个科处级办事员，但办的是"美差"，因为下属单位申请外汇以及出国考察等都要通过他上报。我父亲知道这个差事的重要性，屡屡告诫他，要做事廉洁，切莫捞好处。我弟弟的性格像父亲，是个热心肠的人，也是一个对自己要求严格、很自律的人。他从事外事工作，有好几次机会可随同代表团出国考察，他都放弃了，把名额让给了别人。他说自己不会讲外语，也不懂技术，听不懂人家讲什么，坚决不愿意趁机到国外溜一圈。父亲还对我们俩说，你们两人现在都小有权力了，但你们在用公家的钱时要像用自己的钱一样，不能大手大脚，浪费国家钱财。他的这番话，就像警钟一样，屡屡在我耳边响起。我出差乘飞机时就坐经济舱，不买头等舱；乘高铁时买一等座或二等座，绝不买商务座；住旅馆也一样，住普通间，不住高级套间。

回想往事，父亲的许多品德是我这个共产党员所不及的。"文化大革命"时期，他已退休，有一天，他在我家附近值班，拿着小红旗帮助警察维持交通。突然他的后背被一辆飞驰而来的三轮车撞了一下，他身子往前扑，双手撑地。倒在地上的父亲立刻站了起来，双手沾满鲜血，但他对那个人说："没事！没事！我身体好。"父亲连一句埋怨的话也没有，还安慰人家，说自己伤得不重。原来，那个人是上海南市区中小学的一名老师，当时被打成"牛鬼蛇神"，红卫兵罚他骑三轮车拉货。那位老师虽然会骑自行车，但不会骑三轮车，掌握不了车的把手，骑车歪歪斜斜，把管交通的父亲撞了。当时，人们立刻把父亲送到医院，对双手进行包扎，共花了1元7角钱的药费。后来，这个中小学的校长专门到我家表示慰问和道歉，说学校红卫兵要批斗这位老师，指责他心怀不满，故意撞老人，进行阶级报复等。我父亲对这位校长说，一是这位老师不会骑，你们强迫他骑三轮车拉货，就不对；二是他绝不是故意的。自己的手仅是受点皮外伤，没有什么事。父亲要学校千万不要为难这位老师。后来，这位老师亲自上门对父亲千恩万谢。

"文化大革命"初期，父亲的一位同事刚刑满释放，求我父亲帮助他。此人原是童涵春堂国民党支部负责人。上海解放初期，镇压反革命时他就被抓起来，被判了17年有期徒刑。出狱时，正好"文化大革命"刚刚开始，谁都不愿意沾他的边，怕连累了自己。最后他想到了父亲，便求助于他。父亲见到他，二话不说，立刻帮他找房子住，置办简单的家具，把他安顿下来，还帮他找工作。我那时正好在上海，有人找我母亲，要她劝劝父亲莫沾那个人的边。我母亲知道父亲的脾气，说我父亲是头牛，劝不动的；后来也有人找我，要我劝劝父亲。父亲说："不管怎样，现在他刑满释放了，他要生存，我当然要帮他，无论你们怎么说，我都要管。"父亲讲得很有道理，这是做人最基本的道理：一个人要有恻隐之心，当人家危难时，帮人一把是没有错的。

我记得，父亲逝世时是 1988 年 11 月，在龙华殡仪馆举行追悼仪式，我租了很小的告别厅，仅能容纳 30~50 人，但那天实际到的有 100 多人，他们都是街坊邻居和亲戚朋友，大都站在厅外。漆黑的夜晚，天空下着蒙蒙小雨。仪式结束后，一个不认识的中年人与我握手，对我父亲逝世表示沉痛哀悼，他说了一句我未曾想到的话："如果我们的中央委员都像你父亲一样，那我们的国家就不得了了。"当时我大吃一惊，因为我父亲既不是干部，又不是党员，他就是一个普普通通的工人，一个切制中药片剂的工人。我知道父亲的一生一直在帮助人，但他从不对我们说帮了谁。我仅知道，20 世纪 50 年代中期，我的嫡亲堂兄被打成"右派"，从上海被发配到甘肃兰州劳动，生活非常困苦，无力养家，父亲便一直寄钱给乡下我的堂嫂，20 余年从未间断。父亲病故后，许多人特别是住家附近里弄的邻居对我说："你父亲为人实在太好了，他一辈子在做好事，不停地做好事。"父亲经常帮邻居家倒垃圾，帮助和照顾孤儿上学，帮助老人买药、打水；凡有事，只要托他，他一定全力去办；他的钱都支援那些生活上有困难的人、看不起病的人，他总是对人说，你去看病好了，医药费我出；等等。父亲觉得，这都是他应该做的，他每天从早到晚，忙忙碌碌，但从不告诉我们他在做什么。

父亲逝世后，里弄的人告诉我，说他会说书，常给大家讲故事，那是他每天晚上听电台广播学的。我听后大吃一惊，想不到他有这般才能。父亲从来没有打过我，但我很怕父亲，因为他对我的人品要求很高，对我很严厉。有一次，祝慕高大哥来我家探望父亲，临走时，父亲要我送他到公共汽车站，但走到半路，祝慕高大哥坚决不让我送，我只能回家了。父亲见我没有送客人到公共汽车站，特别生气，把我狠狠地训斥了一顿。还有一次，在北京家中，素芹在厨房做菜，做了菜后放在厨房外的桌子上。那时，小女儿周莉在房间里念书，她见外面桌上有好吃的，一会儿出来捞一块吃，隔一会儿又出来捞一块吃，我告诉她不要吃，菜是要招待客人的，她也不听，我气不过，就轻轻地打了她一巴掌。因为她知道爷爷疼爱她，就号啕大哭。我父亲非常生气地说我："小孩捞两块菜吃，有什么了不得，你这样打她。亏你还是老师，你教书也是这样打骂学生吗？"在父亲责备我时，我一声不吭，也不回嘴，这是我从小养成的习惯。后来，当我们把大女儿周霞的户口调回北京时，父亲非常疼爱周霞，他知道我的性子急，怕我打她，便与我约法三章，要我保证不打孩子才放行。父亲常批评我汉字写得不好，书法太差，还不如他这个小学4年级文化的人。

在上海，城里极少有人拿扁担挑东西了，对于父亲，这是他的职业习惯。每年冬天，他拿扁担挑着锅和熬药工具等到顾客家中帮人家熬炼滋补身体的膏药，这是童涵春堂药店给他的任务。记得有一次，北京的一位好友想在上海买两张钢丝床，求我帮忙。我给父亲说了这件事，他便记在心上。父亲认为这是帮儿子的大事，他立刻到商店买了两张钢丝床。因为公共汽车不让上，坐三轮车他嫌贵，他便自己用扁担挑着，两头挂着钢丝床，走了十几里路回到家中。那时他已经70多岁了。妈妈为此事埋怨我，万一出差错怎么办？我也十分后悔。我觉得，在父亲的眼中，我永远是个孩子，无论我年纪多大。20世纪80年代初，我50多岁，在国内已是小有名气的电子光学专家了，但每次从上海返回北京时，他都送我到火车站，用扁担挑着我的行李，不让我拿。

父亲的身体一直很好。他生病时，从不去医院，而是在床上躺着，喝点水，有时自己弄点草药，隔几天就痊愈了。我的父母都抽烟，抽得很凶，而且抽的都是低档烟。父亲80岁时得了肺癌。到医院看病，花了40元药费，都是公家报销的，但他嫌贵，不愿多服。当我知道父亲病重后，很着急，也很想念他。千方百计托同学从昆

（中年时）

（老年时）

（青年时）
父亲周吉民

明弄了一些草药，想救父亲的病。20 世纪 80 年代，教研室装有电话，但没有外线。我只能在晚上到海淀邮局给家里打长途电话，但上海老家还没有电话，我只能打临近里弄杂货店的长途，他们就在我家楼下喊我母亲。母亲赶到杂货店接我电话后，就安慰我，让我不要难过。我知道父亲病得不轻，就在电话旁号啕大哭。我那时确实应该回上海去探望父亲的，但我实在太忙，教学、科研、行政的事一大堆，走不开。父亲病危的电报发来后，没有直接送到我家，而是放在楼下的报箱里，第二天我才发现，赶忙买火车票，但我到达上海时，父亲已经病故了。我没有见到父亲的最后一面。我那时特别后悔，觉得自己是天下最不孝的儿子。

我现在也是一个行将就木的垂暮老人了，许多事情记不清了，但屡屡回忆自己的父母，好像事情发生在昨天一样。

二、母亲干练，正直慈祥颇具智慧

我的母亲叫王桂英，1909 年 10 月 27 日生，浙江象山人。她不认识字，甚至连自己的名字也不会写。但她是近视眼，戴了一副度数很高的眼镜，文雅秀气，举止谈吐就像一个高级知识分子。我觉得母亲年轻时特别漂亮。小时候，我看了一场电影，演女佣的女主角阮玲玉特别像母亲，我以为是母亲演的。我心想：妈妈真坏，出去拍电影也不带我。我年幼时，住的上海街道里弄都是平民老百姓，他们的娱乐就是打麻将、推牌九、玩纸牌等，输赢很小，特别热闹。我小小年纪，特别喜欢看人家打牌，很快就精通了。只要邻居或家中一打牌，我就没有心思读书了。赶我也赶不走，而且指手画脚，指点人家。母亲看在眼里，心里特别着急：儿子这样爱玩，怎么劝也不听，长大后一定是个赌鬼，怎么办！有一天，母亲把我带到市中心她的女友（我称呼她为祝家姆妈）家。她家也在打麻将，可是离麻将桌不远的床上，坐着一位男青年，他聚精会神在读书，一点也没有受影响。这位青年比我大 10 岁，我称他为慕高大哥，他那时在上海交通大学建筑系学习。母亲要我向他学习，用功读书，将来做一个有出息的人。我当时就答应母亲今后再也不看人家打牌，也不和小朋友玩牌了。

我小时候是一个比较文静的孩子，但有时候也很淘气。大约 8 岁时的一天，父亲和母亲拌嘴，我在墙角旁站着，父亲说："我们男人呐，养家糊口，多辛苦啊！你们女人……"父亲走后，我在墙角学着父亲的腔调，脚一颠一颠，阴阳怪气地说："我们男人呐，养家糊口，多辛苦啊！你们女人……"把母亲气坏了，就追着要揍我，我当然跑得快，一溜烟就逃跑了。到下午洗澡时，我完全忘了上午气母亲的事，当我走进浴盆时，被母亲按住，狠狠地打了一顿。我哭着向母亲求饶，保证以后再也不气母亲了。我确实太淘气了，我的一生就挨了母亲这一次打。

在我们姐弟三人中，父母比较喜欢我，一方面是当时的社会重男轻女，我是长子；另一方面我的学习不用大人操心。家中虽然贫穷，但我并没有吃什么苦，苦难都是大人还有姐姐周月青承担了。母亲什么家务都不让我干，连袜子、手帕都不让我洗。1946年秋，我到高桥中学读初三，高桥在浦东，我家在浦西，要乘船从黄浦江摆渡过去。母亲把我送到高桥中学，给我的床铺支上蚊帐，还看了学校的伙食。下午，母亲要回浦西了，我把她送到高桥码头，在母亲要登上摆渡船的刹那，我突然跪下，抱住她的双腿大哭，不让她离开。这是我第一次离开自己的母亲，想起我将孤身一人生活在陌生的环境，特别害怕。从小到大，我一刻也没有离开过母亲。母亲也掉下眼泪，她也舍不得我。我那时特别挑食，这也不吃，那也不吃，她担心我生活上适应不了。她劝慰我好好读书，星期六下午就可以回家了。母亲含着眼泪上了船。

母亲虽然没有什么文化，但她无论何时何地都表现了极高的修养，很有名门闺秀的风范，不像一般的家庭妇女。她能想出带我到祝家姆妈家教育我向慕高大哥学习这一招，足见她的智慧。我记得1977年，我陪北京大学吴全德教授到上海开会，吴先生一定要到家中拜访我的父母。父母非常欢迎，他们觉得，吴先生是自己儿子的恩师，感动得不得了。但父亲见到吴先生时，一句话都说不出来，也不敢陪吴先生吃饭，见了一面后就溜走了。倒是我母亲，大大方方地与吴先生交谈，衷心感谢他培养自己的儿子成才。母亲是一个典型的贤妻良母，父亲一辈子从不做饭烧菜，家务事都是母亲操心。

父亲喜欢交友，特别是新中国成立后，我们的家境宽裕了，经常留客吃饭，母亲总是热情接待；父亲接济别人，寄钱送物，她从不阻拦。母亲还做得一手好菜，每当有客人时，她总是能变出很多菜肴去招待人家，特别是母亲制作的什锦暖锅，色香味俱全，是我最喜欢吃的菜了。每逢过年过节，我就帮着母亲做蛋饺、磨糯米粉、做酒酿丸子，非常快乐。母亲做的四方肉，像红烧肉似的，特别好吃。母亲对待媳妇和女婿，像对待自己的子女一样，非常和蔼。素芹特别喜欢我母亲，两人相处得像母女一样。因此，家中婆媳关系十分和睦。

新中国成立后，我们的家境宽裕了，姐姐出嫁了，弟弟和我都工作了。母亲在家中没事，就参加大境路开明里的里弄工作，完全是尽义务。她到里弄后，就显现了她良好的组织和管理才能。她管里弄的卫生和安全保卫工作时，身上带着一个小图章，上面刻有她的名字。每当有事，她便口授一张条子，盖上她的私章，就把事情吩咐下去了。她讲话条理清楚，简明扼要，很能体会上级意图，去做思想工作。那个年代，每当节假日，上海公安局要求里弄管好四类分子（即"地富反坏"），不让他们上街。母亲十分同情他们，觉得他们受管制十分可怜。里弄派母亲上门做思想工作时，她总是和颜悦色地和他们的家属聊家常。母亲虽然不识字，但她记性很好。有一次，一位领导到开明里视察时讲了话，下了指示。领导走后，参加会议的干部都是一些老大爷老大妈，谁也记不得领导讲了些什么，只有我母亲，她能回忆出领导所讲的话。当街道主任告诉我时，我也不大相信，她一个不识字的老太太有这样好的记性。当我夸母亲时，她说这有什么稀奇的，她甚至能背出越剧男女主人公吟唱的台词。直到现在，我也不明白她这样一个不识字、没文化的家庭妇女有这样聪慧的头脑、这样的好记性。但是，没有文化、不识字，不等于没有智慧。我觉得，我的母亲是一位具有智慧的妇女，她对子女教育慈祥亲切，与女婿儿媳和睦关爱，家中老少照顾无微不至，

周立伟的父母

人情来往祥和温暖，里弄卫生管理得井井有条，足见她有很高的智商和情商。很多人对我说："你这样聪明，一定是你母亲把智慧的基因传给你的，使你如此优秀。"

20世纪60年代初，家中孙女、孙子相继出生，母亲就回家照顾孩子，已退休的父亲便替代母亲到里弄服务，但他就只会干一些具体的事，办事能力、说话水平远不及我母亲。和父母在一起，我好像有点怕父亲。父亲责骂我，我就恭恭敬敬地听着，一句也不敢回嘴，也不敢多解释一下。但我和母亲的关系就不一样，我们两人经常开玩笑。她在北京时，我下班后回到家中，就对母亲说："姆妈，我给你敲敲背好伐？"我有时对她开玩笑说："姆妈，侬年轻时多漂亮啊！比电影明星漂亮多了！侬弗当电影明星实在太可惜了！""姆妈，侬不识字尬聪明，幸亏侬不识字，侬要有文化的话，阿拉都不能活了。"母亲大笑。母亲也跟我开玩笑，她对我说："儿子，侬尬漂亮，一些小姑娘对我讲，立伟阿哥看我一眼，我骨头都酥脱了，就晕倒了。"我也哈哈大笑。许多朋友跟我开玩笑，说我的运气真好，父亲这么善良和诚信，母亲这么智慧和干练，都遗传给

203

水穷云起 周立伟自传

（青年时）　　　　（中年时）
母亲王桂英

我了，使我能有所成就，我真是感谢亲爱的父母。

父母这一代虽没有什么知识和文化，但为人仗义，而且特别诚信友善，为人处世，有情有义。他们每天都干很重的体力活、家务活，劳动很累，但活得很舒坦、很快活。做事情一板一眼，从不马虎；对朋友讲义气，肝胆相照；人与人之间的关系单纯、友善和亲密。父亲和制药师傅们工作特别敬业，一丝不苟。中药炼制的一套程序特别复杂，都是祖祖辈辈传下来的，他们没有文化和知识，什么道理和原理知道得很少，但他们制药时一点也不敢马虎，知道自己干的是良心活。父亲和同事之间关系十分亲密，讲朋友义气。记得"文化大革命"快结束时，父亲一个同事的孙子在上海乡下插队，返城需要一大笔钱去打点，父亲就忙着给这位同事筹钱，他四处奔走，凑了一大笔钱，立刻送到同事家中。让我奇怪的是，他们都是劳动人民，并不是有钱人，但借钱或给钱都不打借条和收据，十分自然，也没有什么经济纠纷，更没有打官司之类的事。

我曾不止一次对别人说，自己的一生，受父母的影响太大了。我的成功多亏了我的父母，是他们遗传给我善良、感恩、诚信、敬业以及智慧、坚毅的基因，使我有较好的品德，能在社会上立足，并有所成就。父母从没有想过儿子能当教授、当科学家，他们只想自己的儿子有一份工作，平平安安能养家糊口，为社会做点事，就十分满意了。父亲去世后，只给母亲留下了两张尚未贴满印花的96

周立伟一家的全家福［摄于 1966 年。前排中间抱孩子者为周立伟的父母；
后排左起：吕素芹、周立伟、姐姐周月青、姐夫阮如九、弟弟周立法、弟妹王爱娣；
前排左起：阮冬敏、阮中祥、周霞（母亲怀中）、周煜（父亲怀中）、阮元祥、阮天祥］

元存单，没有遗嘱，也没有存款，我从父亲的遗物中挑了两把压纸
的铜戒尺以作纪念，我们姐弟三人之间都很互爱和睦，父母的遗产
只有上海的一套住房，因姐姐和我都已经成家，自然留给弟弟一家，
因为他们一直和父母生活在一起。

　　我一生感到特别幸福的是，父母不但养育了我，而且是我最好
的人生导师。我为有这样的父母而骄傲和自豪。

第十五章　怀念素芹

　　2017 年 1 月 3 日，素芹离开了人世，像晴天霹雳一般，把我击倒。我不能想象，我的未来没有她会怎样。对于世界，素芹是一个极为平凡的女人，犹如沧海一粟；而对于两个女儿和我，她就是我们的世界，我们的最爱。

一、天不作美，贤伴侣悄然离世

　　当我的妻子素芹于 2017 年 1 月 3 日下午逝世的时候，真的像霹雳一样，把我击倒了，我没有想到她会走得这么快。那天上午我还在想，春节时我们和周霞一起到上海看望姐姐和弟弟一家。近几年，虽然我也因肾病住过院，素芹也是各种疾病缠身，我们还是愿意到上海过春节。上海的好处就是热闹，有人聊天、打牌等，不会感到寂寞。我的姐姐周月青、弟弟周立法都和素芹特别亲，做了好多菜犒劳我们，我们还常到南京路吃"021 上海菜"。素芹特别愿意和姐姐、弟弟们打麻将。每当上海的亲戚朋友们看到素芹来沪探亲，纷纷说：送钱的人来了。我也是这样想的，因为素芹打麻将从不计算上下家的牌，焉有不输之理。素芹打麻将时脑子十分清醒，虽然她的麻将技术属于初级水平，可她却是赢多输少。其原因在于，她不按常规出牌，别人都弄不清她出牌的招数，往往败下阵来。只有跟我弟弟周立法打麻将，素芹从来没有赢过他。我们每次到上海探亲，姐姐和外甥一家，弟弟和侄子一家，都热诚招待，使素芹忘掉了身上的痛苦，感到十分温暖。

2017 年元旦那天上午，我去探望王大珩先生的夫人顾又芬老师和孟昭英先生的夫人贺苇老师，向两位老人拜年，她们两位都 97 岁高龄了。问起素芹的病况，我向她们汇报，说素芹刚出院，情况还好，春节时我们将用

轮椅车推着素芹到上海游玩。谁会想到，她会在 1 月 3 日离开我们。

素芹的遗体告别仪式是 1 月 5 日在八宝山殡仪馆举行。年迈的姐姐和弟弟、弟妹全家都从上海赶来。灵堂挂满了花圈和挽联，挤满了人，出席的人有我们的同事、学生和亲朋好友。其中有比我年龄大的老师，如连铜淑先生。还有陈向东将军，他是顾瑛院士的丈夫，因顾瑛院士生病，他代表顾瑛赶来表示哀悼，令我们十分感动。顾瑛院士是素芹的好友，素芹患病期间，她给予了很多关怀和帮助。出席遗体告别仪式的还有我们 8531 班不少老同学，几十年来，他们视素芹如妹妹一样。

从素芹走后，大概有 2 个月，我整天昏昏沉沉，不愿面对她这么快离去的事实。素芹比我年轻，身体一直很健康。我们结婚时，她答应要照顾我的晚年，但她自己却先走了。这是我想不开的。她走后，我颓废得很，不愿接听电话，也不愿会见客人，我只想静静地一个人待着。

我和素芹之间的感情很好。结婚几十年来，我们几乎没有吵过架。我从没有打过她，也没有说过她难听的话，我们俩常开玩笑，讲笑话。她是一个典型的贤妻良母，生儿育女，为这个家忙碌着。她为这个家操劳了一辈子，任劳任怨。说实话，她并没有过几天好日子，从我们 1962 年结婚起，有 40 年之久，我们两人过的是手头拮据、生活清苦的日子。刚结婚，我就到苏联留学 3 年半，回来后

又遇上"文化大革命"，在"文化大革命"的最后几年，我还多次被派出国考察和出席国际学术会议。改革开放后，我受到兵器工业部和学校领导的信任，天天为校内外的事情忙碌。我爱自己的家，但又顾不上家，家中大大小小事全包给了素芹。

对于自己的双亲，我是一个不孝的儿子，对素芹来说，我也不是一个好丈夫。我一直答应带她去俄罗斯访问，看看列宁格勒，看看我的母校，逛逛涅瓦大街，以及我当年埋头苦读的谢德林图书馆，还有克里姆林宫、红场、冬宫等。俄罗斯的朋友多次邀请素芹去圣彼得堡和萨马拉访问，因公出国时我也曾想带素芹同行，机票住宿等开销一切由我们自己支付，但外事规定不允许带夫人，我不能因私违反规定。

其实，前些年我有机会带素芹一起访问俄罗斯，列宁格勒电工学院、俄罗斯国立萨马拉航天大学和俄罗斯联邦工程科学院都曾发邀请信，邀请我俩访问俄罗斯。当时我总觉得，我还没有退休，作为一般教员，带夫人出国访问有点出格，学校还没有这个先例。近几年，私人旅游开放了，到俄罗斯旅游是一件很容易的事，但我们两人都老了，病痛已不能使我们到国外任意走走了。

总之，我一想起这些，觉得自己十分愧对素芹。有好几个月，我在家中，不想见人，也不知道要干什么。后来，我们班上一些老同学告诉我，有空写写对素芹的回忆吧！一是消磨时间，二是让大家了解素芹，知道她是如何对待人生，对待家庭的。

2020年年初，新冠肺炎疫情的袭来给了我很多空闲时间，使我能细细回忆素芹和我相处的日子。我非常想念她，她走后有几个月，我断断续续回忆了素芹与我从相恋、相识到结婚，生儿育女，以及素芹病痛的历程。我们俩都是普通平凡的人，没有干过什么轰轰烈烈的大事，但素芹的逝世对我来说是一件大事，我把我和她相处时的一些事情写出来，她的喜怒哀乐和她的平凡人生，以及她对家庭和儿女的爱、对友人的态度，作为对她的怀念和纪念，也让一些认识她的友人了解素芹平凡的一生。

当我梳理素芹和我相处的这几十年历程时，我觉得，她虽然是一个很平凡的女人，和学校里许多教授的妻子一样，一天到晚操劳家务，为这个家忙碌着，养育女儿，抚育照顾外孙女，支持自己的丈夫。我以前认为，这一切都是自然的，家是她操劳的，事业是我奋斗出来的。但仔细想想，家中若没有这位"后勤部长"，会有我的今天吗？

素芹走后，我们的家一切都保持着原状。我经常静静地坐在她的床边，对着她的相片，默默地与她交谈，诉说我对她的思念。下面是我在素芹逝世不久怀念她所写的诗。

你走了，悄无声息地走了

你走了，悄无声息地走了。
天色多么灰暗，风无情地吹着。
你独自走了，不和我告别。
你舍我先走了，世界变得灰暗了。

你走了，悄无声息地走了。
我轻声地呼唤着你，你却不予回答。
你带走天上的云彩，把孤独留给了我。
我害怕寂寞，想和你诉说我的思念。

你走了，悄无声息地走了。
你抛下了我，为什么不等我同行。
你可知道，通向天国的路途遥远。
漫天的风雪，还有满地的荆棘。

水穷云起 周立伟自传

你走了，悄无声息地走了。

你没有告诉我，你将走向何方。

你的眼角还挂着热泪，蕴含着人生的眷恋，

对亲人执着的爱，我知道你是不愿走的。

你走了，悄无声息地走了。

天国的路漫长遥远，

愿你一路走好，一路走好……

誓言永恒，相约终生

亲爱的，你可记得，多少次清晨，

我呼唤你："醒来吧，美人儿！"

睁开你明亮的眸子，去迎接北国的黎明。

你睡眼惺忪，责骂我把你的美梦惊醒。

今天，你深深地沉睡着，

"起来吧！懒骨头，我的美人！"

任我大声呼唤，你不再搭理我了！

我孤独一人，再也听不见你爽朗的笑声，

还有那委婉的忠告，和无尽的忧虑。

此刻，我正坐在你的床边，

凝视着照片上美丽的你。

想起我和你度过的艰辛和困难的日子，

高兴和快乐的时光。

我想和你回忆，相约终生，山盟海誓。

记得结婚那天，你对我说：

"不许打我，不许抛弃我，衣服自己洗，家务事一起做。"

你我誓愿，天老地荒，情无穷尽。

相濡以沫，不离不弃。携子之手，与子同行。

你一直告诫我"木秀于林，风必摧之"！

枪打出头鸟，做人莫张狂。

不忘初心，莫让光环迷乱心境。

更要谦虚谨慎，宠辱不惊，

诚信做事，感恩做人。

亲爱的，你悄悄地离开我了。

我生命中的阳光，永远熄灭了。

我再也找不到，说知心话、开玩笑的人了。

一个魂牵梦绕的女人，悄悄地离我而去了。

周立伟与吕素芹合照（摄于2010年）

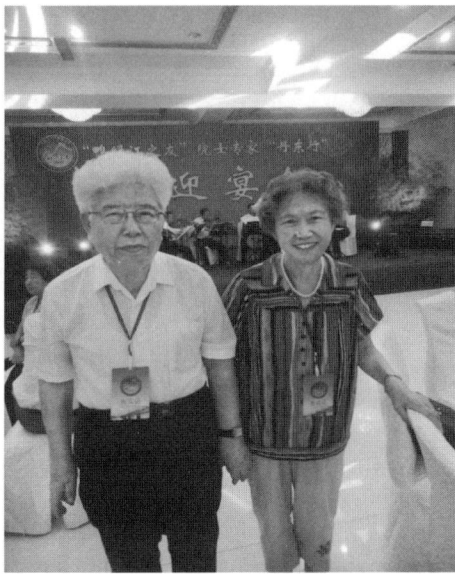

周立伟与吕素芹在丹东留念

二、淑慧贤良，"三好"女人操持家

关于我的婚姻，我在"天赐良缘"一章中详细谈了 1962 年夏我与吕素芹在北海公园认识，一起到上海结婚的经过，这里就不重复了。我和素芹结婚后很少写信，即便写，也是寥寥数语，没有什么感情色彩和令人感动的词句。素芹骂我"忘情负义"，我笑着对她说："老婆骗到手了，再也不用动脑筋写情书了。"不过，她每年的生日我是记住的而且庆祝的，蛋糕和猪蹄是必不可少的。偶尔，我也写点打油诗哄哄她，让她开心。2008 年 3 月 14 日，我专门写了一首诗，献给她 70 岁寿辰。

我爱你，不光是因为你的美丽

我爱你，不光是因为你的美丽，还有你的可爱。
你的可爱更显你的美丽，使我心旷神怡。
和你在一起，你不在乎我的样子，
我无拘无束，扬起心中风帆。

我爱你，不光是因为你的可爱，还有你的温柔。
你的温柔增添你的可爱，使我充满快乐。
和你在一起，你常鼓励我的勇气，
我无畏无惧，迎接风雨征程。

我爱你，不光是因为你的温柔，还有你的善良。
你的善良弥漫你的温柔，使我敞开心怀。
和你在一起，你能分享我的苦乐，
我无怨无悔，贡献壮丽青春。

我爱你，不光是因为你的善良，还有你的真诚。

你的真诚浸透你的善良，使我感受幸福。

和你在一起，你不苛求我的缺点，

我自由自在，享受美好人生。

我爱你，因为你的光芒，

穿过我心田的旷野，拨动我心灵的琴弦。

我轻轻地呼唤，我爱你。

因为你是为我降生的，而我是为你活着的。

  我上大学时，学校为了鼓励学生进步，建立了表扬"三好生"的制度，即表扬"学习好、工作好、身体好"的学生。我在家中，就称素芹为"三好"女人，说她是一个"好媳妇、好妻子、好妈妈"。这不是拍她的马屁，是我的真心话。我认为，若男人娶了这样一个"三好"女人，就是前世修来的福气。一个"三好"女人，她管三代，上孝顺公婆，中帮助丈夫，下教育孩子，使家庭和睦、事业兴旺。素芹进我家门后，就是这样的女人，亲戚朋友无不夸她贤惠。父母很喜欢她，姐姐与姐夫、弟弟与弟妹和她都很亲密，她和我家任何人从没有发生过一点点矛盾和冲突。素芹非常爱我的父母，把他们看作自己最亲的亲人，尊敬和孝顺他们。我的父母也十分疼爱这个媳妇，每当我和素芹发生矛盾时，父母总是站在素芹那边，说我不对。当然，夫妻之间朝夕相处，不可能没有矛盾，但我和素芹吵架红脸的时候极少。她有一个原则，绝不在父母面前和我吵架。一旦两人发生争执时，她不愿让老人、孩子或邻居以及朋友听到，关上门要我小声点。她也从不在我父母面前斥责或羞辱自己的丈夫，更不在孩子面前斥责自己丈夫的不是。

  女儿周莉曾问我和她母亲当年结婚时有没有约法三章，确实是有的，但没有成文。所谓约法三章，都是素芹对我的要求，其内容

水穷云起 周立伟自传

是：婚后不许打她，不许抛弃她，衣服自己洗，家务事一起做。当年的约法三章，几十年来我都做到了。我们结婚后，我不仅没有打过她，甚至没有对她说过什么脏话。至于家务事，当然她做得最多，但我有时也做饭烧菜、换液化气、搬蜂窝煤、买大白菜等。

1962年11月初，我离开北京赴苏联留学，不到半年，素芹怀孕了。那时素芹一个人在北京生活，住集体宿舍，时饱时饥，生活没有规律。1963年6月，素芹到上海待产时人很瘦，看不出怀孕的样子。后来在母亲的精心照料下，她的体重才大大增加了。1963年7月17日，大女儿周霞出生。素芹怀二女儿周莉时，也是独自一个人在北京，生活十分艰苦，直到待产时才回到上海，由母亲照料。周莉出生时体重仅4斤8两，在保温箱内待了3天。我对素芹和两个女儿感到特别惭愧，无论是待产、生育还是月子期间，作为丈夫和父亲，我都没有给素芹和孩子爱护和照顾。

我觉得，我的一生很幸福，最主要的是我有一个美满幸福的家庭支持着。我一天到晚忙于业务，无后顾之忧，美满幸福的家庭是十分重要的。

素芹对我的同学以及他们的家人都很热情。20世纪90年代，我同学夏瑞明的女儿汤晓瑞要出国，到北京读托福时就住在我家，和我们同吃同住，成为我们家的三女儿了，她叫素芹妈妈，叫我周爸爸。当她托福考试结束后返回昆明时，她和素芹在北京车站流泪告别。

我和素芹结婚以来，互相尊重。我们从来不拆对方的信件，也不翻阅对方的手机，彼此从不怀疑对方。由于学习和工作的关系，经常和我交往的有女同学、女学生和女同事。无论她们和我联系如何紧密，交往如何频繁，素芹从来没有表现对人家的"不敬"或"怀疑"。她见人家上门，总是热诚相待。

我们俩经常开玩笑，也常推心置腹地谈心。我对她说，我爱父母，怕他们为我担忧，总是报喜不报忧。她说："你对我也是报喜不报忧吧！我知道，你在外面受了不少委屈，但你回家不讲。总是一个人扛着。"

三、与世无争，中庸之道避祸端

　　素芹是一个多才多艺、能歌善舞的人，但又是与世无争、甘居中游、平庸是福的人。当年在北京 218 厂工作时，她是厂舞蹈队的主力，曾经到人民大会堂演出。1993 年 3 月，素芹退休后，有空闲时间了，她就积极参加学校老年舞蹈队，是主力之一。每天早晨和一些退休的女教师、女同事们一起练习舞蹈，经常参加一些演出活动。她还参加工会组织的歌咏团、绘画班、书法班等活动。因此，除了家务，她每天也挺忙的。对于她参加这些活动，我百分之百支持。

　　素芹参加老年绘画班后，就迷上了工笔画。她从初级班、中级班、高级班，直到研究员班。我发现，素芹在美术方面确实有一些天分。工笔画讲究细功夫，一幅画需要涂色七八次，非常烦琐。她舍得下功夫，不厌其烦。她的工笔画画得很好，有一幅孔雀画还被

吕素芹的画

拿到展览会上展出，甚至被选入画集。我跟她开玩笑说："你太可惜了，当年应该到工艺美术学院学画画，不应该学工。你是选错了道路，你若自青少年时代选择绘画，现在说不定是'大师'了。你的画卖了钱，我们家便有钱了。"

素芹是一个极其聪明的人，她学什么都很快。例如，她做了上海媳妇后，到上海几次，很快就学会了一口上海话。她原先不会烧菜，在嫁给我后，我和母亲教她做上海菜，她很快就学会了，菜做得比我还要好。20世纪八九十年代，我带了不少研究生，每年年底我把学生们请到家聚餐，一桌子20多个菜都是素芹一个人做的。学生们每次都吃得底朝天，大家特别高兴。素芹还会毛线编织，开始是给我织毛衣，后来给我织了几顶法国式的贝雷帽，也织了好几顶送给教研室的同事们。

在实验室工作上，素芹总是勤勤恳恳地努力完成教研室领导交给的任务，当好教授的助手，帮助学生进行实验，做好本职工作。她是一个与世无争、中庸和善之人。她对我抱着一种矛盾的心理，一方面，希望自己的丈夫好，工作出色有成绩，受人尊重；另一方面，又希望我不要太好，太拔尖，因为这样会招人嫉妒。她希望全家一辈子平平安安，过太平日子就好。

素芹对我从没有什么爱称，比如像我父母那样叫我立伟或阿伟，也没有如我的同事或学生称我为"老周"或"周老师"。她总是"周立伟、周立伟"地大声呼唤着。我问她为什么像陌生人一样叫我，她说不知道，就觉得周立伟叫起来响亮。我和素芹结婚后，我主外，她主内，家务杂事都由素芹承包了。家里的事、孩子的事，包括财政大权，全部交给了她。

素芹不爱写东西，平时写什么都是我帮她。就这样，她养成习惯了，就不动脑筋写作了，我便成了素芹的私人笔杆子。我总是笑她不动脑子，她说有我她就不需要动脑子了。前几年，她的好友霍雅玲用手机给她发了很多短信，霍雅玲因病不会说话，但能写信，而素芹能说话，不会发短信。于是，我手把手教她在手机上写短信，当时她会，第二天就全忘了，这大概是已经得了阿尔茨海默病的缘故。因此，这些年来，我常常帮素芹回信息，成了她的专职秘书。

四、心存大爱，愿天下无受苦人

1984 年 4 月，我因为被评为国家级有突出贡献的中青年专家，工资涨了 59 元，家中的生活有所好转，但上有老，下有小，生活并不是很宽裕。从 20 世纪 90 年代开始，家中老人都先后走了，孩子长大了，一个出国，一个大学毕业，都能自立了。我和素芹有一个约定，我们要把工资、津贴以外的收入，如奖金或评审费等都捐出来，给更需要的人。素芹毫不迟疑地同意我的意见，只要我们的工资和津贴能维持我们日常简朴的生活以及未来的住院费用就可以了。自那时起，我们一直是这样做的。

1991 年，我个人得了光华科技基金一等奖，奖金为 5000 元，我当即捐给了马士修奖学金和徐特立奖学金。此外，我和我的团队研究的项目获得了国家科技进步奖二等奖，虽然那时奖金很少，分到我头上的奖金大概是一二百元而已，我也捐了出去。1995 年，我的专著《宽束电子光学》获得第二届国家图书奖提名奖、第八届中国图书奖和第七届全国优秀科技图书一等奖，得了 3000 元奖金。我把奖金全部捐给了徐特立奖学金和马士修奖学金。所有这些捐赠，素芹都是支持的。

从 20 世纪 90 年代起，每当国家有难，如 21 世纪以来国内的三次大地震，我和素芹没有力量到地震第一线支援灾区，就商议捐点钱表示心意。我们俩捐献的金额每次在全校是数一数二的。2012 年，因为工资涨了，我们有了一些积蓄，手头更宽裕了，我和素芹一起捐给北京理工大学基金会 50 万元，在基础教育学院和光电学院设立了立伟奖学金和吉民助学金，后来又捐了 50 万元给浙江诸暨十四都藏绿村家乡的孩子们。2020年10月，我捐了50万元给学校，建立了周立伟—阿石创奖学金。2023年，我又捐出250万元，累计300万元，在家乡诸暨成立了教育基金。

有朋友对我说，你们捐这么多钱，老伴吕素芹难道没有一点意见吗？何况你们也并不富裕。我对他说，当我评上院士后，尤其是近几年，我的收入和津贴大大提高了，生活水平也提高了，但我们仍然和过去一样，过的是和学校教师们一样的生活，一般是在食堂里吃饭，花费并不多。这些年来，我们积蓄了一些钱，我们的住房足够了，也不买新房，这些钱对我们没有什么用。

我们结婚后，我从没有想起要给素芹买点首饰，或给她买件漂亮衣服。我们俩极少出去游玩，连看电影都很少。记得有一天傍晚，我们俩决定去双榆树的华星影院看场电影，到了电影院，发现没有好电影，而且票价70元一张，太贵了。素芹说，还是在外面吃一顿饭，回家看电视剧吧！结果花了38元吃了云南过桥米线后就回家看电视了。

应该说，我和素芹对钱财看得比较轻，无论家中有多少存款，我们过的是平常日子，吃的是食堂，就十分满足了。虽然我年轻时工资曾经很高，但仅过了几天宽松的日子，就上大学了。我大学毕业后，几十年来，工资不高，尤其是两个孩子出生后，上有老，下有小，生活十分拮据。我和素芹结婚家里连家具都没有，家中值钱的一台12寸电视机和一台收音机，都是父母把乡下的老房子卖了，分给我500元，于1979年购置的。1987年，当女儿周莉赴美国攻读博士学位时，我甚至为她的一张机票钱发愁，是孟昭英先生给了我100美元，帮我解脱了困境。

五、处世谨慎，低调为人善若水

素芹虽然读的书没有我多，但她的头脑很清晰。记得我当上院士后，她说了一句很有哲理的话："你虽然是中国工程院院士，但外面有很多人比你强。"她说得很有道理，不少科技专家，包括我当年一起上学的同班同学，由于种种原因没有进入院士行列，但他们的学术水平是很高的，贡献也是很大的。1999 年，当我被选上中国工程院院士时，虽然这是我这些年勤奋努力的结果，但也有机遇和前辈们的支持。素芹说得很对，没有被评上院士的人，很多学问、水平、成就比我高，不过我比较幸运而已。

素芹对我说，她在外面从不提起我，更不夸我。校内很多和她要好的同事好长时间都不知道我是她的丈夫。她嫁进我家后，受我父母影响很大，几十年相处下来，她感到我的父母很伟大，是我们小辈的榜样。特别是父母的善心和爱心，以及诚实守信、乐于助人的品德。她一直提醒我要低调再低调，我对素芹说，我父亲做事是跟随自己的良心，从不考虑人家背后的议论。我也应该随自己内心做事，不应管人家的毁誉和闲话，永远把自己放在很低的位置。有很多次，当有人来我家访问，称呼我为"周公"时，被她立刻制止了。她说，在中国，周公是对敬爱的周恩来总理的尊称，已经成为专用名词了，绝对不能这样称呼周立伟，你要这样称呼，我们无地自容。同样，她见到一些学生来信称呼我为"夫子如唔""向夫子请安"等，她也立刻纠正。因为，只有伟大的人，如孔丘和孟轲才能称得上夫子，对周立伟绝对不可以。后来我们回诸暨老家探亲，家乡的人称我为"藏绿周郎"，她很高兴，说叫周郎可以。素芹希望我不要忘乎所以，时刻保持清醒的头脑。

六、多灾多难，痴呆病无力回天

2010 年，女儿周莉来信让我和素芹到美国探亲，顺便到加拿大旅游。本来办探亲签证是很容易的，但美国大使馆签证处一直在卡我，让我把简历和近期发表的文章发给他们，还要请示美国国务院，才能决定是否给予签证。我给他们解释，我不是出国参加学术会议或考察，我是探亲。他们根本不听我的解释。后来只能素芹一个人去美国了，而我的签证是过了 6 个月才拿到的。

素芹回国后，似乎一切都正常。只不过她说去阿拉斯加旅游时从游轮的上铺掉了下来，前额流了点血，擦破点皮。回国后，我们便到医院检查，检查下来，似乎也并无大碍。后来感觉有点问题，她每天早操后回家跟我说，今天跳舞又错了，同伴们说她老跳错，很丢面子。我当时以为她年龄大了，记忆力衰退了，不知道是病。后来，她出现了幻觉。中午吃饭时，家中仅有我们两个人，她就说她为什么不和我们一起吃呀！我问她，那个"她"是谁，她说："艳丽呀！"艳丽是素芹的外甥女，以前一直住在我家。有时她说："老黄呀！"老黄是和素芹同一教研室的同事，从来没有到过我家，素芹却说他坐在那里。

素芹的病时好时坏，正常时一切都好。吃药后，幻觉的现象似乎有所改善。她有时向我要钱，我上午给她 100 元，她就放到某一个地方，下午却记不得自己的钱放在什么地方了。有半年多，她每天晚上跟我说"我要回家""这里不是我的家"，一定要收拾行李，回以前的老家去。我向她再三解释，我们 2001 年搬到这里了，原来住的老家早已还给学校，已经住人了。解释半天，今天说明白了，明天又闹着要搬家。后来，我每天给她解释，称赞她当年为装修我们家立下了汗马功劳，帮助她回忆当年她买吊灯时的场景。她居然回忆起，买吊灯那天中午她还在十里河吃了一顿饭。从那以后，她好像明白了一些，但有时病还是发作。我总觉得，素芹的阿尔茨海默病不是很严重，到我家的人，无论同事、亲戚或朋友，她都能叫出名字来，而且很亲切地接待他们。

素芹真是多灾多难，2014—2015 年她患上了疱疹，开始时以为是炎症，后来她腰部逐渐扭曲，我陪她到医院进行针灸理疗，但治疗效果并不显著。她步行十分困难，即使是扶着她，走着走着，她走的方向扭曲了，扶也扶不住，多次摔倒在地。疱疹使她的肉体非常痛苦，但她忍着不说。2016 年，我和同学聚餐，我们陪着她从家走到餐厅，也就有 500 米的路程，她是硬撑着和我们一起走到那里的。同时，她开始大小便失禁，外阴处也发现了肿瘤。病中，她一直忍着，从来不叫疼。问她时，她总是说不疼，并安慰我们。

素芹在 2017 年年初离开我们时，我真的没有想到她会这么快就走了。2016 年夏，顾瑛院士请解放军总医院的医生给她会诊，确认是外阴肿瘤，需要立刻住院。入院时，素芹的外阴肿瘤越来越大，医生说是以几何级数膨胀。如果做手术，伤口很难愈合，疼痛极难忍受；不做手术，采用保守疗法，肿瘤会越来越大。有好几个晚上，我进退两难，彻夜难眠。我每天去探望素芹时，虽强忍悲痛，眼泪仍禁不住往下流，我这才体会到生离死别的感觉。最后，我和两个女儿决定给她做手术。

素芹的手术进行了七八个小时，我在外面等待时，如坐针毡。最后手术做得很成功。看到素芹顺利地通过了手术的考验，我们都为她庆幸。我甚至想，经过一段时间疗养后，我们再陪她到上海去玩，去过春节，和姐姐打麻将。

素芹出院后，因为家中没有医护条件，我们又将她送到其他医院养病。住院时，她胃口一直不好，不得不输营养液补充。临近元旦时，医院建议她出院，过了新年再住进来。素芹是 2016 年 12 月 28 日出院的，回到家后她一直昏睡，吃得很少。元旦晚上我们发现她发高烧，便立刻送去医院。1 月 2 日我去医院探望，她的高烧退了，依然昏睡着。1 月 3 日上午我打电话给周霞问情况，她说妈妈的情况还好。到下午 2 点，素芹病情加剧，医生抢救无效，宣布死亡。等我在 2 点 30 分赶到医院时，她已去世了。周莉下午 6 点从美国赶到北京，可惜没有见上她妈妈最后一面。

2017 年 1 月 5 日上午 10 时，我们在八宝山殡仪馆为素芹举行了遗体告别仪式。素芹的骨灰放在老山骨灰堂，我们每年清明时去那里探望她。后来，在我的诸暨藏绿老家的公墓找了一块地安葬了她。

素芹得病后常对我说："我的病苦了你了。"她自责自己，不能照顾我，反而要我照顾她。我总是安慰她，给她唱歌："你的笑容就是我的快乐，你的健康就是我的幸福。"

素芹走了，像晴天霹雳一般，把我击倒了。我整天昏昏沉沉，不知何去何从，真不知道，以后的日子将如何过。有两个月，我也不出门。后来，我遵从友人们的劝告，写下对她的思念。对于世界，素芹是一个极平凡的女人，犹如沧海一粟；而对于两个女儿和我，她就是我们的世界，我们的最爱。

回忆我和素芹的恋爱和婚姻，我觉得我是一个幸运且幸福的人。在茫茫人海中，我居然找到了一个美丽的姑娘和我相伴一生。55年来，我们俩相亲相爱，患难与共，相濡以沫。

素芹不幸离开了我们，但她永远活在我的心中。

第十六章　难忘友情

如果说我身上也有一些良好的品德，例如待人真诚，帮助人不求回报，为人正直善良等，先天是父母遗传给我的，后天是许多好友尤其是小阿姐祝宋金和姐夫顾兆麟给我树立了榜样。

一、严父慈母言传身教，滴水之恩涌泉相报

从我懂事的时候起，父母就教导我要知恩图报，尊老爱幼，善待他人，帮助弱小。当父亲19岁从乡下到上海谋生时，同德堂店主乐氏收留了他，让他在药店里工作，并帮助他娶亲成家。父亲念念不忘乐氏的大恩大德，上海解放后，我们的家境变好时，因乐氏外婆孤身一人生活，无依无靠，父母亲就把她接到家中，把她当作自己的母亲一样对待，和我们生活在一起，直到她逝世。同样，在上海沦陷时期，父亲失业时，方庆和老伯介绍父亲到童涵春药店工作，父亲感激万分，把方老先生视为我们全家的恩人，念念不忘。他要我们记住他和他的家人，要报答方家对我们的恩情。父亲"滴水之恩，涌泉相报"的处世情怀深深地影响了我，使我从幼年时候起，就知道为人处世、知恩图报的一些基本道理。在少年时代，我就勉励自己，长大后要像父母那样慷慨仁慈，关爱帮助他人。

我上学时，父母从来不查问我的考试成绩单，他们觉得我比较用功，对我的学习比较放心，但对我的品德要求十分严格，不允许

有任何欺负弱小、说谎欺骗等劣行，更不许对长者有丝毫不敬的言行。上大学时，我寒暑假回家，父亲总是问我，对老师态度如何，和同学、老师关系如何，一再要求我善待同学，尊敬老师。父母是喜欢结交朋友、好客的人，经常留朋友在家中吃饭。他俩都是热心肠，见到邻居朋友有难，总是尽自己的力量帮助他们。

父母的言传身教，使我很小就知道一些做人的道理，并身体力行去实现。我的一生结交了许多朋友和老师，其中也有不少外国友人，他们给我关爱、教育和帮助。当我遇到困难彷徨时，想起他们，就感到有莫大的力量在支撑着我。我经常想起父母的嘱托，要知恩图报，不要忘记那些给予我关怀和支持的人，特别是教过我的老师，要记得他们，并以同样的精神和感恩的心回报社会，尤其是要好好培养学生，使他们健康成长。

二、孟昭英、贺苇大先生，学为人师行为世范

我从 1980 年参加中国科协代表团访美时认识孟昭英院士起，便为孟老的学问和气节所敬服，经常向他请教。与孟老和贺苇女士相识，他们俩视我为弟子和亲人，实是我一生最大的幸运和福气。

孟昭英院士是清华大学现代应用物理系教授，长期从事电磁波谱研究。他 1928 年毕业于燕京大学，1933 年到美国加州理工学院攻读研究生，1936 年获得哲学博士学位后回国，在燕京大学、西南联合大学任教。1943—1946 年，孟昭英两次赴美，曾在麻省理工学院辐射馆工作，发明了微波双工器气体开关。该微波双工器一身兼二任：既要把磁控管产生的微波作为雷达搜索的载波发射出去，又要接收来自飞机、军舰等目标对载波产生反射的回波。孟昭英因此被人们称为"微波先驱"。尽管美国的一些大企业和高校争相聘请孟昭英留美工作，但孟昭英毅然回到了祖国，还自费采购了一批珍贵科技资料和实验仪器带回来。新中国成立后，他先后在北京大学、

清华大学任教。他在清华大学物理系建立了世界第一流、国内独一无二的电子学实验室，并创建了国内第一个无线电电子系。

我与孟先生认识后，常向他请教。20世纪80年代，我到国外参加学术会议时，他细读我写的文章，并要我高声朗读，以纠正我的发音。我还请他到我校主持我的硕士生倪国强的学位论文答辩，参加我在辽宁兴城举办的学术会议，并作学术报告。1984年夏，由于孟老的推荐，我被国家教育委员会破格特批为教授。

1987年，当我的女儿周莉被美国俄勒冈研究生院录取为研究生，我为她出国的机票费发愁时，孟先生雪中送炭，差人送来100美元，帮我解决了困难。1991年7月26日，孟昭英先生认为我的科研项目"宽电子束聚焦理论及设计"取得的成果达到了国际先进水平，部分成果处于国际领先地位，他建议光华科技基金会授予我光华科技基金奖特等奖，后获一等奖。1994年，当我撰写的《宽束电子光学》一书将出版时，他很高兴为之作序。1995年年初，当启动申报中国科学院院士时，我十分犹豫，觉得自己的水平不够，不愿申报。孟先生的弟子成百上千，清华大学也有不少优秀人才想要他推荐。孟老曾对到他的家人说，如果清华大学有人写出像周立伟《宽束电子光学》那样的著作，他也可以推荐。我知道后十分感动，立志要努力奋斗，不辜负孟老的期望。孟老一直鼓励我勇于创造、敢于创新，在成像电子光学领域作出世界一流水平的成绩来。孟老的夫人贺苇老师给我打电话说："孟先生对你十分器重，愿意作你的推荐人。你不要辜负他的好意。"贺苇老师也是古稀之年，她身体健康，仅腿脚行走有些困难，思维依然清晰，对我也是关怀备至。我从1980年访问美国回来，每一次看望孟昭英先生，都能学到书本上学不到的知识，并感到一种无形的精神力量。他的人格、思想和业绩，令人仰慕与仰望。

孟老总是鼓励我要有志向，不要计较个人得失，不要贪图个人名利，要踏踏实实地做出世界水平的学术成果来。他一直过着低调的生活，淡泊名利，不提个人恩怨，从不标榜自己，也不怨天尤人，从不做违心事，也不说假话、空话、套话，待人接物虚怀若谷。孟先生走了，留给我的是悲伤和怀念。今天，当我回忆孟老对我的关爱和帮助，心中十分感动，立誓要像他那样，去关怀年轻的学子们。

三、顾兆麟、祝宋金夫妇，慈爱善良美德楷模

我在北京上大学期间，开始了与顾兆麟、祝宋金夫妇一家，祝慕高、陈在新夫妇一家之间的友谊，时间延续长达50余年。1953年10月，当我考上北京工业学院要到北京上学时，父母为我在异地他乡无人照顾而担忧。母亲想到，在认识的朋友中，有一位姓祝的老太太，她的女儿、女婿以及儿子、媳妇都在北京生活和工作，母亲便委托他们照顾我。就这样，从我1953年10月到北京上学起，我的一生的活动就和顾兆麟、祝慕高两家联系在一起了。

20世纪50年代初，祝宋金和顾兆麟在上海结婚，我的父母参加了他们的婚礼。当时人们包括我父母在内都称呼顾兆麟为新姑爷，后来叫习惯了，反而不叫他的姓名了。我通常称呼祝宋金为小阿姐，称顾兆麟为顾先生，有时也叫他新姑爷。顾兆麟是一位建筑工程师。

实际上，祝宋金和祝慕高姐弟与我的父母并没有任何亲戚关系，我母亲和他们的母亲是在麻将桌上认识的，但她们两人十分亲热，像亲姐妹一样。我的父母因为我到北京上学实在找不到更熟悉的朋友，便想请他们顺便关照我一下。我到北京上学后，顾兆麟和祝宋金夫妇把我当作亲弟弟一样，爱护我、关心我、照顾我。几十年来，只要我到他们家，小阿姐祝宋金总是做非常好吃、非常丰盛的菜肴来招待我。

我在北京工业学院上学期间，大约每2周去小阿姐祝宋金家串门一次，在他们家吃饭，和孩子们讲故事、看电影等。有时因为学习忙，便顾不上到小阿姐家探望。那个年代，没有电话，姐夫顾兆

麟就从东城区汪芝麻胡同到西郊白石桥7号（现中关村南大街5号）我的学校来探望我，看我是否生病了，或者需要什么帮助等。小阿姐祝宋金和姐夫顾兆麟是非常老实淳朴的人，言语很少，但她们对我的关爱使我一生难以忘怀。如果说我身上也有一些良好的品德，例如待人真诚、帮助人不求回报、为人正直善良等，先天是父母遗传给我的，后天是许多好友尤其是小阿姐祝宋金和姐夫顾兆麟给我树立的榜样。

小阿姐祝宋金和姐夫顾兆麟生了5朵金花，其中4个姑娘以文、以忠、以信、以礼在北京，与他们一起生活。几十年来，我看着她们长大，我有时给她们讲故事，有时带她们看电影。她们都是非常聪明的孩子，学习成绩非常好。可惜的是，正是她们该上大学的时候，"文化大革命"开始了，她们姐妹上学的美梦破灭了，上山下乡，人间一切艰难都经历了。但她们都努力奋斗，也都闯出了一番事业。

顾兆麟与祝宋金夫妇

无论在读书期间，或是我工作后，几十年来，我与小阿姐祝宋金一家一直保持着联系。我特别喜欢到小阿姐祝宋金家串门，每次去她家，对我来说像是过节似的。小阿姐祝宋金做了好多上海菜给我吃，她做菜的水平很多

顾以忠、顾以信姐妹与周立伟

饭店都赶不上。我和素芹结婚后，到汪芝麻胡同小阿姐家串门打牙祭是一件最高兴的事。素芹对我都说，到小阿姐家吃饭是最好的享受。就这样，我和他们家的亲密交往大概有半个世纪之久。

现在想起来，我觉得自己特别不懂得人情世故。那时，我每次上门，都是空着手，不知道应该买些礼物或水果等。我虽然内心很感谢他们一家，但并没有实际行动去回报人家。

小阿姐祝宋金和姐夫顾兆麟在 21 世纪初逝世后，我和素芹与他们家在北京的三位姑娘以忠、以信、以礼及以文的女儿，像亲人一样，一直保持着密切联系。每逢节假日和春节，或我们家中有大闸蟹等好吃的东西，素芹一定请小阿姐在北京的孩子们——以忠、以信、以礼等一起到我家团聚。我觉得，该是我们回报他们恩情的时候了，但我与素芹很惭愧，我们的报答远不及他们对我和素芹的关爱。

四、祝慕高、陈在新夫妇，为人为学杰出榜样

从我小时候懂事起，祝慕高大哥便是父母要我学习的榜样。父亲经常赞扬祝慕高大哥，不仅是他的学问，更是他的道德和人品。父亲说，祝慕高大哥来探望他时，对他执侄子之礼，非常恭敬，一路前行始终搀扶着他。父亲说我待人接物的礼貌、念书用功的努力程度比祝慕高大哥差远了，要我好好向他学习。

祝慕高大哥就是我小时候母亲带我到上海望志路串门祝家姆妈的大儿子。小时候，母亲和我去祝家串门时，一个很小的房间里有 4 个人在搓麻将。我看到一个比我大约 10 岁的大哥哥正在静静地坐在床上读书，一点也没有受到影响。那时，祝慕高大哥在上海交通大学建筑系读书，他志向远大，学习十分努力。母亲借此教育我向祝慕高大哥学习，用功读书。

祝慕高大哥 1947 年毕业于上海交通大学土木工程系，历任兵

器工业部建设局副总工程师、第五设计院副总工程师、第六设计院副院长。对钢结构、预应力结构及轻型结构设计、制作有深入研究，对黄土地基、喀斯特地区等复杂地基的处理有丰富经验。在上海交通大学徐汇校区，有一座为反抗国民党反动统治不幸牺牲的史霄雯、穆汉祥烈士的墓碑，其塔基就是由当时在上海交通大学任教的祝慕高大哥设计的。祝慕高大哥一生追随光明，

祝慕高与陈在新

无论遇到什么危难，志向坚定，永不改变。"文化大革命"期间，祝慕高大哥被关进牛棚，陈在新姐姐被赶到武汉"五七"干校劳动，他们的大儿子祝祁被弄到黑龙江建设兵团战天斗地，小儿子祝宪被分到西单一个杂货店焊洋铁炉。一家人四分五裂，但他们全家一点也没有灰心丧气。那时祝宪仅有初中文化水平，但他每天晚上独自在家坚持用磁盘录音机（那时还没有磁卡）学习英语，也没有老师指导，其困难可想而知。我当时看到祝宪小小年纪，竟有如此毅力和奋斗精神，深深钦佩和感动。改革开放后，祝宪依靠自己的奋斗和努力考上了北京大学外语系，毕业后被分配到财政部工作。他的工作十分出色，曾任我国财政部部长出国时的翻译，后来出任位于纽约的世界银行副行长，前些年他又出任位于上海浦东的金砖银行常务副行长。我亲眼看到祝慕高大哥和陈在新姐姐一家挨整，祝祁和祝宪兄弟永不放弃自己的理想和追求，在困难环境中奋斗的历程，

深深为他们一家的精神所感动。

我每次与祝慕高大哥和陈在新姐姐见面聊天时，心情十分愉悦，收获很大。虽然祝慕高大哥和陈在新姐姐在 10 年前都先后逝世了，但他们一直是我学习的榜样、为人的楷模。

五、吕大吉、杨嘉琼夫妇，厚德载物不凡人生

吕大吉兄是我最亲密的挚友，他是我国著名的哲学家，研究西方哲学史，后来当选为中国社会科学院荣誉学部委员。他 1957 年毕业于北京大学哲学系，先后在中央民族学院（现中央民族大学）、中国社会科学院世界宗教研究所工作。

吕大吉与杨嘉琼

吕大吉和我是在复旦大学的工农干部高考补习班上认识的，我们一起考到北京上学，我上北京工业学院仪器系，他上北京大学哲学系，大学毕业后与杨嘉琼结婚，在中央民族学院和社会科学院世界宗教研究所任职。因为中央民族学院和北京工业学院是邻居，故我们两家经常来往，他们有 3 个女儿，我们有 2 个女儿。再加上吕大吉兄和素芹是同姓，故他们以兄妹相称。我常到吕大吉家

20 世纪 70 年代，吕大吉与周立伟在圆明园遗址留影

蹭饭，素芹说我脸皮厚，我说他家的菜比她做得好吃。实际上我是想向他多讨教一些，与他有说不完的话。由于我学理工科，对文史哲许多典故不熟悉，故常请教他。《兰亭序》中有一句话："后之视今，亦犹今之视昔，悲夫！"就是说，历史有很多相似，我们可以从历史中得到借鉴，受到启发，提高自己的认识。故他建议我多读历史，尤其是明史。正是在他的启发和帮助下，对"文化大革命"中所发生的一些事，我有自己的思考和认识，不轻信，也不盲从。

吕大吉是哲学家，我是学理工的，他的理论思辨和分析能力自然是我不能及的。同样，杨嘉琼的认识觉悟、理论水平也比我和素芹高很多。素芹十分佩服杨嘉琼，她对我说，杨嘉琼读的书很多，看问题比她清楚得多了。我说："你是小家碧玉，订的是《知音》家庭型杂志，读的是八卦类图书，都是家庭妇女、婆婆妈妈看的。杨嘉琼是大家闺秀，她的爱好自然与你不一样，她读的都是文史哲、社会科学类的图书。从你们俩人读的图书就可以看出，你和她的思想水平不在一个档次上。"素芹觉得我的分析有道理。

现在回忆"文化大革命"10年中我和吕大吉的交谈，真是受益匪浅。那时，我和他总是有说不完的话。我经常在他家聊到夜里11点多，两人不得不结束交谈。他把我送出来，一路又谈，快到我校的南门；然后，我又送他回中央民族学院宿舍，他又把我送回来，如此往返多次，有说不尽的话，也舍不得离开。素芹笑我们两人互相欣赏、互相吹捧，像在谈恋爱似的。

改革开放以后，我们俩都忙了。吕大吉虽然和我还常见面谈心，但不像以前那样频繁了。可惜的是，他几年前因患胃癌逝世了，我和素芹失去了人生最好的兄长。

六、杜国华、张新惠夫妇，意志坚强百折不挠

231

杜国华是我在北京工业学院上学时最要好的同学，他和我感情

很好是有历史渊源的。1953 年 7 月，我们俩是在上海复旦大学干部补习班学习时认识的，并作为工农调干生一起考入北京工业学院，也一起分配到仪器系 8531 班。因为他比我年长，又是革命胜利前加入中国共产党的地下党员，阶级觉悟和思想认识都比我高，我一直把他视为我的兄长，在政治上他帮助我多一些，在学习上我帮助他多一些。

杜国华是重庆人，有着四川人的硬朗和执着。他背离了自己的地主家庭，很早就参加了革命，成为中共地下党员。上大学时，他文化基础较差，理解物理概念比较吃力，但学习十分刻苦。他每学一门功课，不管内容多么深奥复杂，一定要弄清楚不可。我记得在学微积分时，我们为微分和极限的概念争论不休。我觉得他太钻牛角尖了，死脑筋；他觉得我学习上浅尝辄止，并没有把物理概念真正弄明白就放过去了。上大学时，他每天起得早，睡得晚，老是觉得学习时间不够。开始时，由于他的资格老，他自然成为党支部委员，但他的心思在学习而不在社会工作上。后来，他大概嫌会议和社会活动太多，太影响自己学习了，便辞去了这些职务，一心一意投入学习中。他有着坚强的意志和惊人的毅力，养成了长时间超负荷学习的习惯，他是班上学习最用功的人，每天都学习到深夜。同学们都很钦佩他。

我在"大学磨砺"一节中，简略地谈到了 8531 班 11 位同学

2008 年周立伟与杜国华合影

2008 年杜国华夫妇与周立伟夫妇合影

1957 年落难的经过。当杜国华落难后被赶出学校，发配到北京 261 厂劳动改造时，他并没有灰心丧气。他相信有朝一日会还他清白的，跌倒了，没有什么了不起，自己一定会东山再起的。他在厂内拼命工作，每天加班到深夜，工作干得十分出色，很快就得到厂领导的信任和同事们的敬重。改革开放以后，他回到重庆工作，不久就担任重庆矿山机械厂和重庆开关厂的总工程师以及重庆市人大代表等重要职务。

2008 年，我们 8531 班在母校纪念大学毕业 50 周年时，杜国华和夫人张新惠一起到北京与会。见到他俩来参加聚会，大家都特别高兴。后来，我曾两次到成都开会，顺道应邀到重庆西南大学讲学时，见到了杜国华，他还专门设宴招待我和素芹。我们最后一次见面是 2014 年，他已经因病躺在医院里，当我和素芹看望他时，他的脑子还是清醒的，虽然说话很困难了，他还把自己的孩子和亲友们都叫到医院里和我们相见，并让夫人张新惠留我们在饭店吃饭。第二天，盛拱北同学告诉我，杜国华昨晚在医院逝世了。

七、邵燕祥、谢文秀夫妇，才华横溢坎坷人生

这里，我要谈一下我与诗人、作家邵燕祥及其夫人谢文秀之间的友谊。1988 年中央组织部组织国内 31 位专家赴山东芝罘休养，我是其中一员，我最大的收获和幸运是能和诗人邵燕祥和他的夫人谢文秀相识，并成为很要好的朋友。

邵燕祥虽然比我小 1 岁，但他的思想觉悟比我高很多。他十五六岁就有了自己的政治主见，加入中共外围组织，积极参加地下活动，写下了揭露旧社会黑暗的诗篇和短文，为推翻国民党统治和北平解放作出了贡献。他勤奋好学，是一位多产的作家，一生出版了诗文集近百种。

20 世纪 50 年代初，我刚到北京上学不久，就读到邵燕祥的诗

作《歌唱北京城》。大概因为我们是同龄人，经历有些相似的缘故，他的诗作对旧社会的揭露、对新社会的歌颂、对人民的热爱、对未来的向往，代表了我们那一代青年共同的心声。读完他的诗作，我一下子就成为他的忠实读者了。1957年之前，邵燕祥是很红的，无论政治上，还是业务能力上，都是十分突出的。那时，刚24岁出头的他便作为中方的特派记者到莫斯科克里姆林宫访问了当时的苏共中央总书记赫鲁晓夫。他回国后写了一篇《会见赫鲁晓夫同志》的诗，发表在《人民日报》上。但后来见不到他写的诗文了，才知道他在"反右"时落难了。

我一直觉得，邵燕祥是我思想上的一位引路人，他的文章和诗一直在鼓舞着我前进。邵燕祥无论是古诗或是现代诗都写得很好，他的杂文也写得非常好。他继承了鲁迅先生的文风，文笔并不像鲁迅先生那样尖刻泼辣，但对事物的剖析和说理十分清晰和犀利，鞭辟入里，丝丝入扣，极有说服力。他鞭挞社会中的丑恶现象，毫不留情，颇有鲁迅的风范。而且，他对自己的自我批判毫不留情。最主要的是，他的文字充满了对祖国和人民的热爱。

在芝罘，我向邵燕祥请教写作的真谛，他建议我顺着自己的思路，写一些自己熟悉的事物。从芝罘归来后，在业余时间，我学习写作，试着写一些自己熟悉的东西，给学生讲，甚至在报刊上发表出来。在他的鼓励下，我不知不觉地写了不少东西，发表了一些科普文章。2016年我还出版了科普著作《藏绿斋札记》系列。

我常读邵燕祥寄来的书籍和作品，极受启发。我记得，在写《治学三境界与科学创造四阶段》一文时，我认为，从事科学研究的人，与从事文学艺术的人一样，在创作时都需要有"高瞻远瞩、构想沉思的准备阶段""覃思苦虑、孜孜以求的探索阶段"和"茅塞顿开、灵感突现的收获阶段"，但对于科学工作者来说，尚需要"实践检验、理论升华的验证阶段"。王国维先生提出的"三种境界"生动地描绘了前三个阶段的境界，我苦苦思索用什么诗文来描述科学研究四阶段的验证境界。我便向邵燕祥请教，他建议我用唐朝诗人王维的"行到水穷处，坐看云起时"来描绘这种境界。邵燕祥说："前句可状实践检验，后句可状理论升华；既有一步步穷根究底的孜孜矻矻，又有终得会心的悠然自适。"正是他的建议，帮助我生动地描绘了这种境界，解除了我思想上的困惑。

邵燕祥及夫人谢文秀（摄于 1999 年）

从 1988 年我们俩在山东芝罘认识以来，虽然两人的工作和生活都在北京，但交往并不是很频繁。由于我是一个理工人，考虑的大都是一些科学技术上的问题，而且生性腼腆，不善交往，故我们大概是平均一年见一次面，主要是聊聊近况、问候安好等。实际上，我经常读他写的文章，很喜欢和他交谈，每次和他谈话，都给我不少启发和收获，但我总告诫自己不要太打扰人家了。近年来，我们的交往密切了一些，我们曾一起到中央美术馆看丰子恺的画展。我们俩约好每年两家在东四十条的沪江京满楼吃上海菜，时间安排在元旦前夕、春节或正月十五。但是，2020 年年初的聚会，由于我和周霞把时间记错了，没有赴约，成为我的终生遗憾。

2020 年 8 月 4 日，邵燕祥突发心肌梗死去世，这是我无论如何也想不到的。他的诗文将永远为人们所铭记。

八、陈博仁、刘锦良夫妇，热爱祖国无怨无悔

我国著名的含能材料专家陈博仁教授和他的夫人刘锦良是归国华侨。1951 年，他们从印度尼西亚回国参加社会主义建设。陈博仁

陈博仁教授与刘锦良老师

教授是一位对科学研究孜孜不倦、追求卓越，对教学满腔热情、教书育人的典范，他学风严谨，注重实践，兢兢业业奋斗在教学、科研第一线。他学为人师，行为世范，在老师和学生中享有很高的声望。

1966年5月，我从苏联回国，被分到北京工业学院宿舍楼居住，我和素芹便与陈博仁夫妇成为无话不谈的好友和邻居。陈博仁比较内向，他的热情永远蕴藏在心里。他是我认识的北京理工大学教师中最诚实和最谦虚的人，我们俩经常推心置腹地交流，他们夫妇对祖国的忠诚、对人民政权的支持与热爱，使我深受感动。陈博仁和刘锦良夫妇在"文化大革命"中被隔离时，受尽了折磨和苦难。有一天，陈博仁被押送到食堂打饭时，我在途中见到他，想用眼神与他交流，但他低着头，没有反应，他不想牵连任何人。对于他们被怀疑为"敌特"，我和素芹当时是绝对不会相信的，这样好的人、这样热爱祖国和人民的人，怎么可能会是"敌特"呢？最后证明这完全是一个冤案，他们被释放了。

由于我们是邻居，在"文化大革命"时期，我一有消息，便告诉他们。当"四人帮"被捕的消息传来，我便立刻告诉了陈博仁、刘锦良夫妇，他们高兴得不禁老泪纵横。陈博仁将自己的一生都献给了国家与人民，在兵工化学领域有杰出的贡献，可惜他在10年前病故，但他谦和朴实的人品、光辉的业绩和热爱祖国的热忱将永远被人民所牢记。

九、周树勋、韩金娜夫妇，藏绿族亲情深似海

借此机会，我要特别谈一下我最亲密的族亲——周树勋、韩金娜夫妇。周树勋，字传来，是我们诸暨藏绿的本家，按家谱辈分来说，我属于钜字辈，藏绿周廷琮第 14 代孙，他属于森字辈，是周廷琮的第 16 代孙，故他叫我祖父。但我父亲要我们称他为兄长，于是我和弟弟称他为传来哥。他可以说是我们家最亲密的、最信任的族亲。几十年与他相处，来往非常密切，我家无论大小事，父母都找他商量，包括我父亲与我的堂兄弟以及家中的书信往来，都是请传来哥代劳的。我父亲文化程度很低，不了解政治，传来哥给他解释时事政治，帮他出谋划策、排忧解难。由于我很早便离开了上海，对父母的照顾极少，多亏有传来哥一家的照应，我非常放心。

周立伟、吕素芹与族亲周树勋合影

1946 年，传来哥由乡下到上海，经人介绍，给上海丝织行业三区工会负责人陶云山当书记员，陶云山和他的小姨万文华那时实际是中共地下党员。当时，上海丝织行业有叛徒出卖陶云山和万文华，国民党先到陶云山家中抓人，没有抓到。后陶云山老婆打电话到上海丝织行业三区工会找陶云山，电话是周树勋接的。他感到口气不对，便设法通知陶云山、万文华两人，让他们立即逃走。"文化大革命"时期，万文华被打成走资派，连带对传来哥也进行了审查。最后，因他帮助过共产党员而幸免于难。

传来哥有四男一女，人丁兴旺，家中孙子、孙女一大群。他们对子女的教育十分严格。5 个子女也很上进，都加入了中国共产党。我家有事，传来哥总是任劳任怨，帮助我们。几十年来，每当我到上海探亲，总是抽空去探望他们。传来哥虽在十年前不幸病故，他给我树立了真诚助人的榜样。

十、李振沂光学系主任，无私提携助我伯乐

北京理工大学工程光学系（现光电学院）老主任李振沂于 2022 年 2 月逝世。那时由于新冠肺炎疫情，学院没有召开追思会，深切怀念近半个世纪来带领大家为光电教育事业奋斗的长者，实是一件极为遗憾的事。

自我 1958 年 7 月留校任教的 60 余年来，李振沂主任一直是最关心和支持我的领导，我一生的点滴进步包括我留校任教、赴苏留学、出席国际学术会议、进入国务院学位委员会学科评审组，以及当上教授和校系学术委员会主任，获得国家级和部级科技奖励，都是他默默支持和竭力推荐的。

李振沂主任给我的第一个印象是事无巨细，任劳任怨。他自 20 世纪 50 年代中期以来，就担任我校光电工程系的领导。由于系主任马士修教授是一位纯粹的学者，系里的教学安排和行政事务全都压

在李振沂主任的身上。我记得，当时他出席校内外的各种会议，其记录是最详尽周全的，传达是也最详尽的。系里所有教学和行政上的事，学校和上级的意图和决定都要他亲力亲为去贯彻执行，矛盾也需要他去解决。那时候，系里的人手少，工作十分烦琐，他每天面对各种各样的问题和要求，都要尽心尽力去做。我亲眼见到，一些人因为达不到自己的目的和要求，对他极不礼貌，甚至谩骂、耍赖都有之。可是，不管别人对他如何不敬，他都没有放在心上，而是以工作为重，任劳任怨，耐心解释，秉公处理。

第二个印象是一心为公，毫无私心杂念。他做事情，从不考虑自己的个人得失和私利，一切从工作出发，从人民的利益出发。记得有一年要给科研教学上有贡献的教师发放政府特殊津贴 100 元，钱虽然不多，但这是一项相当大的荣誉。当学校要我与他一起拟定上报名单时，他把一些与他不和、对他不敬的老师都列上了。我当时为他的无私品德深深感动。最后，我系获得政府特殊津贴的人数是全校最多的。

"文化大革命"时期，我并没有放弃科学研究，电磁聚焦同心球系统的成像电子光学是我在苏联研究工作的继续与发展。自 1968 年 4 月我从学校逃回上海躲避武斗开始，一直埋头于这个课题的研究。到 1975 年，研究论文的中文稿已写就，并付之油印。当英国帝国理工学院与英国兰克集团来函邀请我参会并发表论文时，我以为赴英参会非我莫属，但当时一些领导讨论此事时，对是否派遣我赴英参会颇有争议。有异议的一方认为我出国后存在不回国的可能性。若是这样，政治影响太坏了。当时有一位领导挺身而出，说："周立伟出身贫农家庭，本人成分是工人，是工农调干生、共产党员，一贯表现很好，精通业务。如果像他这样的人我们都不相信，那我们还能信任谁呢？此外，他写的研究文章我校有谁懂，谁能回答人家提出的问题？"他愿意为我担保，出了问题由他负责。我当时不知道此人是谁，后来有人告诉我是工程光学系的李振沂主任。他的话

北京工业学院光电工程系
老主任李振沂

水穷云起 周立伟自传

引起了与会者的共鸣，绝大多数人同意我率团出国。那时，"文化大革命"刚结束不久，出国需要有一位领导签字担保，一旦出事，该担保人要受株连，承担责任的。

李振沂主任支持我赴英出席会议，并愿为我作担保人，是承担了政治风险的。他从未对我说起此事，也从不向外界宣扬，觉得这都是他应该做的，他就是这样的长者。我深深感到，光电学院师生们团结奋斗、埋头苦干、勤奋扎实的学风，是李振沂老主任以身作则带出来的。几十年来，我在北京理工大学教与学，李振沂主任总是默默地支持、爱护和帮助我。我有今天的地位和荣誉，都是他帮助、关怀与支持的结果。

当我回忆往昔时，我觉得自己是一个很幸运的人，我的一生遇到许许多多好人。他们在我学习时指导我，困难时帮助我，迷茫时指点我，灰心时关怀我，给我友谊、勇气和力量，使我一直走在康庄大道上。我和素芹经常说起，我们与这些至交朋友之间的友谊是很纯洁的，与这些讲道德、重情义的人结为朋友，是我们最大的幸福和幸运。我有时想起他们，虽然相隔遥远，但友谊的力量一直在联结着我们，使我感觉自己永远不是孤单的。

结尾的话

　　我永远记得，我在北京上大学和在苏联列宁格勒留学一年的花费是数十位中国农民一年辛勤劳动的收入。我获得的知识、成就和荣誉，我今天的物质与精神生活，都是以他们的劳动为基础的。我要努力工作去回报他们，任何骄傲和自大，奢侈和浪费，在我看来，都是十分可耻的。

　　近来，不少人问我成长的秘诀，我有时也在思考这一问题。我，一个贫困家庭的孩子，没有任何社会与经济背景，父母也没有文化，本人也不是特别聪明，何以能脱颖而出，取得今天的成就呢？

　　记得20世纪五六十年代，我毕业并就职于北京工业学院时，校内有才华的青年教师灿若群星。虽然我也曾被作为重点教师来培养，但并没有显露出特殊的才能，资质也是平平。我在20世纪八九十年代脱颖而出时，好像是冒出来似的，令人不可思议。当有人夸我时，我说和大家一样，刻苦学习和努力工作而已，确实是我的运气太好了。这是我的真心话。

　　我认为，一个人能在事业方面取得成功，固然有运气的成分，实际是由各方面因素——内因与外因、才能与机遇等决定的。自然，内因和才能是主要的，外因和机遇也是必不可少的。由于每个人的人生经历不同，成才和成功的途径各不相同，但若能称得上是一个

241

成功者，必有其一些过人的长处和特点。下面谈谈我的认识。

2020 年 9 月，我在成都石室中学一次座谈会上说，从为人来说，我的成功可以归结为 12 个字，即"善良、诚信，机敏、正直，坚毅、自律"。善良与诚信是父亲给予我的，他教导我为人要有一颗恻隐之心，一辈子真诚地帮助他人、善待他人，为人要厚道诚信，尊敬师长，要记住并报答帮助过自己的人，滴水之恩，当涌泉相报。机敏和正直是母亲给予我的，母亲是一个家庭妇女，虽然她不识字，但她为人正直，敢于担当，同情弱者，并有一颗机敏的头脑。她能想出一个点子教育我远离赌博和玩耍，足见她的智慧。她教导我只要行事正义，光明正大，为人正派，什么也不用害怕。坚毅和自律是在学校和社会中培养和磨炼的，是为人处世内在的力量。做学问，若没有坚持和毅力，要把事情干到底的决心，则一事无成。自律是对自己处处严格要求：清廉自守，不欺暗室，仰不愧于天，俯不怍于人。我时刻以此要求自己，反省自己。

我深深知道，在当前的社会，追求正义、坚持正义并不是容易的。但无论如何，坚守民主、自由、平等、法治、公正等核心价值，捍卫和伸张正义，是必需的，而且要身体力行去做。"勿以恶小而为之，勿以善小而不为"，这是父母一直教导我的。几十年来，我一直以清廉自守告诫自己。我性格虽然温和，但内心是刚强的，有信仰，有底线，只要我行事公正廉洁，便不怕任何毁谤和打击。我对别人的欺压

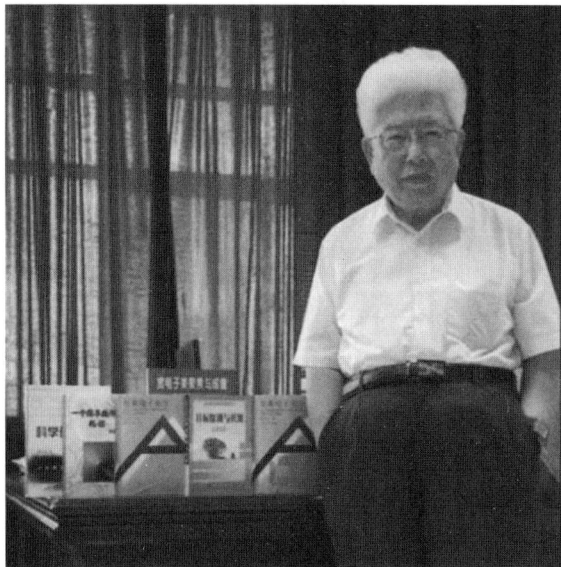

周立伟与他发表的著作

不予理会和反击，因为我相信
"公道自在人心"。每个人的历
史都是自己书写的，历史的评
价是最公正的，谁也逃不过历
史的审判。

　　此外，我牢记"满招损，
谦受益"的格言。我一直告诫
自己，要戒骄戒躁，不要被胜
利冲昏头脑；要不卑不亢，平
等待人，厚道与人共事，诚恳
帮助他人。当我受到诽谤时，
我并没有予以回击，也没有
"以其人之道，还治其人之身。"
这并不是软弱，而是自信。

周立伟当选中国工程院院士时留影

　　我对修身养性之道不甚了了，但我喜欢思考，经常反思自己的
一言一行，也思考有关的人和事，以警醒自己。曾子曰："吾日三省
吾身。"我的一生严格"自律"，无论何时，我绝不到声色犬马的地
方去，警惕自己的一言一行。我的一生遇到了许许多多好人，每一
位都给我树立了学习的榜样。我要追随有道德和有学问的人，向他
们学习，反省自己，使自己永远进步。几十年来，我也见到一些忘
恩负义、自私自利、损人利己、贪污腐败的人，但他们使我更加警
醒。我常以"虚心使人进步，骄傲使人落后"反省自己、教育学生。
我告诉我的同事和学生们，无论何事何地，一定要尊重人，即使人
家的学问和地位比你低很多，也要尊重对方的人格："你可以批评
人、教育人，但你一定不要侮辱人。"这是最起码的、为人的品德。

　　我在父母和老师长辈们的教育下，有一些优点，例如努力上
进、与人为善、感恩图报、慷慨义气、重友轻财、心态平和、洁身
自好、严格自律等。我的缺点是有时太讲感情和朋友义气，为人轻

信，做事优柔寡断、瞻前顾后。我个性软弱，抛不开世故人情。对犯有错误的人，常原谅他们的过失，高高举起，轻轻放下，以宽容代替惩戒。幸运的是，我知道自己的弱点，没有往仕途上发展，除课题负责人与教研室主任外，担任的大多是虚职，都没有实际的权力，这自然免去了不少人情往来。此外，我的形象思维能力弱，文学艺术修养水平低，大大地限制了我的想象力和创造力。我清楚自己的缺点和弱点，一直在努力改正。我想，只要一不当官，二不经商，三不受财色的诱惑，时刻"三省吾身""自律自强"，就可以避免错误，或少犯错误。

关于我在科学研究方面的努力和成就，在"留苏艰辛""科学跋涉"两节中已详细叙述，这里就不重复了。

我认为，一个人要想有所成就，需要三个条件，即才能、勤奋和机遇。古今中外，概莫能外。至于我自己，才能一项，以脑力天资而言，我绝非天才，与常人无异，中等资质而已。至于说到勤奋，我知道自己资质平平，若不努力，绝无出头之日，故我是十分刻苦勤奋的。我在留学苏联期间、在"文化大革命"期间，不管窗外东西南北风，依然埋头于书案，探索未知。但我认为，一个人并不是只要自己聪明能干和努力了，就能成功了。一个人的成功还需要机遇，也就是需要社会因素。若空有知识和能力，无人赏识，给予支持或提携，也是很难出头的。就我而言，虽然我的一生也曾受到一些无辜的打击以及不公正的对待等，但我更多的是受到前辈、老师、同事们的关爱和支持。例如，20世纪50年代，我大学毕业时校系领导让我改行，从事夜视技术，并派我出国留学，是信任我能挑起重担，完成任务。60年代，在列宁格勒电工学院学习期间，在中苏关系濒临破裂的状态下，教研室主任茹里叶教授依然热情支持我完成学业，帮助我顺利通过学位论文答辩。70年代，北京工业学院工程光学系李振沂主任冒着被株连的风险毅然同意作为我的出国担保人，严沛然教授热情帮助我修改出国学术论文，使我有机会在国际学术舞台上崭露头角。80年代，朱鹤荪校长和丁傲副校长推荐我为国务院学位委员会学科评议组成员并出任全校学术委员会主任。90年代，萨马拉国立航空航天大学校长、俄罗斯科学院索菲尔院士代表学校授予我名誉博士称号；清华大学孟昭英院士执意推荐非嫡传弟子和非清华大学出身的我作为中国科学院院士候选人。21世纪初，诺贝尔物理学奖获得者普罗霍洛夫院士赞誉我创立了自己的科学学派，给予了高度评价；俄罗斯联邦工程科学院选举我为外籍院士；2020年，俄罗斯工程院也推举我为外籍院士。这些赞赏和提携，都是因为他们都觉得我这个人"孺子可教"，是值得培养的，可以给予信任的。我认为，若没有这些外部因素的支持，我也不可能有今天的成就。

有人会问我，这些人与你非亲非故，他们为什么要竭力支持和帮助你。我的认识是这与一个人的社会形象有关。人是一个群体动物，在一个社会中，人们在一起学习、工作和生活，每个人的待人接物、日常表现、谈吐举止、工作和学习态度包括他（她）的世界观、人生观和价值观，自然而然地形成了他（她）个人独特的社会形象，并经受社会的考察，从而得到相应的评价——品学兼优、值得信任的；或是德才平平、不够勤勉的；或是言过其实、不堪信任的，等等。我的一生遇到过各式各样的人，其中绝大多数是好人，他们的优秀品德和为人处世值得我学习。我也遇到了一些口是心非、自私自利、欺世盗名的人，甚至是道貌岸然的伪君子，这些人的反面形象和行为也教育了我，使我更加警醒。在一个正常的社会中，人们自然都愿意结交善良的人、助人为乐的人、努力工作的人、办事有诚信的人、有道德信念的人、有知识学问的人，也很愿意帮助、支持并回报他们。于是，这些人往往能获得成功。

在总结自己60余年来走过的科学之路时，我曾经说过："就我个人来说，我是一个属于中等资质的人，没有过人的天赋和特别聪明的地方，能力也不是特别强。但我自问是一个勤奋努力、在探索

水穷云起　周立伟自传

之路上孜孜不倦、永不放弃的人。在科学研究方面，我给自己树立的目标是高的——要闯出一条路子来，做出国际先进水平的成果来。当我认定了这个方向，不管前进道路上有多少困难，哪怕经过 10 年、20 年，最终我一定要解决它，这个信念我从来没有动摇过。也许是这一点，我才能有今天一点微小的成就。我深深怀念我的合作伙伴——已故的方二伦高级工程师，我衷心感谢我的研究生们，以及北京理工大学校院领导的栽培、光电学院的老师和前辈们的教育，尤其是李振沂系主任的支持，以及我国电子学界和光学界两位前辈孟昭英院士、王大珩院士，苏联功勋科学活动家茹里叶教授、贝柯夫教授、俄罗斯科学院普罗霍洛夫院士、索菲尔院士等对我的关爱和帮助。"

回顾我的一生，有过成功，也有过挫折；有过辉煌，也有过低谷；有过浪漫爱情的时刻，也有过生离死别的痛苦；有过被背叛，也有过被信任；有过扬眉吐气，也有过灰心丧气。这些构成了我一生悲欢离合的交响乐章。"宽厚正直，自强自立"是我的座右铭；"仰不愧于天，吾视富贵若浮云。俯不怍于人，不以贫贱挠志气"是我自勉的话；"真诚"二字伴我一生前行：为人真诚，为学真诚，为事真诚，一生真诚。我要努力奋斗，实现自己的理想，使自己昂然屹立于世。

我永远记得，我在北京上大学和在苏联列宁格勒留学一年的花费是数十位中国农民一年辛勤劳动的收入，我获得的知识、成就和荣誉，我今天的物质与精神生活，都是以他们的劳动为基础的。我要努力工作去回报他们，任何骄傲和自大、奢侈和浪费，在我看来，都是十分可耻的。我自豪的是，我的一生没有辜负亲爱的祖国，也没有辜负父母和前辈们的期望，这使我可以告慰于我的藏绿周氏祖先。

我是在 2020 年新冠肺炎疫情刚开始蔓延，武汉封城的紧急时刻开始写作的。那时，我每天一边写作，一边焦急地关注着武汉人民的抗疫斗争。英勇的武汉人民在党的坚强领导下，团结一心，终于战胜了新冠肺炎，使我受到了莫大的鼓舞。我要以他们为榜样，努力把自己最后的交班任务完成好。

2021 年，在我的自传即将完成写作的时刻，迎来了中国共产党成立百年华诞，我们的人民在中国共产党领导下，经过百年持续艰苦的奋斗，终于在中华大地上全面建成了小康社会，历史性地解决了绝对贫困问题，正在意气风发向着全面建成社会主义现代化强国的目标迈进。我为我们的国家和人民自豪，我相信明天的中华会更美好。

"我以我血荐轩辕""留取丹心照汗青"，我们新中国成立后成长起来的一代人都是这样走过来的，衷心希望我走过的路和我的认识能给今天成长的青年学子有一点启发。

周立伟生平大事年表

时间	事件
1932 年	
9 月 17 日	出生在上海一个制中药工人家庭，祖籍浙江省诸暨市五泄镇十四都村藏绿坞。父亲周吉民，上海童涵春堂药店工人。母亲王桂英，家庭妇女。姐姐周月青，弟弟周立法
1937 年	
8 月 13 日	抗日战争上海战役爆发，与母亲和弟弟避难于浙江诸暨十四都村藏绿坞。在周氏宗祠开始启蒙学习
1938—1944 年	
1938 年 9 月到1944 年 7 月	在上海市杨浦区临青路培正小学学习
1944 年 9 月	在上海虹口中华基督教教会学校读初一（上学期）
1945—1948 年	
1945 年 2 月	在上海市湘姚中学读初一（下学期）
1945 年 9 月	在上海市恒茂中学读初二
1946 年 9 月到1948 年 7 月	在上海市浦东高桥中学学习（初三和高一）
1948—1950 年	
1948 年 9 月到1951 年 7 月	在国立上海高级机械职业学校机械科学习
1949 年 11 月	经刘训时、陈名绚同学介绍，加入中国新民主主义青年团。历任团小组长、分支宣委、分支书记
1950 年 9 月	报名参加南下工作队、军干校和抗美援朝，后因鼻子大出血未被录取

时间	事件
1951—1952 年	
1951 年 7 月	国立高级机械职业学校毕业，被分配到公私合营上海华通电机厂，任二级助理技术员
1952 年 6 月 18 日	上海《劳动报》报道周立伟研制成功"扁平线圈绕线车"，提高工效 7.5 倍的事迹。技术职称由二级助理技术员直升为四级技术员
1953—1958 年	
1953 年 6 月	进入上海复旦大学干部补习班，准备考大学
1953 年 10 月	成为北京工业学院 8531 班学生，在仪器系学习军用光学仪器
1955 年夏	在哈尔滨量具刃具厂实习一个月
1956 年 1 月	经杜国华、李运元同学介绍加入中国共产党，成为预备党员
1957 年年初	到昆明海口国营云南光学仪器厂实习一个月
1957 年夏	"反右"运动中受到延长党员预备期半年的处分，后撤销处分
1958 年 7 月	大学毕业，毕业设计题目为《坦克炮瞄准镜的设计》。毕业后留本校工程光学系任助教，负责筹建夜视技术专业
1958 年 7 月 19 日	正式成为中国共产党党员
1958 年秋	在北京大学无线电电子学系电子物理教研室短期进修，学习银氧铯光阴极的制作
1960—1962 年	
1960—1961 年	以笔名韦尔编写了《电子光学理论与设计》教材
1961 年冬	在北京语言学院留苏预备生学习
1962 年 9 月	与吕素芹在上海结婚
1962—1966 年	
1962 年 11 月到 1966 年 4 月 30 日	留学苏联 在列宁格勒电工学院攻读副博士学位，独立研究宽电子束聚焦成像电子光学。一年后任列宁格勒留学生党总支委员

时间	事件
1963 年 7 月 17 日	大女儿周霞在上海出生
1965 年秋	从苏联回国探亲
1966 年 4 月 8 日	小女儿周莉在上海出生
1966 年 4 月 29 日	列宁格勒电工学院学术委员会以 22 票全票通过周立伟物理数学副博士学位论文答辩，获苏联物理数学副博士学位
1966 年 5 月中旬	从苏联回国，回到母校北京工业学院，继续在工程光学系任教
1968—1975 年	
1968 年 4 月	因学校两派武斗，躲避到上海，翻译了留苏时副博士学位论文，后编写成《变像管与像增强器的电子光学》教材
1969 年	开始研究复合电磁聚焦同心球系统成像电子光学
1970 年	组织教研室研究光学系统与成像器件的调制传递函数
1971 年春	到河南驻马店北京工业学院"五七"干校劳动改造，在塘坊庄生产队插队 3 个月，后随干校迁到北京大兴县庞各庄继续劳动
1972 年春	结束"五七"干校劳动，回校主持夜视技术教研室，组织教师为工农兵学员备课
1972 年 4 月	在兵器工业 205 研究所主持美制微光管的解剖分析，撰写《美制微光像增强器电子光学系统分析》科技报告
1972 年夏	参加国内微光夜视技术攻关会战。与方二伦、冯炽焘共同研究电子光学系统计算机辅助设计，历时 4 年。所研制的"变像管与像增强器电子光学系统的计算与设计"软件包达到 20 世纪 70 年代国际先进水平
1973 年 6 月	在"73·6"夜视会议上作题为《同心球型静电聚焦像增强器的电子光学系统》的报告
1973 年 11 月 21 日	跟随兵器工业部光电成像技术代表团赴英国和荷兰访问，考察夜视与像增强器技术，历时 1 个月。其间，参观了英国 EMI 公司二级串联像增强器的制作及荷兰台尔夫特电子产品公司第一代三级光纤面板耦合微光像增强器的生产线

时间	事件
1974 年 9 月 9— 13 日	参加在英国帝国理工学院举行的第 6 届光电子成像器件会议,并在会后对英国像增强技术进行了考察
1975 年秋	带工农兵学员到昆明国立云南光学仪器厂实习
1975 年秋	所编著的《变像管与像增强器的电子光学》教材出版
1977 年	
秋	教材《夜视器件的电子光学》出版 完成《电磁聚焦同心球系统的电子光学》一文的写作
1978 年	
9 月	率领兵器工业部和电子工业部组成的代表团出席在英国帝国理工学院举行的第 7 届国际光电子成像器件会议和兰克集团主持的电子成像国际会议,在会上宣读了题为《电磁聚焦同心球系统的电子光学》的论文,后刊登在《电子学与电子物理学的进展》1979 年第 52B 卷上
秋	升为讲师 招收艾克聪和潘顺臣为第一届硕士研究生
同年	与方二伦、冯炽焘合作研究的"变像管与像增强器的电子光学系统计算与设计"科研项目获全国科学大会奖,方二伦代表课题组出席全国科技大会
1979 年	
春	承担原兵器工业部五局和机械电子工业部兵器科学研究院下达的研究项目"宽电子束聚焦理论与设计" 指导两位研究生学习与开题
1980 年	
年初	完成《关于研究生学习和学位论文工作的札记》一文,提交北京工业学院学术委员会
8 月	"电磁聚焦同心球系统的电子光学"获兵器工业部技术改进成果奖二等奖,周立伟是唯一获奖人
秋	招收倪国强为硕士生,后为博士生 出任工程光学系夜视技术教研室主任 任北京工业学院第一届校学术委员会委员

时间	事件
10月14日—11月14日	与中国科学院学部委员孟昭英教授一起参加第二届中国科学技术协会代表团赴美国考察访问
12月	被评为副教授
1981 年	
6月	在北京工业学院学术报告会上宣读《静电聚焦成像系统电子光学逆设计的研究》
1982 年	
春	被聘为国务院学位委员会第二届学科评议组（兵器科学与技术组）委员
秋	把青年时代的科学想法整理为 10 个问题，发表了《成像系统电子光学若干问题的探讨》一文
12月	与美国普林斯顿大学 J.L. Lowrance 博士共同研究"倾斜型电磁聚焦系统的电子光学"
1983 年	
9月	与北京大学吴全德教授、公安部第一研究所蒋先进所长赴英国伦敦参加在帝国理工学院举行的第 8 届光电子成像器件会议，任组织委员会委员及分会主席，在会上宣读《宽电子束聚焦的普遍理论》一文
秋	申请我国第一个军用光学博士点成功，被国务院学位委员会评为博士生导师
12月	出席中国光学学会红外光电专业委员会首届光电器件学术交流会
1984 年	
4月	出席位于美国海洋城的电子光学系统的国际会议，发表《图像无旋转的电磁聚焦成像》和《宽电子束聚焦的光学》两篇论文 被国家科学技术委员会与人事部评为"国家级有突出贡献的中青年专家"
7月	任工程光学系学术委员会主任。兼任校学位评定委员会委员
8月	被国家教育委员会特批为正教授

时 间	事 件
8月19日	党中央主持科技的倪志福、张爱萍、邹家华、江泽民等领导同志会见国防科技工业短期休养的优秀科技人员，周立伟作为兵器工业部的科技人员代表也参加了会见
12月	作为理事参加中国光学学会第一、第二届理事会联席会议
1985年	
4月	在《半导体光电》上发表《夜视技术现状与发展前景》一文
9月	作为第一学术带头人领衔的北京理工大学军用光学博士点被评为国家重点学科，获得世界银行贷款的支持，在北京理工大学工程光学系内建成了颜色科学专项实验室
1986年	
秋	与北京大学西门纪业教授、中国科学院电子研究所朱协卿研究员共同主持北京国际电子光学讨论会 接待苏联古比雪夫航空学院校长绍林
1987年	
2月	与方二伦共同承担兵器科学研究院委托的科研项目"成像器件电子光学系统IBM-PC机设计程序软件包"
1988年	
4月	兼任校学术委员会主任（1988—1992） 小册子《探索之路——科学研究方法谈》出版
秋	中央组织部组织国内31位专家赴芝罘休养，历时1个月，周立伟是其中之一
11月	被聘为北京理工大学首届技术职务聘任工作委员会委员兼光电仪器学科评审组成员
11月28日	父亲周吉民逝世，享年85岁
1989年	
2月	应邀参加在人民大会堂宴会厅举行的春节团拜会
7月	接待苏联鲍曼高级工业大学前校长、苏联科学院院士尼古拉耶夫院士来访，并主持座谈会

时间	事件
8 月	接待苏联古比雪夫航空学院副校长邱格达耶夫来访 出席第四届全国光电器件学术讨论会，发表《光电成像——在我国的现状与进展》一文
1990 年	
4 月	"宽电子束聚焦理论与设计"获中国兵器工业总公司科技进步奖一等奖、北京理工大学科学技术进步奖特等奖
6 月 4—26 日	作为北京理工大学代表团成员访问列宁格勒电工学院、列宁格勒精密机械与光学学院、列宁格勒机械学院、莫斯科动力学院和古比雪夫航空学院等苏联高校。起草了北京理工大学工程光学系与列宁格勒精密机械与光学学院工程物理系科学合作计划书
秋	参加在英国伦敦举行的第 10 届光电子成像器件会议，任组织委员会委员及分会主席，发表《北京理工大学的像管电子光学系统设计》与《像管阴极透镜的调制传递函数》两篇论文
1991 年	
4 月 18 日	被中国兵工学会聘为中国兵工学会光学分会第三届委员会主任委员
7 月	享受国务院政府特殊津贴
夏	与李志祥副校长赴俄罗斯参加第 3 届亚洲及太平洋地区大学校长的国际会议，纪念关于保护生态环境的斯德哥尔摩宣言 20 周年
8 月	作为会议组织委员会委员，赴英国伦敦出席第十届光电成像器件国际会议，并主持一分会会议
10 月	参加在无锡湖光仪器厂举办的兵器工业总公司高级工程技术人员研究班，作《夜视技术的进展》的报告
11 月	与方二伦等合作的科研项目"宽电子束聚焦理论与设计"获国家科技进步奖二等奖
1992 年	
4 月	被聘为国务院学位委员会第三届学科评议组（兵器科学与技术评议组）委员

时间	事件
9 月	作为兵器工业（集团）总公司教育代表团成员访问俄罗斯，与圣彼得堡约飞技术物理研究所达成初步合作协议
秋	母亲王桂英逝世，享年 83 岁
11 月	被选为俄罗斯圣彼得堡工程院外籍院士 应邀赴美国斯坦福大学、普林斯顿大学、新泽西理工学院和劳伦斯利佛莫尔实验室考察光电子成像技术
12 月	与俄罗斯科学院约飞技术物理研究所合作"圆锥电子透镜的计算与设计"
1993 年	
秋	作为大会主席，在北京友谊宾馆主持了'93 北京国际光电子探测与成像技术及应用学术讨论会（ISPDI'93）
10 月	学术专著《宽束电子光学》出版 参加电子工业部综合计划司和中国电子学会共同举办的"展望 2000—2010 年电子科技发展"座谈会
12 月	当选为中国光学学会第四届理事会理事 被聘为美国国际科学基金会电子光学专家评委
1994 年	
9 月	学术专著《宽束电子光学》获 1994 年第八届中国图书奖，北京理工大学第 6 届优秀教材一等奖
10 月	《宽电子束聚焦与成像——周立伟电子光学学术论文选》结集出版
1995 年	
1 月	在北京理工大学 1995 年人才工作会议上被评为北京理工大学队伍建设先进个人
6 月	赴圣地亚哥出席国际光学工程年会，会上向国际光学界介绍中国光学学会的构成，发表了题为《静电像管优化设计数值模拟中若干问题的研究》一文 专著《宽束电子光学》荣获 1995 年第七届全国优秀科技图书一等奖和 1995 年第二届国家图书奖提名奖。所获奖金 3000 元全部捐献给马士修奖学金

水穷云起 周立伟自传

时间	事件
秋	接待俄罗斯科学院普罗霍洛夫普通物理研究所莫纳斯忒尔斯基教授讲学，商讨科学合作
1996 年	
7 月	被北京理工大学聘为校第五届专业技术职务任职资格评审委员会委员，光学学科评审组组长
10 月	被中国兵器工业总公司和国家人事部授予"全国兵器工业系统先进工作者"荣誉称号
12 月	获颁北京理工大学 1996 年度学科建设优秀个人一等奖荣誉证书 任北京国际光子学会议"电子成像与多媒体系统"主题会议主席兼 SPIE 2898 卷的主编
同年	科研项目"像管优化设计及 ODESI 软件包"获国家科技进步奖三等奖
1997 年	
3 月	主持的"电磁聚焦成像系统逆设计理论与方法的研究"获得兵器工业部科技进步奖二等奖
5 月	任中国兵工学会第五届理事会理事 被聘为国务院学位委员会第四届学科评议组（光学工程、仪器科学与技术评议组）成员
6 月	被认定为高等学校教师资格（教授）
10 月	被授予俄罗斯萨马拉国立航空航天大学名誉博士称号
1998 年	
6 月	被评为北京理工大学优秀共产党员
9 月	被聘为北京理工大学首席专家
10 月	出版《一个指导教师的札记》
1999 年	
2 月	应俄罗斯科学院普罗霍洛夫普通物理研究所谢列夫教授邀请访问俄罗斯并进行科学合作
11 月	当选中国工程院院士

时间	事件
12 月	被评为北京理工大学师德标兵
2000 年	
6 月	参加中国工程院第五次代表大会
6 月 22 日—7 月 6 日	访问俄罗斯科学院普罗霍洛夫普通物理研究所光电子部，应邀作《成像电子光学》科学报告并商谈合作事宜
9 月	当选俄罗斯联邦工程科学院外籍院士，筹备并主持中俄学术讨论会
9 月 10 日	在《学位与研究生教育》上发表《浅议研究生指导教师的作用》一文
2001 年	
5 月	参加 21 世纪中国光电子技术及产业发展战略长春论坛
9 月	在《新世纪　新机遇　新挑战——知识创新和高新技术产业发展》上发表《微光与热成像——机遇与挑战》一文
同年	被评为北京市高校系统优秀共产党员
2001—2004 年	与俄罗斯科学院普罗霍洛夫普通物理研究所光电子学部谢列夫主任及莫纳斯忑尔斯基教授合作研究成像系统的动态电子光学，历时 3 年，后来合作发表了《直接积分法研究电子光学成像系统的时间像差理论》，以及《关于 τ 变分法研究电子光学成像系统的时间像差理论》等论文
2002 年	
2 月	在《北京理工大学学报》上发表《光电子成像——走向新世纪》一文
5 月	在《科技与产业》上发表《再谈科学创造四阶段》一文
8 月	参加赣苏鲁豫黑五省光学（激光）年会 在《自然辩证法研究》发表《中国的科技，从科学创造四阶段说起》一文
10 月	当选中国光学学会副理事长
12 月	主编的《目标探测与识别》一书出版 参加 HPJ-12 型近程反导舰炮武器系统设计定型审查会

时间	事件
2003 年	
6 月 8 日	发表《关于像管时间渡越弥散表达式的研究》一文，刊登在《中国工程院第五次院士大会学术报告汇编》上
7 月	参加纪念北京市科协成立 40 周年座谈会
8 月 30 日	《光学，明天更辉煌——写在北京理工大学光电工程系建系 50 周年》一文发表在《北京理工大学学报》上
2004 年	
1 月 10 日	出席 2004 年北京光学学会新春团拜会
3 月 25 日	在《科学与产业》上发表《先生之风，山高水长——祝贺王大珩先生从事科学活动 66 年》一文
4 月	在北京理工大学《科学与人文》名家论坛发表《愿科学与人文两翼齐飞》一文
4 月 27 日	陪同王大珩先生出席首届北京激光技术前沿论坛
6 月	参加中国工程院第五次院士大会
8 月	发表《笃学诚行　唯恒创新——谈研究生指导教师的作用》一文，全文刊载在《学位与研究生教育》2004 年第 8 期
10 月	出席在厦门举办的全国光电技术学术交流会
12 月	获北京理工大学"研究生指导名师奖"
自 2004 年起	出任校科学技术协会主席
2005 年	
4 月	被原总装备部军兵种装备部聘为国家安全重大基础研究"973-61323"项目组专家
7 月	被中国计量测试学会聘为计量测试专家咨询委员会委员
7 月 24 日	在北京光学学会第六次会员代表大会上当选为第四任北京光学学会理事长
8 月	参加在北京举办的中国光学学会光电技术专业委员会成立二十周年暨第十一届全国光电技术与系统年会
11 月	主编的《目标探测与识别》一书荣获第三届国防科技工业优秀图书奖

中国工程院院士传记

水穷云起　周立伟自传

时间	事件
2006 年	
1 月	被北京理工大学聘为《北京理工大学学报》（自然科学中、英文版）第六届编委会委员 被北京理工大学授予"'十五'先进工作者"称号
4 月 28 日	出席首都科技工作者首届摄影展，代表主办单位致开幕词
5 月 23 日	在北京理工大学接待来访的欧洲光学专家访问团
12 月 10 日	出席第三届北京激光技术前沿论坛，并向大会作《光子学——光学发展的新阶段》主旨报告
2007 年	
1 月	出版《科学研究的途径——一个指导教师的札记》
5 月	主持在西安举办的中俄衍射光学技术高端研讨会
9 月 11 日	出席 2007 年光电子探测与成像国际学术会议并作特邀报告
9 月	被中国仪器仪表学会聘为中国仪器仪表学会科学仪器学术工作委员会顾问 被国家边海防委员会办公室聘为全国边海防建设专家库成员
12 月	论文《关于 τ 变分法研究电子光学成像系统的时间像差理论》获第五届中国科协期刊优秀学术论文奖
2008 年	
9 月	被中国计量科学研究院聘为第一届计量科学咨询委员会副主任委员
9 月 19 日	在长春理工大学出席王大珩教育与科学技术思想研讨会，作题为《中国光学界一面高扬的旗帜》的报告
10 月	被中国兵工学会聘为中国兵工学会光学专业委员会第五届委员会荣誉主任委员
10 月 14 日	参加车载光电信息技术与装备发展研讨会，发表《大力发展军用光电信息技术》一文
10 月 15 日	在《学位与研究生教育》上发表《愿中华大地永远是科学的天——纪念我国恢复研究生教育 30 周年》
同年	出任校基础教育学院名誉院长

时间	事件
\multicolumn{2}{c}{2009 年}	
1 月	被精密光机电一体化技术教育部重点实验室聘为精密光机电一体化技术教育部重点实验室第一届学术委员会资深委员，任期 4 年；参加"同贺神七飞天 共建创新中国"院士专家研讨会
5 月	"以创新的教学和管理方法提高研究生的创新能力"研究成果获北京市教育教学成果二等奖
8 月	被《电光与控制》杂志聘为编委会顾问委员
9 月 3 日	出席北京市科协举办的中国北京光学学会 法国 IREPA 协会合作协议签字仪式
9 月	论文《笃学诚行 惟恒创新——谈研究生指导教师的作用》获第四届《学位与研究生教育》优秀论文评选一等奖
11 月	被选为中国兵工学会第七届理事会理事
11 月 9 日	在总参高级专家科技创新战略研讨班开学典礼上发表"愿总参培养一大批杰出的战略科学家"的讲话
\multicolumn{2}{c}{2010 年}	
2 月 15 日	在《周氏宗祠》重修竣工典礼上致辞，题目为《弘扬先祖遗愿，传承优秀文化》
2 月	被聘为《光耀人生：王大珩学术思想与创新贡献》编委会顾问
4 月	被中国光学学会、全国科学技术名词审定委员会聘为光学名词审定委员会委员
7 月	被北京理工大学聘为北京理工大学高级专业技术职务评审委员会委员，聘期 3 年
9 月	被聘为上海理工大学光电信息与计算机工程学院名誉教授
10 月 29 日	出席北京光学学会高校研究生分会成立大会，作"弘扬科学精神，立志成为未来的科学专家和科学技术专家"讲话

水穷云起 周立伟自传

时间	事件
	2011 年
5 月	主持第四届国际光电子探测与成像学术交流会 被中国航天科工集团第三研究院聘为光电信息产业战略发展专家咨询委员会高级顾问；被航天科技控股集团股份有限公司聘为技术委员会高级顾问
9 月 10 日	出席北京市科协举办的"创新是科技工作者的天职——王大珩学术思想座谈会"并讲话
11 月	被原总装备部电子信息基础部聘为国家安全重大基础研究"基于硅基像源全息波导成像的头盔显示系统基础研究"项目专家组组长
12 月	被中国兵器工业总公司科技部聘为微光夜视技术国防科技重点实验室学术委员会委员，参加在西安举办的微光夜视技术重点实验室第二届学术委员会成立暨 2011 年学术交流会 任中国宇航学会光电专委会名誉主任
	2012 年
5 月	被北京理工大学聘为国家重大科学仪器设备开发专项项目"激光差动共焦扫描成像与检测仪器研发及其应用研究"技术专家委员会委员
9 月	参加在昆明举办的 2012 微光技术发展论坛
10 月 11 日	在北京光学学会第七次会员代表大会上当选为北京光学学会名誉理事长
10 月 14—16 日	出席在上海市举办的 2012 年中俄衍射光学及纳光子学国际研讨会，任组织委员会主席。其间，中国宇航学会光电专委会举行酒会，庆贺周立伟院士八十华诞
12 月 31 日	在《科学中国人》上发表《高山仰止，心向往之——纪念王大珩院士逝世一周年》
同年	被聘为长春理工大学名誉教授
	2013 年
1 月	参加国家重大科学仪器设备开发专项"空间多指标生物分析仪器开发及应用"项目启动及工作推进会

水穷云起 周立伟自传

时间	事件
5 月 23 日	"周立伟奖助学基金"理事会成立并召开第一届理事会
6 月	被聘为中国计量科学研究院第二届计量科学咨询委员会委员
2014 年	
1 月	被北京理工大学光电学院聘为光电学院教学指导委员会成员，任期 3 年
4 月	被中国人民武警部队武警警官学院聘为荣誉教授 被中国兵工学会聘为中国兵工学会咨询专家库特别咨询顾问
8 月	被中关村自主品牌创新发展协会、天津武清商务区聘为中关村·武清创业学院首席创业导师
10 月	被北京市东城区教育委员会和东城区青少年科学技术学院聘为名誉导师，被北京市东直门中学聘为名誉顾问
11 月	任中国光学工程学会名誉副理事长
2015 年	
5 月	被中国兵工学会聘为中国兵工学会科技奖励工作委员会第八届委员会委员
7 月	参加长春光机所举办的王大珩学术与教育思想暨国际光年学术研讨会
7 月 8 日	出席在长春光机所举办的"纪念王大珩诞辰百年系列活动"，并在王大珩先生铜像揭幕典礼上作"华夏之光，丰碑长存"的讲话
8 月	被中关村自主品牌创新发展协会聘为中关村创业学院首席创业导师
10 月	被平板显示玻璃技术和装备国家工程实验室技术委员会聘为实验室技术委员会名誉主任，聘期 3 年
10 月 21 日	应邀在中国科技馆报告厅作"自然力量的伟大窥探者——爱因斯坦"科普报告
12 月 27 日	参加 2015 年度精密测试技术及仪器国家重点实验室（天津大学、清华大学）学术委员会会议
2016 年	
6 月	出版《藏绿斋札记：感悟人文》《藏绿斋札记：情系科研》《藏绿斋札记：心驰科普》三部著作

时间	事件
12 月	被授予北京理工大学科学技术协会荣誉委员
2017 年	
1 月 3 日	妻子吕素芹逝世，享年 79 岁
5 月	被聘为中国计量科学研究院第三届计量科学咨询委员会委员
6 月 4—6 日	参加 2017 年国际应用光学与光子学技术交流会
7 月 17 日	出席在乌兰察布市举行的 2017 中国创业创新博览会
10 月 11 日	出席 ILOPE-2017 北京光电周——第 22 届中国国际激光光电子及光电显示产品展览会开幕式
2018 年	
9 月 12 日	在成都石室中学参加"院士学生面对面"活动，作《志存高远，脚踏实地》的报告
9 月 13 日	在四川省彭州市参加 2018 年智慧城市院士论坛，作《智慧城市人才培养的思考》报告
12 月 8 日	出席在江苏宿迁高新区举办的中国宿迁第三届激光装备产业发展大会并讲话
2019 年	
1 月 6 日	在清华大学参加 2019 年信息光学前沿高峰论坛暨庆祝金国藩院士从事科研工作 68 周年交流会
3 月 21 日	参加"DOU 知计划"的全民短视频科普行动启动仪式，支持科普传播
4 月	在《光学学报》（Acta Optica Sinica）以英文发表《复合电磁同心球系统的成像电子光学》4 篇系列文章
5 月 24 日	牵头成立南昌虚拟现实检测技术有限公司院士工作站
9 月 10 日	在上海理工大学作题为《志存高远，求深愿达——与青年学人谈成长、成才、成功》的讲座
10 月 13 日	出席在国家工程实验室召开的平板显示玻璃技术和装备国家工程实验室二届一次理事会与技术研讨会
10 月 21 日	在北京理工大学良乡校区徐特立图书馆报告厅作《志存高远，求深愿达——与睿信书院同学谈成长、成才、成功》的报告
12 月	为《光耀京华——北京光学学会成立 40 周年》纪念画册题词

时间	事件
2020 年	
12 月 9 日	为北京光学学会办公地迁至北京工业大学欣然题词："弘扬科学精神，传播科学思想，普及光学知识，推动学术交流"
2021 年	
7 月	荣获中共中央"光荣在党 50 年"纪念章
2022 年	
4 月	在《光学学报》上发表《静电聚焦同心球系统的成像电子光学》4 篇文章
6 月 26 日	为旅行家雷殿生《信念——十年徒步中国》一书题字
8 月 20—23 日	参加在郑州举行的 2023 世界传感器大会
9 月	由胡晓菁、马丽著的《寻找黑夜之眼——周立伟传》出版《探索之路——我的科学人生》(中英文)出版
9 月 17 日	北京理工大学与光电学院庆贺周立伟院士从事科教活动 70 年
2023 年	
3 月	周立伟藏书阁在家乡初步落成
3 月 17 日	出席浙江省温岭激光产业园举办的热刺激光温岭超级工厂投产典礼并讲话
3 月 18 日	出席在浙江省台州高新区举办的"激光制造 聚焦台州湾"——2023 年激光应用技术高峰论坛峰会并讲话
4 月	在浙江诸暨草塔中学作题为《志存高远，求深愿达——与青少年同学谈成长、成才、成功》的报告
5 月 6 日	出席在首钢园中关村科幻产业创新中心举办的"2023 年全国光学与光学工程博士生学术联赛北京赛区"的竞赛活动，任北京赛区评审委员会主席并在开幕式上致辞
6 月 3 日	应清华大学精仪系邀请，在北京九华山庄作题为《探索之路——我的科学人生》的报告
6 月 20 日	在中关村品牌协会召开的 620 元宇宙 AI 圆桌峰会上致辞
7 月	浙江省诸暨市草塔中学聘请周立伟为省科普基地合作院士
8 月 23 日	被北京理工大学聘请为光电学院文化建设顾问

水穷云起 周立伟自传

时间	事件
8 月	任 RISC-V 工作委员会战略指导委员会委员
9 月 1 日	出席第 21 届智能制造高质量发展高峰论坛并致辞
9 月 23 日	出席昌平区数字经济产业创新发展论坛并致辞
9 月	由钱学森科学与教育思想研究会与北京理工大学光电学院共同编制的《笃学诚行 坚毅卓越——周立伟院士画册》出版
10 月	被宿迁市人民政府聘为宿迁激光装备产业高端智库专家
11 月 16 日	在家乡诸暨五泄镇藏绿村成立周立伟教育基金
12 月	《静态与动态成像电子光学——周立伟学术论文选》由北京理工大学出版社出版
2024 年	
1 月 6 日	参加"中关村品牌创新峰会"活动，作"高举中关村自主品牌的旗帜，人力同心，共创辉煌"的发言

主要学术论文、著述及科技报告

学术论文

［1］周立伟. 两电极同心球系统的电子光学. 工程光学，1978，1：71–87.

［2］周立伟. 电磁聚焦同心球系统的电子光学. 兵工学报，1979，1：66–81.

［3］Zhou Liwei. Electron Optics of Concentric Spherical Electromagnetic Focusing Systems. Advances in Electronics and Electron Physics，1979，52：119–132.

［4］周立伟，方二伦. 倾斜型电磁聚焦系统的电子光学〔I〕电子光学系统的像差. 工程光学，1980，1：1–135.

［5］周立伟，方二伦. 倾斜型电磁聚焦系统的电子光学〔II〕电子光学系统的计算和分析. 工程光学，1980，2：1–16.

［6］方二伦，冯炽焘，周立伟. 变像管及像增强器电子光学系统计算机分析与设计. 光电技术，1980（2–3）：71–81.

［7］周立伟. 成像系统电子光学若干问题的探讨. 工程光学，1982，2：2–15.

［8］周立伟，艾克聪，方二伦. 成像系统的电子光学传递函数与均方根半径的研究. 北京工业学院学报，1982，3：36–51.

［9］周立伟，方二伦．一种新型的放大率 $M \neq 1$ 的电磁聚焦移像系统．夜视技术论文集，1982，1：206-219.

［10］周立伟，艾克聪，潘顺臣．关于电磁复合聚焦阴极透镜的像差理论．物理学报，1983，32（3）：376-392.

［11］周立伟．电磁聚焦移像系统理论的研究．北京工业学院学报，1983，3：12-24.

［12］周立伟，潘顺臣，艾克聪．静电聚焦成像系统电子光学逆设计的研究．北京工业学院学报，1983，1：17-34.

［13］周立伟．曲轴宽电子束聚焦的普遍理论．工程光学，1983，2：37-54.

［14］周立伟，倪国强，方二伦．图像无旋转的电磁聚焦移像系统的研究．电子学报，1984，12（3）：33-40.

［15］Zhou Liwei, Ni Guoqiang, Fang Erlun. Electrostatic and Magnetic Imaging without Image Rotation. Electron Optical Systems. SEM INC，1984：37-43.

［16］Zhou Liwei. Optics of Wide Electron Beam Focusing. Electron Optical Systems. SEM INC，1984：45-62.

［17］周立伟，史万宏，倪国强，等．两电极双曲场作为静电聚焦阴极透镜的电子光学．电子管技术，1984，3.

［18］周立伟，倪国强．电磁聚焦同心球系统的精确解．电子管技术，1985，2：50-53.

［19］周立伟．宽电子束聚焦的光学．电子管技术，1985，2：49.

［20］Zhou Liwei. A Generalized Theory of Wide Electron Beam Focusing. Advances in Electronics and Electron Physics，1985，64B：575-589.

［21］周立伟．夜视技术现状与发展前景．半导体光电，1985（1）：3-25.

［22］周立伟，方二伦．热辐射的数字模拟．红外技术，1986，

8（2）：4-13.

［23］Zhou Liwei, Qiu Baicang, Ni Guoqiang. An Inverse Design of Magnetic Focusing Coi1 of Electrostatic and Magnetic Imaging. Optik，1988，78（2）：54-58.

［24］Zhou Liwei, Ni Guoqiang, Qiu Baocang. Tensor Analysis of Electron Motion in Curvilinear Coordinate System（Ⅰ）. Optik，1988，79（2）：53-66.

［25］Zhou Liwei, Ni Guoqiang, Qiu Baocang. Tensor Analysis of Electron Motion in Curvilinear Coordinate System（Ⅰ）. Optik，1988，78（3）：101-107.

［26］周立伟，金伟其，倪国强，等. 相对论修正下宽电子束聚焦的普遍理论. 电子科学学刊，1988，10（6）：520-527.

［27］周立伟，倪国强，仇伯仓. 曲线坐标系下电子运动的张量分析. 电子学报，1988，16（5）：55-67.

［28］周立伟，金伟其，倪国强. 曲轴宽电子束聚焦理论的研究. 光电子学技术，1988，4：8-22.

［29］周立伟，仇伯仓，倪国强. 电磁聚焦移像系统中聚焦磁场的逆设计. 电子学报，1989，17（2）：21-27.

［30］Zhou Liwei, Fang Erlun. Electron Optics of Oblique Electromagnetic Focusing Systems. Journal of Beijing Institute of Technology，1990，10（S1）：19-32.

［31］周立伟，金伟其，倪国强. 宽电子束聚焦的变分理论. 北京理工大学学报，1991，11（2）：33-41.

［32］Zhou Liwei, Fang Erlun, Ni Guoqiang, et al. Study of Electron Optical System Design of image Tubes in Beijing Institute of Technology. The tenth Symposium on Photoelectronic Image Devices. The Institute of Physics Conference Series，1991，121：385-395.

［33］Zhou Liwei, Zhang Zhiquan, Ni Guoqiang, et al. On

Modulation Transfer Function of Cathode Lenses in Image Tubes. The Tenth Symposium on Photoelectronic Image Devices. 1991. The Institute of Physics Conference Series, 1991, 121: 405–419.

［34］Zhou Liwei. Developments and Current Status of Photoelectronic Image Devices in China. SPIE, 1993, 1982: 238–240.

［35］Zhou Liwei, Zhang Zhiquan, Jin Weiqi. Some problems of Mathematical simulation in Optimization Design of Electrostatic Image Tubes. SPIE, 1995, 2552: 102–115.

［36］周立伟. 夜视像增强器（蓝光延伸与近红外延伸光阴极）的近期进展. 光学技术, 1998（2）: 18–27.

［37］周立伟, 刘广荣, 高稚允, 等. 用于微光摄像的高灵敏度电子轰击电荷耦合器件. 中国工程科学, 1999, 1（3）: 56–62.

［38］周立伟. 光电子成像: 回顾与展望. 中国计量学报, 2001, 12（2）: 28–32.

［39］周立伟. 关于微光像增强器的品质因数. 红外与激光工程, 2004（4）: 331–337.

［40］周立伟, 李元, 张智诠, 等. 直接积分法研究电子光学成像系统的时间像差理论. 物理学报, 2005, 54（8）: 3591–3596.

［41］Zhou Liwei, Li Yuan, Zhang Zhiquan, et al. On the Theory of Temporal Aberrations for Cathode Lenses. Optik, 2005, 116（4）: 175–184.

［42］周立伟, 李元, 张智诠, 等. 静电聚焦同心球系统验证电子光学成像系统的时间像差理论. 物理学报, 2005, 54（8）: 3597–3603.

［43］周立伟, Monastyrski M A, Schelev M Ya, 等. 关于 τ 变分法研究电子光学成像系统的时间像差理论. 电子学报, 2006, 34（2）: 193–197.

［44］周立伟. 关于动态电子光学时间像差理论的研究. 北京

理工大学学报，2006，26（5）：377–382.

［45］Zhou Liwei. On Theory of Paraxial Lateral Aberrations of Imaging Electrostatic Electron Optical Systems Based on Asymptotic Solutions. SPIE Proceedings, 2007, 6621: 662101–662112.

［46］Zhou Liwei, Gong Hui. Test and Verification of Theory of Paraxial Lateral Aberrations by a Two–electrode Electrostatic Concentric Spherical System Model. SPIE Proceedings, 2007, 6621: 66212A–1–13.

［47］Zhou Liwei. On the Theory of Temporal Aberrations for Dynamic Electron Optics. Frontiers of Optoelectronics in China, 2008, 1 (1–2): 50–57.

［48］周立伟. 基于渐近解的静电成像电子光学近轴横向像差理论. 北京理工大学学报，2009，29（11）：941–946.

［49］周立伟，公慧. 渐近解求解静电成像电子光学近轴横向像差的验证. 北京理工大学学报，2009，29（12）：1035–1041.

［50］周立伟，静电聚焦同心球系统的静动态近轴电子光学. 北京理工大学学报，2009，29（12）：1035–1041.

［51］周立伟. 静电成像电子光学近轴横向像差理论. 北京理工大学学报，2009，29（11）：941–946.

［52］周立伟，公慧，张智诠，等. 两电极静电同心球系统的成像电子光学及其空间—时间像差. 物理学报，2010，59（8）：5459–5466.

［53］Zhou Liwei, Gong Hui, Zhang Zhi quan, et al. Static and Dynamic Imaging Electron–optics and Spatial–temporal Aberrations in a Bi–electrode Spherical Concentric System with Electrostatic Focusing. Optik, 2011, 122: 287–294.

［54］Zhou Liwei, Gong Hui, Zhang Zhiquan, et al. Paraxial Imaging Electron Optics and its Spatial–temporal Aberrations for a Bi–Electrode Concentric Spherical System with Electrostatic Focusing. Optik,

2011，122：295-299.

［55］Zhou Liwei，Gong Hui. Theory of Paraxial Lateral Aberrations of Electrostatic Imaging Electrostatic Electron Optics based on Asymptotic Solutions and its Verification. Optik，2011，122（4）：300-306.

［56］周立伟，公慧. 基于渐近解的成像电子光学近轴横向像差理论及其验证. 电子学报，2011，3（39）.

［57］Zhou Liwei，Gong Hui. On Theory and Verification for Paraxial Lateral Aberrations of Imaging Electrostatic Electron Optics based on Asymptotic Solutions. Optik，2011，122（4）：300-306.

［58］Zhou Liwei. Imaging Electron Optics of a Combined Electromagnetic Concentric Spherical Systems. Part A：Paraxial Optics. Acta Optica Sinica，2019，39（4）：0411001-1-10.

［59］Zhou Liwei. Imaging Electron Optics of a Combined Electromagnetic Concentric Spherical Systems. Part B：Paraxial Aberrations. Acta Optica Sinica，2019，39（4）：0411002-1-9.

［60］Zhou Liwei. Imaging Electron Optics of a Combined Electromagnetic Concentric Spherical Systems. Part C：Approximate Solutions of Paraxial Equation. Acta Optica Sinica，2019，39（4）：0411003-1-6.

［61］Zhou Liwei. Imaging Electron Optics of a Combined Electromagnetic Concentric Spherical Systems. Part D：Asymptotic Solutions of Paraxial Equation. Acta Optica Sinica，2019，39（4）：0411004-1-8.

［62］周立伟. 静电聚焦同心球系统的成像电子光学. A章：电子轨迹方程. 光学学报，2022，42（8）：0811001-1-8.

［63］周立伟. 静电聚焦同心球系统的成像电子光学. B章：近轴横向色差与几何横向球差. 光学学报，2022，42（8）：0811002-1-7.

［64］周立伟. 静电聚焦同心球系统的成像电子光学. C 章：多电极同心球系统的电子光学. 光学学报，2022，42（8）：0811003-1-8.

［65］周立伟. 静电聚焦同心球系统的成像电子光学. D 章：最小弥散圆与最佳像面位置的确定. 光学学报，2022，42（8）：0811004-1-9.

教材、专著、译著

［1］周立伟. 电子光学理论与设计（上下册）. 北京：北京工业学院，1961.

［2］周立伟. 电子光学. 北京：北京工业学院，1973.

［3］周立伟. 变像管与像增强器的电子光学（上下册）. 北京：北京工业学院，1975.

［4］周立伟. 夜视器件的电子光学. 北京：北京工业学院，1977.

［5］周立伟、张戊寅等译校. 电光学手册. 北京：国防工业出版社，1978.

［6］周立伟等译校. 夜视电子器件与电子成像. 北京：北京工业学院，1979.

［7］周立伟. 宽束电子光学. 北京：北京理工大学出版社，1993.

［8］周立伟. 宽电子束聚焦与成像——周立伟电子光学学术论文选. 北京：北京理工大学出版社，1994.

［9］周立伟. 目标探测与识别. 中国现代科学全书 - 兵器科学与技术卷分册. 北京：兵器工业出版社，2000.

［10］周立伟. 静态与动态成像电子光学——周立伟学术论文选. 北京：北京理工大学出版社，2023.

主编国外刊物

［1］Zhou Liwei. Chair / Editor. Proceedings of international Symposium on Photoelectronic Image Devices. SPIE The International Society for Optical Engineering. 1982. 1993.

［2］Liwei Zhou, Chunsheng Li. Chairs/Editors. Proceedings of International Symposium on Electronic Imaging and Multimedia Systems II. SPIE–The International Society for Optical Engineering. 3561.1998.

［3］Chunsheng Li, Robert L.Stevenson, Liwei Zhou. Chairs / Editors. Proceedings of International Symposium on Electronic Imaging and Multimedia Systems. SPIE –The International Society for Optical Engineering. 2898.1996.

［4］Liwei Zhou, Chunsheng Li, Yoshiji Suzuki；Chairs / Editors. Electronic Imaging and Multimedia Technology III, Proceedings of SPIE. 4925，2002.

科普读物

［1］周立伟. 一个指导教师的札记. 北京：北京理工大学出版社，1998.

［2］周立伟. 科学研究的途径. 北京：北京理工大学出版社，2012.

［3］周立伟. 藏绿斋札记：情系科研. 北京：北京理工大学出版社，2016.

［4］周立伟. 藏绿斋札记：感悟人文. 北京：北京理工大学出版社，2016.

［5］周立伟. 藏绿斋札记：心驰科普. 北京：北京理工大学出版社，2016.

［6］周立伟. 探索之路：我的科学人生（中英文）. 北京：北京理工大学出版社，2022.

科技报告与评述

［1］周立伟. 荷兰英国夜视技术（出国考察报告）. 北京：科学技术文献出版社，1974.

［2］周立伟. 英国像增强器技术（出国考察报告）. 北京：科学技术文献出版社，1975.

［3］周立伟. 夜视技术的现状及发展动向. 云光技术，1979，6：19-28.

［4］周立伟，邹异松. 光电成像 25 年（1958—1983）（科技报告）. 北京：北京工业学院，1983.

［5］周立伟. 夜视技术的现状及发展前景. 半导体光电，1985，6（1）：1-23.

［6］周立伟. 漫谈科技学术论文的写作（科技报告）. 北京：北京工业学院，1985.

［7］周立伟. 我国夜视技术 2000 年展望的探讨. 中国兵工学会第一届年会，北京，1985：23-31.

［8］周立伟. 谈谈研究生指导教师的作用. 北京高教研究. 1986，1：34-37.

［9］周立伟. 光电成像器件. 中国大百科全书（物理学）. 北京：中国大百科全书出版社，1987，1：458-461.

［10］周立伟. 探索之路——科学研究方法论（科技报告）. 北京：北京工业学院，1988：1-103.

［11］周立伟，车念曾. 光电技术与兵器智能化. 现代兵器，1988，4：37-40.

［12］Zhou Liwei. Speech on Grim Challenge-On Environmental

Pollution and Environmental Protection. Proceedings of the 3rd Asia Pacific University Presidents Conference. Vladivostok, USSR, 1991: 163–164.

［13］周立伟. 夜视技术的进展. 高级工程技术人员研修班论文集（微光夜视、红外、激光）. 特邀报告. 北京：兵器进修学院，1992：9–17.

［14］周立伟. 关于我国兵器光电高新技术发展的探讨. 兵器工业高新技术研讨会论文集. 北京：兵器工业出版社，1992：10–14.

［15］周立伟. 光电子成像技术的近期进展. 第五届全国光电器件学术讨论会论文集. 南京. 1992：1–2.

［16］周立伟. 夜视技术的进展. 光学技术，1993，4：2–8.

［17］周立伟. 提高二代薄片管性能的技术途径的探讨. 中国兵工学会第三届学术年会论文集（下）. 1993：1–191.

［18］周立伟. 像增强技术的进展. 电子科技导报，1994，4：9–11.

［19］周立伟. 微光摄像技术的应用. 电子科技导报，1994，5：29–30.

［20］周立伟. 光电子成像技术的进展. 电子科技导报，1994，6：12–14.

［21］周立伟. 夜视技术的进展与展望. 激光与光电子学进展——中国光学学会，1995年会特邀报告专辑. 1995，4：37–43.

［22］周立伟. 夜视技术述评——纪念夜视诞生60周年. 光学技术（增刊），1995：1–18.

［23］周立伟. 夜视像增强器（蓝延伸与近红外延伸光阴极）的近期进展. 光学技术，1983（2）：18–27.

［24］周立伟，刘广荣，高稚允，等. 用于微光摄像的高灵敏度电子轰击电荷耦合器件. 中国工程科学，1999，1（3）：56–62.

［25］周立伟. 学习王选兼谈拔尖人才培养. 北京理工大学高

等教育研究，1999，1：24-27.

　　［26］周立伟. 学问三境界与科学创造四阶段. 中国工程院通讯，2000（8）：23-24.

　　［27］周立伟. 关于像管时间渡越弥散表达式的研究. 中国工程院第五次院士大会学术报告汇编（信息与电子工程学部），2000：16-20.

　　［28］周立伟. 传承辟新，寻优勇进——论科学精神与科技创新. 2000年青年光学学术讨论会暨院士报告会论文摘要集，2000：2-3.

　　［29］周立伟. 现代战争中的信息获取技术. 中国兵工学会新世纪兵器工业发展与学科进步讨论会论文集，2000：46-61.

　　［30］周立伟. 浅议研究生指导教师的作用. 学位与研究生教育，2000（5）：4-5.

　　［31］周立伟. 光电子成像：进入新世纪. 21世纪中国光电子技术及产业发展战略长春论坛论文集，2001：50-59.

　　［32］周立伟. 光电子成像：回顾与展望. 北京理工大学学报，2002，22（1）：1-12.

　　［33］周立伟. 再论科学创造四阶段. 科技和产业，2022，5：12-18.

　　［34］周立伟. 大学时代要加强科学道德教育. 电子工业出版社，2002：94-97.

　　［35］周立伟. 光电子成像——走向新的世纪. 北京理工大学学报，2002，22（1）：1-12.

　　［36］周立伟. 中国的科技，从科学创造四阶段说起. 自然辩证法研究，2002，18（8）：12-15.

　　［37］周立伟. 微光成像技术的发展与展望：现代光学与光子学的进展——庆祝王大珩院士从事科技活动六十五周年专集. 天津：天津科学技术出版社，2003：316-339.

［38］周立伟. 光学，明天更辉煌——写在北京理工大学光电工程系建系 50 周年. 北京理工大学学报，2003，23：397-404.

［39］周立伟. 微光像增强器的品质因数. 红外与激光工程，2004，33（1）：331-337.

［40］周立伟. 笃学诚行　惟恒创新——谈研究生指导教师的作用. 学位与研究生教育，2004（8）：6-10.

［41］周立伟. 愿科学与人文比翼齐飞.《科学时报》第 4 版，2004 年 11 月 26 日.

［42］周立伟. 科学技术与人文素养要和谐发展.《经济日报》，2005 年 5 月 11 日第 13 版（上），2005 年 5 月 25 日第 13 版（下）.

［43］周立伟. 黑暗之眼——微光成像技术的进展. 北京：北京科海电子出版社，2006：6-39.

［44］周立伟. 博学笃志，追求卓越——献给研究生的 12 条忠告与建议. 学位与研究生教育，2006（3）：9-16.

［45］周立伟. 愿祖国永远是科学的春天——纪念研究生教育 30 周年. 学位与研究生教育，2008，10：7-9.

［46］周立伟. 公民教育的思考. 科学中国人，2011（4）：11-16.

［47］周立伟. 科学研究方法与治学谈. 科技潮，2011（1）：34-37.

［48］周立伟. 高山仰止，心向往之——纪念王大珩院士逝世一周年. 科学中国人，2012（13）：22-29.

［49］周立伟. 侠义仁心，桃李天下. 科学中国人，2013（7）：22-25.

［50］周立伟. 大珩百岁光永恒. 中国科学报，2015 年 3 月 13 日.

后 记

当我迈入耄耋之年，考问自己的一生时，耳边响起的是汗水与泪水齐下、奋斗与拼搏合奏的乐章，我无愧于祖国和父母的是，我没有虚度年华，虽然成就不大，但我努力奋斗了，我尽力了。

我是在 2020 年新冠肺炎疫情暴发之际开始动笔写自传的。自 2020 年 2 月以来，我每天关在家里，没有任何社会活动，当想起中国工程院一直在催促我完成自传的写作时，觉得是该完成这一写作任务了。于是，就开始回忆自己的一生，逐渐把自己经历过的大多数事情回忆起来了。当然，时过境迁，有些事情被遗忘了，很多细节也记不起来了，这是没有办法的事。

有人说，人的一生是一连串的偶然串成的。细细想想，确实是这样。但偶然中往往含有必然的因素，机遇钟情于心爱它的人，永不放弃才是成功人生的主旋律。当我迈入耄耋之年，考问自己的一生时，耳边响起是汗水与泪水齐下、奋斗与拼搏合奏的乐章，我无愧于祖国和父母，虽然成就不大，但没有虚度年华，我努力奋斗了，我尽自己的力量了。

我想指出的是，当我落笔时，便发现撰写自己的传记有许多为难之处。既是传记，总会涉及一些人和事，我得把事情的真相以及自己的所遇所思所爱所憎说出来。说实话，我本不愿放过那些作恶者，他们为了满足向上爬的私欲，害人无数，实在太坏了。但最后，在友人们的劝说下，我还是让步了，没有把他们的真实姓名公开。

当前些年启动"老科学家学术成长资料采集工程"时，学校和中国科协以及中国工程院有关领导都希望我能积极配合，但我开始时是推诿和不积极的。时任中国工程院负责院士传记出版的郑召霞处长多次找我谈话，给我讲述出版院士传记的重大意义，鼓励我动手写作。我一直以自己一生平凡、无动人事迹来推托，辜负了她的好意，直到2020年我才动手写自传。今天，当想起此事时，感到十分惭愧，我要向郑召霞处长表示我的歉意和感谢。在我的自传即将出版之际，我要特别感谢中国工程院赵千处长对我写作的热情鼓励和支持。中国科学院的葛能全先生对我写的自传进行了认真的阅读和细致的修改，特别是他建议每章列出小节的标题，使读者更清晰了解自传的内容，以避免叙述上的重复。在此，我谨向他们表示衷心的感谢。

在自传即将出版之际，我要向中国科学院大学的胡晓菁老师帮助修改和润色我的文稿表示衷心的谢意。我要对中国科学技术出版社的关怀和支持表示衷心的感谢，尤其是韩颖和何红哲两位老师，是他们的精心编辑、热情支持和帮助，才使这本《水穷云起：周立伟自传》得以出版。